教育是幫助被教育的人，給他能發展自己的能力，完成他的人格，於人類文化上能盡一分子的責任；不是把被教育的人，造成一種特別器具，給抱有他種目的的人去應用的。

——蔡元培，一九一七年至一九二七年任北京大學校長，將舊北大改造成一所現代化大學

學生自治，要有一個愛國的決心；
「移風易俗」的決心；
活潑潑的勇往直前的決心。
沒有這種大決心，學生自治是空的，
是慕虛名的，是要不得的。

——蔣夢麟，一九三〇年至一九四五年任北京大學校長

贈送三個防身的藥方給那些大學畢業生：

第一個方子是，總得時時尋一個兩個值得研究的問題。

第二個方子是，總得多發展一點業餘的興趣。

第三個方子是，總有一點信心。一粒一粒的種，必有滿倉滿屋的收。成功不在於我，而功力必然不會浪費。

——胡適，一九四五年至一九四九年任北京大學校長

· 大學教育不能置之一般之教育系統中，而應有其獨立之意義。
· 大學之構造，要以講座為小細胞，研究室（或研究所）為大細胞。
· 大學以教授之勝任與否為興亡所繫，故大學教授之資格及保障皆須明白規定，嚴切執行。

——傅斯年，一九四五年短期代理北京大學校長，
一九四八年至一九五〇年任國立台灣大學校長

所謂大學者，非謂有大樓之謂也，有大師之謂也。

——梅貽琦，一九三一年至一九四八年起任清華大學校長，一九五五年在台灣新竹創辦清華大學並任校長

體魄康強，精神活潑，舉止端莊，人格健全，便是大學生的風度。不倦的追求真理，熱烈的愛護國家，積極的造福人類，才是大學生的職志。

——羅家倫，一九二八年至一九三〇年任清華大學校長

理想的大學生應退可為專才，進可為通才，以其所學施之於特殊職業，固可措置裕如；施之於領導社會，主持政務，亦可迎刃而解，所謂「寬大自由教育」者其義如此。

——朱光潛，著名美學家、教育家，北京大學哲學系教授

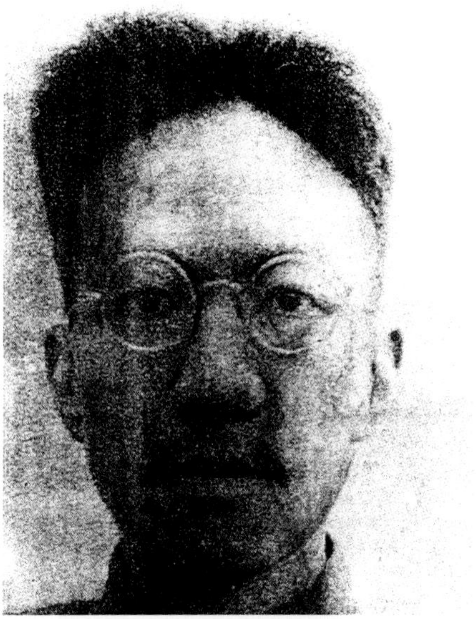

不要有桎梏，不要先有馬列主義的見解，再研究學術，也不要學政治。不止我一人要如此，我要全部的人都如此。……我認為最高當局也應和我有同樣的看法，應從我說。否則，就談不到學術研究。

——陳寅恪，著名歷史學家，一九二六年起任清華大學教授，一九四九年起任嶺南大學及中山大學教授

【大學堂叢書】

大學精神

五四前後知識分子論大學精神之經典文獻

蔡元培、胡適等◎著
楊東平◎編

〈前言〉

重溫大學精神

楊東平

一九九八年五月四日，是北京大學建校一百周年，這庶幾也是中國高等教育的百年。圍繞北大百年校慶，舉行了一個由世界著名大學的校長參加的高等教育論壇，議題是「二十一世紀的大學」。世紀之交，這無疑是世界各國都高度關注的話題。

大學成爲社會發展的中心議題之一，是近百年的事。早期的西方大學在擺脫了教會的仕女和附庸的地位之後，逐漸成爲學者自治和自足的學術機構，在高牆後面靜悄悄地從事學術探索和知識傳授的活動。一八五二年，英國牛津大學畢業的紅衣主教紐曼（Gardinal Newman）所著《大學的理念》，表明了那個時代關於大學教育的典型認識：大學乃是「一切知識和科學、事實和原理、探索和發現、實驗和思索的高級保護力量；它描繪出理智的疆域，並表明……在那裡對任何一邊既不侵犯，也不屈服」。①像所有堅守理性主義和古典人文主義傳統的教育家一樣，他認爲大學傳授的不應該是實用知識，而

是以文理科知識爲主的博雅教育，因爲大學是「訓練和培養人的智慧的機構，大學講授的知識不應該是對具體事實的獲得或實際操作技能的發展，而是一種狀態或理性（心靈）的訓練」。②他並且排斥科學研究。他揶揄地問道：「假如大學的宗旨是科學上的發明和哲學上的發現，那麼我不明白大學要學生做什麼？」由此，關於大學的理想、大學的理念——有的學者譯爲大學觀——成爲高等教育理論的一個重要基點。

正是從那時起，高等教育開始了加速發展。紐曼的大學理想受到洪堡創立的柏林大學的衝擊。洪堡發展了大學的研究功能，使它眞正成爲研究高深學問的機構、科學與學術的中心。他奠定了「學術自由」的價值，並具體實現爲教授的「教學自由」和學生的「學習自由」，它成爲世界大學的基本準則。德國大學的模式飄洋過海，與美國的實用主義精神相結合，由「贈地學院」發展出的「威斯康辛大學模式」，則使大學的活動擴展到校園之外，進而使大學成爲社會進步和社區發展的「服務站」。二十世紀以來，伴隨著政治民主、經濟增長、科技革命、人口激增、知識爆炸等過程，大學的功能和面貌發生了前所未有的深刻變化，人們用多元化、巨型化、國際化這樣的概念來描述當代大學的變化。大學不容置疑地成爲社會的知識工廠和思想庫、成爲科技進步的「孵化器」和社會進步的「加速器」，由社會邊緣的「象牙塔」成爲現代社會的「軸心機構」。

現代大學「中心化」的過程，與知識社會的構建是同步的。然而，大學樹立的不僅僅是知識權威。正如研究者指出的，不僅在關於社會政治、經濟發展的重大判斷和決策

上，而且在區分善惡、建立信念、認識眞理等許多方面，人們也轉向大學。而「在以往的時代，這些問題的答案的看管人是牧師和各王朝的國王、皇帝、朝臣、官吏和部長。但今天，所有這些人都必須讓位給全體學者」，因爲「在認識事物、認識眞理與謬誤方面，現代世界中還沒有什麼社團比大學學者社團犯的錯誤更少」。通過吸收知識和運用知識來拯救自己，已經日益成爲「現代人的宗教」，大學同時也成爲「社會的良心」，成爲現代社會「世俗的教會」。③

在社會現代化和世俗化的過程中，大學所發生的變化或許不都是令人歡欣鼓舞的，大學精神的衰微成爲世界性的話題。關於現代大學的功能和使命，學術自治和學術自由的邊界，政府和國家力量干預的限度，大學參與社會的程度和方式等等，一直是高等教育哲學的基本主題。然而，應當看到西方國家現代大學的發展，在人文主義與科學主義、理性主義與功利主義此起彼伏的衝突和制衡中，「教育的鐘擺」並未眞正偏斜，教育的主體性和教育中人的主體性從未眞正喪失。正如洪堡十分強調科學研究對於道德完善的作用：「大學的眞正成績應該在於它使學生有可能、或者說它迫使學生，在他一生當中，有一段時間完全獻身於不含任何目的的科學，從而也就是獻身於他個人道德和思想上的完善。」④系統地賦予教育功利主義價値的杜威則指出，「個人一切能力全面發展」和「社會的效率」是教育的兩個同樣重要的理想，「確保文理學院在民主社會中承擔適當職能的問題，也就是務必使目前爲社會所需的技術科目獲得一種人文性質的問

題」。⑤與社會的政治、經濟機構鼎足而立，大學作爲一種功能獨特的社會組織，其最基本的價値和品性並沒有改變。戰後高等教育的大發展，在促成大學向社會開放和多元化的同時，也借助高漲的民權運動，大大增強了高等學校維護學術自由的力量，修復和鞏固了學術自由的制度。

中國現代高等教育的發展，主要是向西方學習的產物。大致是淸末民初學習日本，五四之後學習美國，五〇年代之後學習蘇聯的過程。以一九一七年蔡元培在北京大學的改制爲起點，中國現代大學的生長尙不足百年。但是，正如識者指出的，中國大學教育的起點並不低——今天看來，仍然是如此。不僅在兵荒馬亂、政治動蕩的二〇年代，而且在三、四〇年代艱險的戰爭環境中，中國高等教育的童年呈現蓬勃的生機，在短短二、三十年的時間裡，出現了以北大、清華、西南聯大爲傑出代表的一批現代大學，造就了整整一代各個學科領域的學術大家——我們至今仍然生活在他們的陰影之中——以及一批大教育家，譜寫了現代教育史上壯麗的一頁。

五四運動前後，在作爲現代化動力集團的自由主義知識分子羣體中，教育家羣體的規模、組織程度、功能和能量都令人刮目相看，對創建現代教育發揮了十分重要的作用，這從民間的全國教育聯合會，直接推動並制定了一九九二年新學制可見一斑。現代大學的理念和現代大學制度的形成和逐漸定型，與蔡元培的名字緊密相連。一九一二年，蔡元培作爲教育總長親自制定的〈大學令〉，是建立現代大學制度的早期文本。這

一法令確定了大學「教授高深學術」的宗旨，作了「學」與「術」的分離，確定了大學以文理兩科爲主的綜合性，確立了大學設評議會、各科設教授會，所謂「教授治校」的制度。一九一七年，蔡元培長北京大學，奠定了北京大學兼容並蓄、學術獨立、思想自由的精神，確立了大學之爲大的基本準則和文化精神。從那時起，學術獨立，或曰學術自由的思想日漸彰顯，成爲中國大學占主流地位的理念。一九二九年，陳寅恪爲王國維紀念碑撰寫的銘文就表達了這種心聲：「惟此獨立之精神，自由之思想，歷千萬祀，與天壤同久，共三光而永光。」

中國大學精神的發育和大學制度的形成，有著與西方國家很不相同的情境和路徑。這一方面由於中國的高等教育源自晚清洋務教育，是從發展軍事和工業的實際功利出發和主要由政府推動的，具有濃厚的技術主義、工具主義背景，三〇年代又面臨抗戰救亡的緊迫壓力；另一方面，隨著意識形態的變化，自由主義的教育精神漸爲國家主義、權威主義所擠壓。一九二七年，蔣介石提出實施「黨化教育」（後改稱「三民主義教育」），在大學實行訓導制度等等，使得維繫人文主義、學術自由、教授治校、通才教育之類的大學精神、大學制度成爲一場艱苦卓絕的堅守。從任鴻雋、潘光旦等許多教育家反對國民黨實行黨化教育的評論，不難領略當年知識分子的良知和風骨。一九四〇年六月，西南聯大教務會議爲抵制共同科目，擬定〈教務會議呈常委會文〉，直可視爲民主思想與專制思想公開抗爭、捍衛學術自由的檄文。正是在這一背景下，梅貽琦在清華

大學的努力令人肅然起敬。梅貽琦系統地提出通才教育的理念，強調「通識爲本，專識爲末」，「社會所需要者，通才爲大，而專家次之。以無通才爲基礎之專家臨民，其結果不爲新民，而爲擾民」。⑥他認爲「工科教育於適度的技術化之外，要取得充分的社會化與人文化，我認爲是工業化問題中最核心的一個問題」。今天讀來，尤令人感到這種眞知灼見之深刻。梅貽琦教育思想的「三大支柱」被認爲是通才教育、教授治校和學術自由。在南京政府一九三四年的《大學組織法》取消了教授治校的制度之後，清華大學和後來的西南聯合大學仍然堅持實行這一制度。四〇年代關於大學教育的通專之爭、文實之辯等等，至今並沒有過時，仍然在滋養著不絕如縷的人文主義源流。

值得認識的是，中國現代大學的生長，並不只是北大、清華之一、二家，蔡元培、梅貽琦之一、二人，而是有一個較大的規模和顯著的羣體。事實上，每一所大學的成長都與教育家相連，如蔡元培、蔣夢麟之於北京大學，梅貽琦、潘光旦之於清華大學，張伯苓之於南開大學，唐文治之於交通大學，竺可楨之於浙江大學，郭秉文之於東南大學，王星拱、周鯁生之於武漢大學，馬相伯、李登輝之於復旦大學，鄒魯、許崇清之於中山大學，薩本棟之於廈門大學，熊慶來之於雲南大學，羅家倫、吳有訓之於中央大學，胡庶華之於湖南大學，鄭洪年、何炳松之於暨南大學，陳垣之於中華大學，陳垣之於輔仁大學，鍾榮光之於嶺南大學，劉湛恩之於滬江大學，陸志書之於燕京大學，吳貽芳之於金陵女子大學等等，這些大學的類型有國立、省立、私立和教會大學之別；教育

家則有各不相同的文化和教育背景，其主體則是留學回國的知識分子。這些大師正是現代大學的人格化象徵。他們在不同方向上的可貴探索，豐富著生長中的現代教育文化。這種多元化和多樣化的實踐，成爲早期中國高等教育最重要的生態環境之一。當封建正統文化崩解、新的民族文化尚待建立之時，他們的一個共同追求，是繼承儒家文化中培養君子、士的人格理想，使之與現代知識分子的養成銜接。蔡元培盛讚青年毛澤東創辦的湖南自修大學，發揚書院自由研究的精神。梅貽琦將「大學之道」解釋爲「在明明德，在新民，在止於至善」。潘光旦認爲大學教育的宗旨不只是教人做人、做專家，而且是要做「士」——承當社會教化和轉移風氣之責任的知識分子。主長交通大學的國學大家唐文治，致力於將文化傳統融於現代教育之中，通過文理溝通、兩文（中文、外文）並重，以實現「體用兼備」的教育目標。張伯苓爲南開大學制定「允公允能」的校訓，主張德智體美四育並舉。長期擔任浙江大學校長的竺可楨，爲學校確定了求是和犧牲的精神，稱「大學猶海上之燈塔」，「大學是社會之光，不應隨波逐流」。主長東南大學的郭秉文，提出通才與專才的平衡、人文與科學的平衡、師資與設備的平衡、國內與國際的平衡，這樣「四個平衡」的辦學方針……

大學精神、大學制度、教育家和大師的誕生，是一個共生的過程。作爲外來文明的大學精神，逐漸在華夏大地生根，形成一種自由知識分子的共同文化。這種積累和生長，不期在慘烈的抗日戰爭中結出了最豐碩的教育之果。在炮火中流亡的浙江大學，從

戰前的三個學院十六個系，至一九四六年發展爲七個學院二十七個系，教授、副教授增加了三倍，學生增加了四倍。遷移至昆明的西南聯大，綜合了三所不同淵源的大學，在極其簡陋、艱苦的環境中傳薪播火，弦歌不輟，「以其兼容並包之精神，轉移社會一時之風氣，內樹學術自由之規模，外來『民主堡壘』之稱號，違千夫之諾諾，作一士之諤諤」。⑦其時其地，大師雲集，學術燦然，人才輩出，成爲現代教育史上一個輝煌的座標，一座眞正的高峰。

當年的氣象已經成爲歷史。此後，中國的高等教育又經過半個世紀的改造和學習、建設和發展，經歷了躍進和僵滯、動亂和毀滅，以及撥亂反正、恢復重建和改革開放的曲折過程。教育的方針，從爲無產階級政治服務，到「文革」期間墮爲「無產階級專政的工具」，其時既有「理工科大學還是要辦的」這樣的荒唐，也有「大學就是大家都來學」的荒誕。我們的成就不可謂不偉大，教訓也不可謂不慘痛。作爲「百年樹人」的神聖事業，我們所貽誤的不僅是時間，也不僅是一代人的教育。世紀之交，我們重新回到教育究竟是什麼和爲什麼這樣基本的問題上，卻已經衆說紛紜，莫衷一是。

在全社會由計劃經濟體制向市場體制轉換的整體性變革中，中國的高等教育進入了新一輪的高速發展，既承受著即將到來的高等教育大衆化階段的巨大壓力，又面臨知識經濟、高技術時代的嚴峻挑戰，我們對人才，尤其是創新型人才的呼喚，從沒有像今天這樣急迫。然而，和世界大學相比，中國大學的問題和處境仍然是十分獨特的。大學裡

運行著官、學、商三種功能、目標完全不同的機制，大樓多於大師，設備重於人才，仍是普偏的現實。我們的教育之體仍於前現代的狀態，經濟困窘、人才流失的危機並沒有過去，計劃體制、官本位的弊端和政治擠壓依然存在，而商業化的侵蝕和對教育的扭曲已經觸目驚心。我們樹立了雄心勃勃的建設一流大學、培養創新人才的目標，採取了許多應急的對策和措施，但關於什麼是「大學」、什麼是「一流大學」的理念，似乎仍待廓清。事實上，我們對於「大學精神」、「現代大學制度」這樣的概念已經十分陌生了。

回到去年北京大學的百年誕辰。圍繞這一紀念，出現了一個關於「老大學」的懷舊熱潮。梅貽琦的名言「所謂大學者，非謂有大樓之謂也，有大師之謂也」重被廣泛流傳。大師的身影，大學之道從歷史的陳跡中模糊地浮現出來。它眞正重要的意義，是引領我們重溫和觸摸這段晚近的歷史，回顧我們那「很高的起點」，那曾經爛漫的源頭，那短缺而珍貴的資源，珍視我們自己的傳統，從歷史和前輩大師那裡汲取新的力量。社會現代化是一場整體的演進，儘管我們面臨的挑戰巨大，形勢緊迫，但似乎並沒有什麼捷徑可走，特別是在教育和文化、學術的積累發展上。到頭來，所有的欠課欠賬都必須一一補上。面對新世紀，中國的教育現代化不僅需要前瞻，而且需要回顧。當前我們亟待補上的，恐怕是由五四知識分子啓動而尚未完成的啓蒙，使諸如教育民主、兒童中心、崇尚個性、學術自由、教授治校、學生自治這樣的現代教育ＡＢＣ重新成爲普遍的

常識，而非教育史上蒙詬的奇談怪論。對於大學教育而言，從名到實許多方面都需要認眞的置疑、反思、矯正和變革，在這一過程中，「軟體」的更新和制度創新可能是最爲重要的。在不久前關於《財富》論壇「世界五百強」的討論中，北京大學的青年經濟學家張維迎的言論發人深省：「國際競爭的核心不是資金和人才的競爭——資金和人才都是可以國際流動的；也不是技術的競爭，而是制度的競爭。從中國長遠來看，應該學習的是制度改造。對於這一課題，更需要學習的是政府。」⑧這一認識，對於中國的大學教育同樣適用。否則，正如人們擔心的，只怕我們花很多錢，仍然與現代化無緣，與大師無緣，與世界一流無緣。

自然，作爲理論研究的對象，大學精神和大學制度是一個重大的課題，尙有待深入的研究，大學精神、大學的理念是一個在歷史和不同的社會情境中流動、變化和發展著的概念，有各種不同的表述。最近，中山大學的青年學者任劍濤對大學精神的概括，我覺得很富於啓示：大學精神和制度「具有相對於政治組織體制而言的獨立性，相對於意識形態而言的自由性，相對於組織化社會自我確認特性而言的批判性，相對於重視功利的社會習性而言的創造性與傳授知識的超脫性，相對於社會分工專門定勢而言的包容性」。⑨但願這種探索並不是孤立的，而成爲一個具有建設性的新的起點。這也正是我編這本書的初衷，希望借助前輩的智慧、思考和探索，重新弘揚作爲一個教育古國的大學之道和文明之光，照耀我們在新世紀的出發。

本書選編的文章主要發表於半個世紀之前，只有極少數寫於五〇年代之後，因其特殊的價值而予編入。爲便於閱讀，將文章分類並大致按時間順序編排，這種人爲的劃分自然是不甚科學的。因文獻的匱乏和不便，還有一些前輩大家的思想言論未及輯入。種種不足，敬請讀者見諒。

一九九九年十一月五日於北京三義廟

註釋

①克拉克·科爾著《大學的功用》，陳學飛等譯，江西教育出版社，一九九三年版。
②轉自《江蘇高教》，一九九四年第五期。
③布魯貝克著《高等教育哲學》，鄭繼偉等譯，浙江教育出版社，一九八七年版。
④轉自一九八四年九月一日《中國教育報》。
⑤杜威著《民主主義與教育》，王承緒譯，人民教育出版社，一九九〇年版。
⑥梅貽琦《大學一解》、《梅貽琦教育論著選》，人民教育出版社，一九九三年版。
⑦馮友蘭《國立西南聯合大學紀念碑碑文》，《國立西南聯大校史》，北京大學出版社，一九九六年版。

⑧《南方周末》，一九九九年十月一日。

⑨任劍濤〈大學的主義與主義的大學〉，載於《東方文化》一九九八年第五期。

大學精神

【目錄】本書總頁數共360頁

15

7 經典文本

大學的理念

中國現代大學觀念及教育趨向

蔡元培

在古代中國，文明之根一直沒有停止過它的生長，儘管關於這方面的歷史記載極少。進行高等教育的機構早在兩千年前就出現了，那時稱之爲「太學」。隨後，又從這一初步形式，逐步演變爲一種稱之爲「國子監」的教育制度。它包括倫理教育、政治與文學教育。現在看來，這是必然的發展，並且隨著這一發展而增設了包括寫與算等更多的學科。但增設的這些科目，在欽定的學校課程中，是無足輕重的。數百年來，教育的目的只有一項，即對人們進行實踐能力的訓練，使他們能承擔政府所急需的工作。總之，古代中國只有一種教育形式，因此，其質與量不能估計過高。

晚清時期，東方出現了急劇的變化。爲了維護其社會生存，不得不對教育進行變革。當時擺在我們面前的問題，是要仿效歐洲的形式，建立自己的大學。當這些大學建立了起來並有了良好的管理以後，就成爲一支具有我們自己傳統教學方法的蓬蓬勃勃的

令人稱譽的力量。初時的大學，也曾設置了與西方大學的神學科相應的獨立的經科。這些大學推行的總方針，還是爲了要產生一個於政府有用、能盡忠職守的羣體。

隨著一九一一（二）年民國的成立，它把政府的控制權移到了民衆手中——在大學內部也體現了這種新的精神。最早奏效的改革，是廢除經科，從而使大學具備了成立文、理、醫、農、工、法、商等科的可能性。作爲上述這項方針的結果，一批大學建立了起來，幾乎所有這些大學都完全或基本上貫徹了政府關於教育方面的指示。迄今爲止，在北京（首都）有國立北京大學，在天津有北洋大學，在太原有山西大學，在南京有國立東南大學，在湖北有武昌大學，以及在首都還有其他一些大學，所有這些大學，皆直屬中央政府，經費由中央政府撥給。最近，幾所省立大學也相繼宣告成立，其他一些則正在籌建之中。直隸的河北大學，瀋陽的東北大學，陝西的西北大學，河南的鄭州大學，廣州的廣東大學以及雲南的東陸大學，都有了良好的開端。其他各省也都在積極籌建他們本省的大學。一些以辦學有方而著稱的私立大學，如天津的南開大學和廈門的廈門大學，也是值得一提的。至於那些已獲得政府承認的學院，更是不計其數。儘管這些大學所設系、科各不相同，但都有同樣的組織形式。他們的目標，不僅在於培養人們的實際工作能力，還在於培養人們在各種知識領域中作進一步深入研究的能力。

下面請允許我以一所具體的大學，即我非常熟悉的國立北京大學的一些情況來對我所談的加以印證。

眾所周知，這所大學由於她的起源及獨特的歷史而具備較完善的組織系統。根據目前的發展趨勢方向，我們很自然地能預見到未來的進展。但是，這種發展趨勢和方向的主要特點究竟是什麼呢？對此我想說明如下：也許說明整個問題的最簡捷的方法，是回顧一下近幾年的改革過程，這些改革對北大的發展是有重大意義的。在一九一二年，曾制定了一項擴充北大所有學科的系科計劃，但後來鑒於某些系科，例如醫科和農科等，宜於歸併到其他一些對此已具有良好設備條件的大學中去，因而放棄了這一計劃。在考慮了這些情況以後，北大確認對它最必要的，是設置文、理、工、法等科。就這樣，北大以這四科發展到一九一六年，成爲教育界有影響的組成部分。接著，爲了有利於北洋大學和北京工業專門學校，北大又把工科劃了出去，以便與上述兩校取得協作。隨後，不但在國立北京大學，而且在全國範圍都發生了一個巨大的變化，那就是：有著眾多系科的舊式「大學」（名副其實的「大」學）體制逐漸衰亡，單科（或少數幾科）的大學在更具體的規模上興起。這個變化的最終結果，現在尚無法預測，但就目前而言，其效果是創立了易受中央和地方政府資助的特殊的大學教育形成。由於這個變化，高等教育機構則可能由幾個或僅僅一個系（這裡所說的「系」與美國大學的「學院」一詞同義）組成。

一九二〇年，北大按舊體制建立的文、理、法科被重新改組爲以下五個部：

第一部　數學系，物理系，天文系。

第二部　化學系，地質系，生物系。

第三部　心理系，哲學系，教育系。

第四部　中國語言文學系，英國語言文學系，法國語言文學系，德國語言文學系以及行將設置的其他國家的語言文學系。

第五部　經濟系，政治系，法律系，史地系。

其他正在考慮開設的系，將按其性質分別歸入以上五個部。

當時之所以有這樣的改變，其著眼點乃是現行大學制度急需重新釐訂，以便適應國家新的需要。此外，還有如下幾點原因：

1. 從理論上講，某些學科很難按文、理的名稱加以明確的劃分。要精確地限定任何一門學科的範圍，不是一件輕而易舉的事。例如，地理就與許多學科有關，可以屬於幾個系：當它涉及地質礦物學時，可歸入理科；當它涉及政治地理學時，又可歸入法科。再如生物學，當它涉及化石、動植物的形態結構以及人類的心理狀態時，可歸入理科；而當我們從神學家的觀點來探討進化論時，則又可把它歸入文科。至於對那些研究活動中的事物的科學進行知識範圍的劃分尤爲困難。例如，心理學向來被認爲是哲學的一個分支，但是，自從科學家通過實驗研究，用自然科學的語言表達了人類心理狀況以後，他們又認爲心理學應屬於理科。擺在我們面前的，還有自然哲學（即物理學）這個專門名詞，它可以歸入理科；而又由於它的玄學理論，可以歸入文科。根據這些情況，我們

決定不用「科」這個名稱，儘管它在中國曾得到廣泛的承認，但我們卻對這個名稱不滿意。

2.就學生方面來說，如果進入一所各科只開設與其他學科完全分開的、只有本科專業課程的大學，那對他的教育將是不利的。因爲這樣一來，理科學生勢必放棄對哲學與文學的愛好，使他們失去了在這方面的造詣機會。結果他的教育將受到機械論的支配。他最終會產生一種錯誤的認識，認爲客觀上的社會存在形式是一回事，而主觀上的社會存在形式完全是另一回事，兩者截然無關。這將導至〔致〕自私自利的社會或機械社會的發展。而在另一方面，文科學生因爲想迴避複雜的事物，就變得討厭學習物理、化學、生物等科學。這樣，他們還沒有掌握住哲學的一般概念，就失去了基礎，抓不住周圍事物的本質，只剩下玄而又玄的觀念。因此，我們決心打破存在於從事不同知識領域學習的學生之間的障礙。

3.現在，我們再看看北大的行政組織。當時的組織系統儘管沒有什麼人對之有異議，但卻存在著很大的問題。內部的不協調，主要在於三個科，每一科有一名學長，惟有他有權管理本科教務，並且只對校長負責。這種組織形式形同專制政府；隨著民主精神的高漲，它必然要被改革掉。這一改革，首先是組織了一個由各個教授、講師聯合會組成的更大規模的教授會，由它負責管理各系。同時，從各科中各自選出本系的主任；再從這些主任中選出一名負責所有各系工作的教務長。再由教務長召集各系主任一同合

作進行教學管理。至於北大的行政事務，校長有權指定某些教師組成諸如圖書委員會、儀器委員會、財政委員會和總務委員會等。每個委員會選出一人任主席，同時，跟教授、講師組成教授會的方法相同，這些主席組成他們的行政會。該會的執行主席則由校長遴選。他們就這樣組成了一個雙重的行政管理體制，一方面是教授會，另方面是行政會。但是，這種組織形式還是不夠完善，因爲缺少立法機構。因此又召集所有從事教學的人員選出代表，組成評議會。這就是爲許多人稱道的北京大學「教授治校」制。

如上所說，北大的進步儘管緩慢，但是從晚清至今，這種進步已經是不可逆轉的了。這些窮年累月才完成的早期改革，同大學教育的目的與觀念有極大的關係。大學教育的目的與觀念是明確的，就是要使索然寡味的學習趣味化，激起人們的求知欲望。我們絕不把北大僅僅看成是這樣一個場所——對學生進行有效的訓練，訓練他們日後成爲工作稱職的人。無疑，北大每年是有不少畢業生要從事各項工作的，但是，也還有一些研究生在極其認眞地從事高深的研究工作，而且，他們的研究總是及時地受到前輩的鼓勵與認可。這裡，請允許我說明，北大最近設置了研究生獎學金和其他設施。我們中國自古以來就以宣揚和實踐「樸素的生活，高尙的思想」而著稱。因此，按照當代學者的看法，這所大學還負有培育及維護一種高標準的個人品德的責任，而這種品德對於做一個好學生以及今後做一個好國民來說，是不可缺少的。

爲了對上面所提到的高深研究工作加以鼓勵，北大還採取了以下一些措施：

（甲）強調教授及講師不僅僅是授課，還要不放過一切有利於自己研究的機會，使自己的知識不斷更新，保持活力。

（乙）在每一個系，開始了由師生合作進行科學方面及其他方面的研究。

（丙）研究者進行學術討論有絕對自由，絲毫不受政治、宗教、歷史糾紛或傳統觀念的干擾。即使產生了對立的觀點，也應作出正確的判斷和合理的說明，避免混戰。

爲了培養性格、品德，還採取了如下一些措施：

（甲）制定體育教育計劃：⑴每年進行各種運動技能比賽。與外界舉行比賽和其他的室外比賽，吸引了所有的北大師生，其水準可與西方相比。足球、網球、賽馬、游泳、划船等活動同樣令人喜愛。⑵可志願參加某些軍訓項目，特別是童子軍運動正在興起。

（乙）爲培養學生對美術與自然美的鑑賞能力，成立了雕塑研究會和音樂研究會。

（丙）學生們利用課餘時間在（爲）學校附近的文盲及勞工社會服務，深受公衆的讚賞。其中最突出的是在鄉村地區開展平民講習運動和對普通市民開辦平民夜校。學生們通過這些活動，極大地促進了自己的身心發展。

當中國的青年一代在思想上接受了新的因素之後，他們對政府與社會問題的態度就變得紛繁複雜了。他們熱情奔放地參加一切政治活動，這已在全國各地不同程度地表現出來。這種學生運動雖然是當代所特有的（如巴黎與哈瓦那所報導的那樣），但在中國

的漢代及明代歷史上已早有先例。它只是在近幾年中採取了更爲激烈的反抗形式而已。學校當局的看法是，如果學生的行爲不超出公民身分的範圍，如果學生的行爲懷有良好的愛國主義信念，那麼，學生是無可指責的。學校當局對此應正確判斷，不應干預學生運動，也不應把干預學生運動看成是自己對學生的責任。現代的教育已確實把我們的學生從統治者的束縛中解放了出來。總的來說，這場活躍的運動已經在我們年輕一代的思想中灌注了思想、興趣和爲社會服務的眞誠願望，從而賦予他們以創造力和組織力，增強了領導能力，促進了友誼。但是，這也可能使學生本身受害，危及他們已取得的進步。學校當局正是基於這點才以極大的同情與慈愛而保護他們。

上述的概括，可能已足以說明中國大學教育的總的趨向，這是從我在北大任職期間的個人經歷中總結出來的。至於中國教育的發展，特別是目前教育的發展，可能還存在其他傾向；即使在北大，這些帶有傾向性的改革，不論其是否起了作用，我們認爲它還是很不完善的。更確切地說，我們的改革與實驗，使我們確信我們的大學目標與觀念仍然是很不成熟的。

寫於一九二五年，據蔡元培論著英文打字副本譯出，趙念渝譯，許鳳岐校

蔡元培（一八六八～一九四〇年），著名教育家，一九一二年任南京臨時政府首任教育總長，一九一七年至一九二七年任北京大學校長，將舊北大改造為一所現代大學。

此篇係蔡元培在歐洲時應世界學生基督教聯合會（World's Student Christian Federation）之請而作，由陳劍脩譯為英文。

回顧與反省

胡適

今天的紀念盛會，我很想說幾句話；不幸我在病中，不能正坐寫字，所以只能極簡單的發表一個意見，一面紀念過去，一面希望將來。

我看這五年的北大，有兩大成績。第一是組織上的變化，從校長學長獨裁制變為「教授治校」制；這個變遷的大功效在於：㈠增加教員對於學校的興趣與情誼，㈡利用多方面的才智，㈢使學校的基礎穩固，不致因校長或學長的動搖而動搖全體。第二是注重學術思想的自由，容納個性的發展。這個態度的功效在於：㈠使北大成為國內自由思想的中心，㈡引起學生對於各種社會運動的興趣。

然而我們今天反觀北大的成績，我們不能不感覺許多歉意。我們不能不說：學校組織上雖有進步，而學術上很少成績；自由的風氣雖有了，而自治的能力還是很薄弱的。

我們綜觀今天展覽的「出版品」，我們不能不揮一把愧汗。這幾百種出版品之中，

有多少部分可以算是學術上的貢獻？近人說，「但開風氣不爲師」（龔定庵語）。此話可爲個人說，而不可爲一個國立大學說。然而我們北大這幾年的成績只當得這七個字：開風氣則有餘，創造學術則不足。這不能不歸咎於學校的科目了。我們有了二十四個足年的存在，而至今還不曾脫離「裨販」的階級！自然科學方面姑且不論：甚至於社會科學方面也還在裨販的時期。三千年的思想、宗教、政治、法制、經濟、生活、美術……的無盡資料，還不曾引起我們同人的興趣與努力！這不是我們的大恥辱嗎？

至於自治一層，我們更慚愧了。三年組不成的學生會，到了上一個月，似乎有點希望了。然而兩三星期的大發議論，忽然又煙銷霧散了！十月十七日的風潮，還不夠使我們感覺學生自治團體的需要嗎？今回辦紀念會的困難，還不夠使我們感覺二千多人沒有組織的痛苦嗎？

我們當這個紀念過去的日子，應該起一種反省：

學校的組織趨向於教授治校，是一進步。

學校的組織與設備不能提高本校在學術上的貢獻，是一大失敗。

學校提倡學術思想上的自由，是不錯的。

學校的自由風氣不能結晶於自治能力的發展，是一大危機。

所以我個人對於這一次紀念會的祝辭是：

祝北大早早脫離裨販學術的時代而早早進入創造學術的時代。

祝北大的自由空氣與自治能力攜手同程並進。

原載一九二二年十二月十七日《北京大學日刊紀念號》

胡適（一八九一～一九六二年），著名思想家、教育家。一九二八年至一九三〇年任中國公學校長，一九四五年至一九四九年任北京大學校長。

北大之精神

蔣夢麟

本校屢經風潮，至今猶能巍然獨存，絕非偶然之事。這幾年來，我們全校一致的奮鬥，已不止一次了。當在奮鬥的時候，危險萬狀，本校命運有朝不保夕之勢；到底每一次的奮鬥，本校終得勝利，這是什麼緣故呢？

第一　本校具有大度包容的精神。俗語說：「宰相肚裡好撐船」，這是說一個人能容，才可以做總握萬機的宰相。若是氣度狹窄，容不了各種的人，就不配當這樣的大位。凡歷史上雍容有度的名相，無論經過何種的大難，未有不能巍然獨存的。千百年後，反對者，譏議者的遺骨已經變成灰土；而名相的聲譽猶照耀千古，「時愈久而名愈彰」。

個人如此，機關亦如此。凡一個機關只能容一派的人，或一種的思想的，到底必因環境變遷而死。即使苟延殘喘，窄而陋的學術機關，於社會絕無甚貢獻。雖不死，猶如

死了的一般。

本校自蔡先生長校以來，七八年間這個「容」字，已在本校的肥土之中，根深蒂固了。故本校內各派別均能互相容受。平時於講堂之內，會議席之上，作劇烈的辯駁和爭論，一到患難的時候，便共力合作。這是已屢經試驗的了。

但容量無止境，我們當繼續不斷地向「容」字一方面努力。「宰相肚裡好撐船」，本校肚「裡」要好駛飛艇才好！

第二　本校具有思想自由的精神。人類有一個弱點，就是對於思想自由，發露他是一個膽小鬼。思想些許越出本身日常習慣範圍以外，一般人們驚慌起來，好像不會撐船的人，越出了平時習慣的途徑一樣。但這個思想上的膽小鬼，被本校漸漸地壓服了。本校是不怕越出人類本身日常習慣範圍以外去運用思想的。雖然我們自己有時還覺得有許多束縛，而一般社會已送了我們一個洪水猛獸的徽號。

本校裡面，各種思想能自由發展，不受一種統一思想所壓迫，故各種思想雖平時互相歧異，到了有某種思想受外部壓迫時，就共同來禦外侮。引外力以排除異己，是本校所不爲的。故本校雖處惡劣政治環境之內，尚能安然無恙。

我們有了這兩種的特點，因此而產生兩種缺點。能容則擇寬而紀律弛。思想自由，則個性發達而羣治弛。故此後本校當於相當範圍以內，整飭紀律，發展羣治，以補本校之不足。

寫於一九二三年十二月十七日

原載《過渡時代之思想與教育》，上海商務印書館一九三三年版

蔣夢麟（一八八六～一九六四年），著名教育家，一九二三年至一九二五年任北京大學代理校長，一九三〇年至一九四五年任北京大學校長。抗戰期間任西南聯合大學常務委員會常委。

我們所最需要的教育

李登輝

教育的作用是什麼？我們可以從這名詞的拉丁字源裡，找出一個很好的回答。教育在英文裡是 Education，即從拉丁的 Ex 和 Duco 產生。Ex 的意思是「從出」；Duco 的意思是「引導」；合起來便是說，「引導出來」。暢言之，即是把個人原有的潛伏能力，導之使能充量的（按：「的」字疑爲發字之誤）展也。所謂潛伏的能力，是包括身體、智力，社會和道德各方面的。教育的趨勢，在理論上雖然是一天大注重在多方面的啓發，在實際上的進步，卻是非常緩滯，有時竟與這理論背道而馳。

在過去的教育設施中，尤其中國，太偏重於智育方面，以致把其他方面都忽視了。結果是，一般所謂受過教育的人，雖是智力發達很高，然而或是體質頹弱，形同病夫，或是思想空泛，不切實際，甚至於有文無行，變爲腐化的官僚政客，學痞商蠹更是自鄶以下了。這種狀況，在閉關自守的時期，已經是流毒社會，在今日國際競爭劇烈的時

代，假使一國的教育長此情形，國家自然是要落伍的。

自清代以來，與外人接觸日多，漸知道維新之必要；於是盡力摹仿西方。但是那時只看西方物質文明之可驚，我們的摹仿，亦就著重在物質方面。所以那時大家都只曉得提倡「西藝」。至於西方文明之精神方面，雖是西方文明的精神精髓，卻反因未受了解，而遭遺棄。我們改革的結果，只是抄襲了一些西方的皮毛，拾得一些西方的糟粕。今日的情形，尤其不幸。我們因爲對於一切舊制度，舊道德，舊禮教的懷疑，把這些一古腦兒都打倒推翻，同時卻又不能產生新道德的標準。一般青年所受的教育，都只有理智的片面，絲毫談不到全人的發展。若是與西方比較起來。在西方國家，道德的訓練，即使在學校未能完備，他們的家庭社會各種組織裡面，尚可補救維持，而在中國，則無論學校以內，或學校以外，竟無一處與道德的訓練有關。在先我們雖以精神文明自豪，鄙視外人爲太重物質，而在今日，則物質與精神，兩均不能如人了。

人類生活，包含德智體三原素，是缺一不可的。三者的發展，貴在平勻。忽略其一，未有不牽及其他之理。單重體育，只能造成蠻橫的強力，單重智育，只能造成狡猾的自私。要養成才德兼備的人材，就非重德育不可。我們若以爲單靠理智的磨練，就可令學子的志行高潔，那就大大的錯了。世間最可怕的凶，不是專恃蠻力的人，而是足智多謀的人。他們逞其鬼蜮的伎倆，眞可以殺人不必血刃；他們的智慧，適足以增長他們的罪惡。至於忽視體育，亦常致悲慘的結局，只須向現在學校一看，其中因體質虧損以

致學成而不能用的，比比皆是。即可知輕視體育之害。我們不主張特別注意三育中任何一種，上面已說過，三育是不可偏廢的，不過今日奸詐百出貪欲熾張的時代，對於德育，似不能不多加之（按：「之」疑爲注字之刊誤）意。

近代教育的思潮，是由個人與社會對抗的觀念，進而至於個人與社會調和的觀念。教育的最高目的，是要把個人潛伏的心態，盡量引導使之發展，以替社會謀福利。社會的進步，和個人的發展，是一而二，二而一的。個人中最有價值而應啓發的心能，亦就是在社會上高貴的德行。這些是什麼呢？我們認爲最基本的有三件，就是獨立、忠實和協作。

獨立是不依賴的意思，我們給學生以種種練習，目的不是要他們把書中所載或教師所授的知識，一件件記牢，而是重在養成各自獨立思考的能力。這明明是教育的一種主要目的，而往往不爲一般教師所懂得。他們只願把學生的腦子塡滿，便算盡其能事，實是可嘆得很。我們要養成學生的獨立，應明瞭獨立不是一種單純的德性，其中包含的心理分子很多。學生如要有獨立的能力，他必須有一往直前的決心，吃苦耐勞的毅力，挨受詬罵的勇敢，百折不回的志氣。但是學生中有幾人夠得上獨立的初步，教師中又有幾人能本著這個目的去教導學生呢？

現在的學生，大部分所做的工作，無非把教師指定的功課，很草率地略一涉獵，專爲準備次日回答教師考問之用，書中精義，尙且未明，更不能說到獨創的見解。至於教

師，則因任課繁多，每日亦僅能把書本稍稍咀嚼，預備作爲講演的資料，亦是無暇深思。他們參考書籍，並非旁徵博引，做他們學說的佐證，實則專如商販之躉批貨物，以備零售而已。假使教師希望學生能夠獨立，當然應從自己做起。在學校裡的獨立，就是在社會裡獨立的基礎。社會裡的分子，能夠獨立，才能成進步的社會，國家裡的公民，能夠獨立，才能有進步的國家。凡是一個教師，倘能引導學生爲獨立的思想者、獨立的勞動者，他眞可稱爲造福於社會了。

忠實是穩固健全的社會不可少〔的〕條件。其中心理的分子，是服從、敬重和愛心。有一句西諺說得好，要指揮別人的人，自己先得練習服從，這話確是不錯。我們亦可仿著這句的意思說凡不能敬重別人的人，亦不會受別人的敬重。爲辦事上的效率起見，犧牲己見，一唯上級人員之命令是從，是有價值的服從，把別人的人格看得如同自己的人格的一般應當維護，是有價值的敬重，把別人的幸福看得如同自己的幸福一般重要，是可寶貴的愛心。三者都是化小我於大我之中，便都是忠實的本質。

無論在一個什麼機關，或學校裡，倘要進行順利，忠實是非常重要的。教師能得學生對他忠實，他的貢獻才能宏大。反之，若是一個學校裡面，由於師生間的關係太機械，於是從生疏而冷淡，從冷淡而隔閡，從隔閡而猜疑，從猜疑種種不忠實之現象起，而至於決裂破壞了。教師應知除了知識傳授以外，對於學生性情之陶冶，應當負大部責任。要造成忠實的學生，先就該做忠實的教員。

協作的觀念，在教育學說裡，還很新。這觀念由於解決經濟界裡的勞資衝突而起，現在一切社會生活裡，都有他的應用了。協作的利益是節省勞力，增進生產，集合力量。在學校裡練習協作，最好的地方，自然是運動場。在各種球戰競賽的時候，每組的球員，都要和諧地一致前進，各人有各人應盡的職務，各人應各盡他的能力，非但不懈力，且亦不可爭功。協作是要有同情和犧牲的精神，專以公益為重的。所以運動除去鍛煉體魄之外，還有他特殊的功用。

假使把今日的中國社會，解剖了看一看，恐怕最缺乏的就是協作的精神。無論大小團體，其中分子，總是各執一端，爭持不下，從不曉得團體的利益應置在任何個人利益之上。因為社會中有這種缺點，更要在學校注重協作的訓練。

德育的重要，可說是無可疑義的了。德育的設施，是絕不容緩的。假使教育事業，要對現在和將來的社會有所貢獻，不當僅注重物質的進步，而更當注重道德的進步。

現在大家既以我國舊有道德為陳腐，把他推倒，又復輕視西方的精神文明，不肯吸取，豈不是陷於絕境嗎？假使我們不管他是新的，或是舊的，是東方的，或是西方的，只要擇其善者取之，其不善者去之，集東西之精英，陶鑄於一爐，造出更高一等的精神文明。這不是我們所應當大家共同努力的途徑嗎？

選自《復旦周刊》第二十四期，一九二九年十一月四日出版

李登輝（一八七三～一九四七年），教育家，早年從事華僑教育，一九〇五年任復旦大學總教習，一九一三年起任復旦大學校長，歷時達二十三年。

改革高等教育中幾個問題

傅斯年

本文中所謂高等教育者，大體指學術教育而言，即大學與其同列機關之教育。此中自然也含些不關學術的事，例如大學學生人品之培養等，然而根本的作用是在學術之取得，發展，與應用的。

在清末未改行新教育制以前，中國之學術多靠個人及皇帝老爺一時的高興，其國家與社會之高等教育機關，只有國子監及各地書院，因爲府州縣學還近於普通教育。國子監只是一個官僚養成所，在宋朝裡邊頗有時有些學術，在近代則全是人的製造，不關學術了。書院好得多，其中有自由講學的機會，有作些專門學問的可能，其設置之制尤其與歐洲當年的書院相似，今牛津劍橋各學院尚是當年此項書院之遺留，其形跡猶可見於習俗及制度中也。不過，中國的書院每每興廢太驟，「人存政舉，人亡政息」，而且一切皆繫於山長一人，無講座之設置，故很難有專科之學問。且中國學問向以造成人品爲

目的，不分科的：淸代經學及史學正在有個專門的趨勢時，桐城派遂用其村學究之腦袋叫道，「義理詞章考據缺一不可！」學術既不專門，自不能發達。因此我們不能不想到，假如劉宋文帝時何承天等，及趙宋神宗時王安石等的分科辦法，若竟永遠實行了，中國學術或不至如今日之簡陋。

淸末改革教育，凡舊制皆去之，於是書院一齊關門，而一切書院之基金及地皮多爲劣紳用一花樣呑沒了。今日看來，書院可存，而書院中之科目不可存，乃當時竟移書院中之科目，即舊新各式八股，於學堂，而廢了書院，這不能說不是當時的失策。現在我們論高等教育，這個帽子可以不管，因爲今日之高等教育，除洋八股之習氣以外，沒有一條是紹述前世的，而是由日本以模仿西洋的。因爲如此，我們不能不說說歐洲近代大學的演成。歐洲的近代大學可以說有三種含素。一是中世紀學院的質素，這個質素給他這樣的建置，給他不少的遺訓，給他一種自成風氣的習慣，給他自負。第二層是所謂開明時代的學術，這些學術中，算學醫學等多在大學中出，而哲學政治雖多不出於其中，卻也每每激盪於其中，經此影響，歐洲的大學才成「學府」。第三層是十九世紀中期以來的大學學術化，此一風氣始於德國，漸及於歐洲大陸，英國的逐漸採用是較後的：於是大學之中有若干研究所，工作室，及附隸於這些研究所工作室的基金獎金。當淸末辦新教育的時代，這一頁歐洲歷史是不知道的，以爲大學不過是教育之一階級。當時的教育既要「中學爲體西學爲用」，更以富強之目前功利主義爲主宰，對於西洋學術全無自

身之興趣，更不了解他的如何由來，培養，與發展。試看張之洞張百熙的奏摺，或更前一期王韜馮桂芬的政論，都是這樣子。他們本不知道西洋在發財造炮以外有根本的學術，則間接仿造西洋的學術建置，自然要不倫不類的。我們現在正也不能怪他們，以他們當時的環境做出那些事來，比其現在的教育界領袖以今之環境做出這些事來，則今之人十倍不如他們。直到民國初年，大學只是個大的學堂。民國五六年以後，北京大學侈談新學問，眼高手低，能噓氣，不能交貨，只掛了些研究所的牌子，在今天看來當時的情景著實可笑，然而昏睡初覺，開始知道有這一條路，也或者是一個可紀的事。從那時到現在，中國也有兩三種科學發達，一般對大學及學術制度之觀念進步得多了，不過，今之大學仍然不是一個歐洲的大學，今之大學制度仍不能發展學術，而足以誤青年，病國家。即如以先覺自負之北大論，它在今日之混沌，猶是十多年前的老樣子哩！現在似乎政府及社會都感覺著大學教育有改革之必要，我也寫下幾件一時感覺到的事。

第一，大學教育不能置之一般之教育系統中，而應有其獨立之意義。大學也是教育青年的場所，自然不能說他不是個教育機關，不過，這裡邊的教育與中小學之教育意義不同。中小學之教育在知識之輸進，技能之養成，這個輸進及養成皆自外來已成之格型而入，大學教育則是培養一人入於學術的法門中的。誠然，中小學教育需要教授法之功用，這教授法可以用來使學生自動接受訓練，而大學中也不是能夠忽略知識之輸進技能之養成者，不過，中學教師對學生是訓練者，大學教師對學生是引路者，中學學生對

教師是接受者（無論接受的態度是自動的或被動的），大學學生對教師是預備參與者。雖大學各科不可一概而論，工農醫等訓練之步驟要比文理法商為謹嚴，然而大體上說去，大學各科雖不同，皆是培植學生入於專科學術之空氣中，而以指導者給予之工具，自試其事者也。因此情形，大學生實無分年的全班課程之可言，今之大學多數以年級排功課，乃將大學化為中學，不特浪費無限，且不能培植攻鑽學術之風氣。如大學不成為中學，下列辦法似宜採用：

一、設講座及講座附屬之人員，不以布置中學功課之方法為大學課程。

二、除第一年級比較課程固定外，其餘多採選習制。（文理法商之選習寬，工農醫較有限定。）

三、每門功課不必皆有考試，但須制定一種基本檢定：這種基本檢定包含各若干及格證，得此項及格證之後，然後可以參與畢業考試。此項及格證在國文系者試作一例如下：

甲、中國語言文字學，

乙、中國文學史，

丙、中國通史，

丁、中國詩學（詞曲在內）或詞章學，

戊、一種西洋文學，

己、若干部書之讀習。

四、畢業考試由教育部會同大學行之，論文一篇，證明其能遵教授之指導施用一種做學問之方法而已，不可不有，亦不可苛求。此外選擇二、三種最基本之科目考試之。

五、非滿若干學期，不得參加畢業考試，但在學校中無所謂年級。

六、凡可有實習之科目，皆不可但以書本知識為限。

七、最普通的功課由最有學問與經驗之教授擔任，以便入門的路不錯。

第二，大學之構造，要以講座為小細胞，研究室（或研究所）為大細胞，而不應請上些教員，一無附著，如散沙一般。大學中的講課，如不副以圖書之參用，或實驗之訓練，乃全無意義，而在教授一方面說，如他自己一個，孤伶仃的，無助手，無工作室，乃全無用武之地。雖有善者，無以顯其長，致其用。故大學中現在實在尚多用不著高於大學本身一級之研究院，而每一系或性質上有關連若干系必須設一研究所。大學學生本身之訓練，即在其中，大學教授之日進工程，即在其中。其中若能收些大學畢業繼續受訓練的，自然是好事，有時也很需要，不過，研究非專是大學畢業後事，而大學生之訓練正是研究室之入門手續也。捨如此之組織而談大學教育，只是空話。今之大學，

各個都是職員很多，教員很多，助手很少，且有的大學教授一到校，非講堂及休息室則無立足之地，此等組織，誠不知如何論學問。

大學本身之研究所，與大學外之研究院，也不應是沒有分別的。今之研究院，有中央北平二機關，近年皆能努力。若憑理想論去，研究院與大學中之研究所應有下列之分別。凡集衆工作（Collective Work），需要大宗設備，多人作工，多時成就，與施教之職務，在工夫及時季上衝突者，應在研究院，例如大規模之考古發掘，大組織之自然採集，等。凡一種國家的職任，須作爲專業，不能以有教書責任之人同時行之者，應在研究院，例如電磁測量，材料試驗，等。至於一切不需大規模便可研究的工作，大學中盡可優爲之，研究院不必與之重複，且有若干研究，在大學中有學生爲助手更便者，在研究院反有形勢之不便。如此說來，研究院之研究，與大學中之研究，本非兩截，不過因人因事之分工而已。

第三，大學以教授之勝任與否為興亡所繫，故大學教授之資格及保障皆須明白規定，嚴切執行。今之大學，請教授全不以資格，去教授全不用理由，這眞是古今萬國未有之奇談。只是所謂「留學生」，便可爲教授，只是不合學生或同事或校長的私意，便可去之，學績既非所論，大學中又焉有力學之風氣？教育當局如有改革高等教育之決心，則教授問題應該求得一個精切的解決。我一時提議如下：

一、由教育部會同有成績之學術機關組織一個大學教授學績審查會。

二、凡一學人有一種著作，此著作能表示其對此一種學問有若干心得者，由此會審定其有大學教授資格。

三、經上列第二項手續之後，此學人更有一種重要著作，成為一種不可忽略之貢獻者，由此會審定其有大學教授資格。

四、凡有大學教師或教授資格者，任何一大學請其為教師或教授時，受大學教員保障條例之保護，即大學當局如不能據實指明其不盡職，不能免其職。

五、既得有上列兩項資格之一，而任何三年不會有新貢獻者，失去其被保障之權利。

六、凡無上列資格，在此時情況之下，不得不試用者，試用期限不得過二年。

七、凡不遵守上列辦法之大學，教育部得停其經費，或暫不給予畢業證書之用印。

既澄清了大學教員界，然後學術獨立，學院自由，乃至大學自治，皆可付給之。如在未澄清之先，先付此項權利於大學教授，無異委國家學術機關於學氓學棍之手，只是一團糟，看他們爲自身的利益而奮鬥，而混亂而已。

此文寫至此處，急需付印，尚有餘義，且待後來再寫。

原載《獨立評論》第十四號，一九三二年八月二十八日出版

傅斯年（一八九六～一九五〇年），一九一四年考入北大，為五四運動時之學生先鋒。一九二八年協助蔡元培等建中央研究院，任該院歷史語言研究所所長。一九四五年短期代理北京大學校長，一九四八年至一九五〇年任國立台灣大學校長。

大學教育之主要方針

竺可楨

日記

一九三六年四月二十五日　杭州　至體育館。四點一刻余演講約四十分鐘，述辦教育之方針。

演講詞

諸位同學，這次中央任命本人來擔任本校校長。我個人以前對大學教育雖也有相當淵源，但近年潛心研究事業，深恐對於這樣重大的責任，不勝負荷，因當局責以大義，

才毅然來擔任了。今天與諸位同學第一次見面，就來略談本人辦學的主要方針，和我對於本校與諸位同學的希望。

明瞭往史與現勢二條件

大概辦理教育事業，第一須明白過去的歷史，第二應了解目前的環境。辦中國的大學，當然須知道中國的歷史，洞明中國的現狀。我們應憑藉本國的文化基礎，吸收世界文化的精華，才能養成有用的專門人才，同時也必根據本國的現勢，審察世界的潮流，所養成人才才能合乎今日的需要。可是我們講過去的歷史，一方面固然絕不能忘了本國民族的立場，也不能不措意於本地方的舊事和那地方文化的特色。本校誠然是國立的大學，可是辦在浙江，所培植的學生又多數是浙江人，諸位將來又大致多在浙江服務，所以我們也應得注意本省學術文化的背景。

浙江的開化與學術的發達

我們回溯浙江的往史，就容易聯想到浙江省是越王勾踐的故地；他那興國的事業，雪恥自強的教訓，深深地印入浙人的腦際。自東晉民族南遷，五代時吳越錢氏保浙，於

是浙水東西開發日廣，浙江文化與江南相並進。南宋定都杭州以後，浙江尤成爲衣冠人文薈萃之邦，學生盛極一時。這其間既然發生許多極有貢獻的學者，而如南宋浙人的匡業與捍衛，明代于謙的定邊與浙海的抗倭，以及明季的匡復運動，常以一省的人文關係民族的安危存亡，尤足見本省的特殊精神。這些遠的姑不具論，只就近三百年的浙江學術史中，我們就可舉出兩位傑出的人物。

黃梨洲和朱舜水

他們承晚明敗壞之餘，而能矯然不阿，以其宏偉的學問、光明的人格，不但影響浙江，且推及於全國，甚至播教於海外，並且影響不限一時，而且及於身後幾百年，這就是我們共知的黃梨洲先生（宗羲）和朱舜水先生（之瑜）。黃梨洲因爲圖謀抗清復明，被清廷指名緝捕至十一次之多。匡復之謀不成，乃奮志著書講學。他那部《明夷待訪錄》，包含了濃厚的革命思想，《原君》之作，早於盧梭的《民約論》一百年，實爲近代民權思想的先覺。他所至講學，著述極富，弟子光大其教，影響吾浙學風甚深。朱舜水與梨洲是餘姚的同鄉，並且同是復明運動的健將，曾到安南、日本運動起義，事既不成，就隱遁日本，立誓不復明就不回國，因此終其身於異國。那時日本人已傳入我們浙江大儒王陽明先生的學說，他的偉大人格也就引起他們的重視。日本宰相德川光國尊之

爲師，講學論藝，啓導極多。所以梁任公先生說，日本近二百年的文化，至少有一半是他造成的。

致力學問與以身許國

梨洲舜水二位先生留給我們的教訓，就是一方爲學問而努力，一方爲民族而奮鬥。因爲他們並不僅爲忠於一姓，推其抗清的熱忱，就是抵抗侵略的民族精神。我們不及詳說浙江其他偉大的學者，單說這二位先賢，已足爲今日民族屈辱中我們所以報國的模範。我們生在文化燦爛的中國，又是生在學術發達先行足式的浙江，應如何承先啓後，以精研學術，而且不忘致用實行爲國效勞的精神！

中國目前環境的艱危

其次講到中國「目前的環境」，我們有知識有血氣的青年早已感到今日國家情勢的危迫。近百年來列強侵略進行不息，中國不能發奮自強，以致近幾年國家已到了最嚴重的危機。外患的迫切，一般人民風習之不振，較之明清間更有過之。現在國內誠已統一，可是野心家不願見我們的統一進步。他們可說是抱著「兩重標準」的觀念來任意行

動。所謂「兩重標準」，從前是指中國社會裡的男女道德問題；因為本著男女不平等的傳統觀念，所以法律容許男子納妾，而風教強迫女子於夫死守節，這可說是兩重標準。現在國際間關係也是如此，我們應知一國的強弱盛衰，並非偶然而致，而有積久的自取的理由。人和別的生物一樣，一定要適應環境，才能生存，否則就趨於衰敗或歸淘汰。現在這世界是機械的世界，是科學的世界。中國人對於科學研究，雖有深遠的淵源，可是不久中衰，清季興學以來也繼起不力。今後精研科學，充實國力，大學生固然應負極重大的責任，而尤其重要的是養成一種組織和系統的精神。我們知道現今的世界一切事物最重組織，可是中國社會的舊習慣與此很難契合。中國人民積習最喜個人放任無拘的自由，試問我們以散沙一盤的許多個人來和有組織有規律的現代國家對敵，必無勝理。

民族自由重於個人自由

今後我們的問題，就是：「個人的自由要緊呢？還是全民族自由要緊？」我們大家對此應加以深切考慮。如果明白了「民族沒有自由，個人合理的自由也失去保障」，我們就必須以實心實力共來完成民族的自由。浙江在中國政治經濟文化的地位都極重要，浙江大學的學生就「目前的環境」一層上著想，尤應刻苦砥勵，才無負本省過去光榮的地位，與今後神聖的使命。

以上就過去歷史和目前環境兩方面來討論中國和浙江省的地位，來證明本校所負的歷史和時代的使命；而同時也將我對於本校訓育方面的宗旨和趨向說明了。現在再從學校教科等各方面來略說我個人的意見，並且就此提及我們今後想走的途徑。

教授人選的充實

一個學校實施教育的要素，最重要的不外乎教授的人選，圖書儀器等設備和校舍建築。這三者之中，教授人才的充實，最爲重要。教授是大學的靈魂，一個大學學風的優劣，全視教授人選爲轉移。假使大學裡有許多教授，以研究學問爲畢生事業，以教育後進爲無上職責，自然會養成良好的學風，不斷地培植出來博學敦行的學者。我們中國之有現代式的大學，雖還只是近四十年間事，但歷史上的國子監實際上近乎國立大學，而許多大書院也具有一時私立大學的規模。南宋國子監就是在杭州城西紀家橋，而萬松嶺的萬松書院，到清代改敷文書院，源深流長，並可見浙省淵源之早。書院教育，最有「尊師重道」的精神，往往因一兩位大師而造成那書院的光彩。例如講到白鹿書院就令人聯想到朱晦庵，鵝湖書院就因陸象山講學而出名。近代的大學也正是如此。例如英國劍橋大學卡文迪什實驗室之所以出名，就因爲J·J·湯姆遜、盧瑟福幾位教授。三十年前美國哈佛大學之所以能吸引了許多國內外的學生去研究哲學，就因爲有J·羅伊

斯、桑塔亞那、W．詹姆斯諸教授的主講。俄國出了一位巴甫洛夫教授，使俄國的生理學聞名於世。所以有了博學的教授，不但是學校的佳譽，並且也是國家的光榮；而作育人才以為國用，流澤更是被於無窮。現在中國的大學太缺乏標準，但幾個著名的大學也多賴若干良教授而造就甚宏。不過要薈萃一羣好教授，不是短時期內所能辦到，而必須相當的歲月，尤須學校有安定的環境。因為教授在校有相當的年份，方能漸漸實現其研究計劃，發揮其教育效能；而且對學術感情日增，甚至到終身不願離開的程度，這才對學術教育能有較大的貢獻。

本人決將竭誠盡力，豁然大公，以禮增聘國內專門的學者，以充實本校的教授。尤希望學生對於教師，必須有敬意與信仰，接受教師的指導，方能發揮教師誨人不倦的精神。

圖書儀器設備的重要

其次講到設備。人才誠然重要，可是圖書儀器等設備也是學校所不能忽視的，尤其是從事高深研究的大學。一個大學必有衆多超卓的學者，才能感得圖書設備的重要，而且會擴充合用的圖書；也惟有豐富的圖書，方能吸引專家學者，而且助成他們的研究與教導事業。簡言之，人才與設備二者之間是必然輔車相依，相得益彰的。俗話說：「工

欲善其事，必先利其器。」所以教授學生欲利其研究，必須充實其圖書儀器各項的設備。現在中國許多大學有一共通的弊病，即在經常費中，教職員薪給之比例太高，而圖書設備費的太低。在這種情形之下，就是有優良教授也無所施其技，且設科太繁，或職員人數太多，結果連一個院或系都不能健全發展。我們聽到一部分大學近年頗致力擴充其圖書館，固爲可喜的現象，然而圖書究是一般的貧薄。據我所知，除清華大學藏書二十八萬餘册，中山大學、燕京大學各約二十七萬册，北京大學二十三萬册，已算最多。次則中央大學、金陵、嶺南、南開也都在十五萬册以上。此外則圖書在五萬册以上的大學，已是寥寥，甚至還有圖書不及萬册的也居然稱學院或專校了。我們若就歐美舉一二個例，柏林大學圖書館藏書達二百萬册，且得普魯士邦立圖書館（藏書二百五十萬册）的協助。哈佛大學圖書館現有圖書三百七十萬册，去年一年增加新書五萬餘册。可惜中國大學多不知重視圖書之充實，而猶詡然自負爲「最高學府」。十九世紀英國文學家加萊爾說：「一個好的圖書館就是大學。」公共圖書館尙且如此，大學圖書館自更有高尙的學術價值了。所以我以爲大學經常費，關於行政費應竭力節省，教職員薪金所占不能超過七〇%，而圖書儀器設備費應占二〇%或至少十五%。本校因擴充成立爲時尙近，聽說圖書僅六萬册之譜，雖說省立圖書館近在咫尺，可助應用，但那邊究以舊書爲多，所以專門的中西文新書以及基本名著，本校實大有充實之必要。本人已在考量擴充圖書館的地位，下年度起並將謀增加購書經費。就是各系儀器，也當陸續添補，以發揮增高

研究實驗的效率。至於如何酌減學生上課的時間，促進利用圖書館和自由研究的習慣，或增進教師對學生課外的指導，凡此種種，還得和各教授共同研究，力謀以圖書館實驗室來輔助大學教育的成功。

校舍的最低標準

復次，是校舍問題。我們對於現今社會之過重屋宇的建築，固然有些懷疑；如大學校舍已有相當基礎，而竟不知充實設備，只求大規模的興築新宇，我曾謂爲是缺乏辦學的常識。可是一個大學的環境原也重要，相當完整的校舍也是絕不容忽視的。我今天視察了本校文理學院、工學院房子之後，才覺得浙大校舍需要改建和添建的迫切。大概要建築校舍，第一，需有具體的計劃，計劃既定，步步進行，這樣建築的形式，才能調和，而不致互相枘鑿。第二，房屋要求其堅固合用，最好更能相對的顧及美觀，但不必求其講究奢華。目前全國各國立大學中，浙大的校舍恐怕要算最簡陋；除一小部分外，大都是陳舊不整齊而且不敷應用。郭校長在任的時期，在華家池新建了農學院新舍、文理學院裡的新教室和其他幾所小房子，總算立了相當的基礎，但爲適應目前的需要，修建的要求還很迫切。現在中央財政的艱絀，在此非常時期中教育經費開源誠極不易；然而一個大學，如欲使其存在發展，最低限度的校舍建築是不可少的。我此刻確已感到校

舍修理和增築的必要，此後自當設法進行臨時費，從事規劃，以逐漸實現最低限度的本校校舍，改善諸君讀書的環境。

貧寒子弟的求學機會

爲了獎勵貧寒好學的子弟，我已訂定了在本校設置公費生的辦法。對此一事，我以爲有極充分的理由。在從前科舉取士及書院通行的時代，中國的教育還可說是機會均等的，所以我們在歷史上常聽到由寒士登科而成名立業的，在清代書院養士制度下也造就了不少的貧寒子弟。自從學校制興，有學費的明白規定，情形就漸漸不同了。近來國民經濟的低落，與學校收費及生活費的提高，恰恰成了反比例，因此這問題就更見嚴重。中學讀書已非每年五十元或一百元不辦，等到一進大學，每年連個人日用有需四五百元以上者，至少也得要二三百元之則。大學變成有資產的子女所享受，聰穎好學但是資力不足的人家完全沒有同樣機會。這樣的教育制度，不但是對人民不公允，並且因爲埋沒了許多優良青年，對於社會與國家更是莫可挽回的損失。我以爲天才盡多生在貧寒人家，而貧困的環境又往往能孕育刻苦力學的精神。所以如何選拔貧寒的優秀學生使能續學，實在是一國教育政策中之一種要圖。

運用自己思想的重要

關於諸同學的學業指導和人格訓練的各方面，個人雖還有許多意見，可是匆促之間，不能充分講明。不過有一點在此刻不能不一提的，就是希望諸君能運用自己的思想。我們受高等教育的人，必須有明辨是非、靜觀得失、縝密思慮、不肯盲從的習慣；然後在學時方不致害己累人，出而立身處世方能不負所學。大學所施的教育，本來不是供給傳授現成的知識，而重在開闢基本的途徑，提示獲得知識的方法，並且培養學生研究批判和反省的精神，以期學者有自動求智和不斷研究的能力。大學生不應仍如中學生時代之頭腦比較簡單，或者常賴被動的指示，而必須注意其精神的修養，俾能對於一切事物有精細的觀察、愼重的考慮、自動的取捨之能力。我們固不肯爲傳統的不合理的習慣所拘束，尤不應被一時感情所衝動，被社會不健全潮流所轉移，或者受少數人的利用。今後賴許多教授的指導和人格感化，希望諸位更能善於運用自己的思想，不肯作輕率浮動的行爲。十年二十年以後的諸君，都可成社會的中堅分子，而中國今後是最需要頭腦清楚善用思想的人物。

總之，我希望諸位同學要深切體念在今日中國受高等教育者的稀少，因此益自覺其所負使命的重大，努力於學業、道德、體格各方面的修養，而尤須具縝密深沈的思考習

慣。一個學校的健全發展，自然有賴教授校長之領導有方，同時尤需要全體學生有深切的自覺與實際的努力。

本人願以最大的誠意與專注的精神，來力謀浙江大學的進展，而要達到相當的成功，必然期待諸位的合作和努力。

原載《國立浙江大學校刊》第二四八期，一九三六年

竺可楨（一八九〇～一九七四年），著名科學家，教育家。一九三六年出任浙江大學校長，至一九四九年。

求是精神與犧牲精神

竺可楨

日記

一九三九年二月四日　廣西宜山　七點半至湖廣會館召集一年級全體學生談話，述浙大校訓「求是」的精神與大學新生應有的使命。

講演詞

諸位同學：諸君進到本校，適值抗日戰爭方烈，因為統一招生，發表較遲，又以交通不便，以致報到很是參差不齊，比舊同學遲到了一個月，才正式開課。諸君到浙大

來，一方面要知道浙大的歷史，一方面也要知道諸位到浙大來所負的使命。

浙江大學本在杭州，他的前身最早是求是書院，民國紀元前十五年（一八九七年即光緒二十三年）成立，中經學制更變，改名爲浙江大學堂、浙江高等學堂。到民國十年，省議會建議設立杭州大學，但迄未能實現，到民國十六年國民革命軍抵定浙江，始能成立。合前浙江公立工業專門學校和公立農業專門學校而成，所以浙大從求是書院時代起到現在可說已經有了四十三年的歷史。到如今「求是」已定爲我們的校訓。何謂求是？英文是 Faith of Truth。美國最老的大學哈佛大學的校訓亦是求是，可謂不約而同。人生由野蠻時代以漸進於文明，所倚以能進步者全賴幾個先覺，就是領袖；而所貴於領袖者，因其能知衆人所未知，爲衆人所不敢爲。歐美之所以有今日的物質文明，也全靠幾個先知先覺，排萬難冒百死以求眞知。在十六世紀時，歐美文明遠不及中國，這不但從中世紀時代遊歷家如馬可波羅到過中國的遊記裡可以看出，就是現代眼光遠大的歷史家如威爾斯，亦是這樣說法。中世紀歐洲尙屬神權時代，迷信一切事物爲上帝所造，信地球爲宇宙之中心，日月星辰均繞之而行。當時義大利的布魯諾倡議地球繞太陽而被燒死於十字架；物理學家伽利略以將近古稀之年亦下獄，被迫改正學說。但教會與國王淫威雖能生殺予奪，而不能減損先知先覺的求是之心。結果開普勒、牛頓輩先後研究，憑自己之良心，甘冒不韙，而眞理卒以大明。十九世紀進化論之所以能成立，亦是千辛萬苦中奮鬥出來。當時一般人尙信人類是上帝所創造，而主張進化論的達爾文、赫胥黎等

爲舉世所唾罵，但是他們有那不屈不撓的「求是」精神，卒能得最後勝利。所謂求是，不僅限爲埋頭讀書或是實驗室做實驗。求是的路徑，《中庸》說得最好，就是「博學之，審問之，愼思之，明辨之，篤行之」。單是博學審問還不夠，必須審思熟慮，自出心裁，獨著隻眼，來研辨是非得失。旣能把是非得失了然於心，然後盡吾力以行之，諸葛武侯所謂「鞠躬盡瘁，死而後已」，成敗利鈍，非所逆睹。我再可以用歷史上事實來做幾個篤行的引證。十六世紀時，一般人士均信地是平的，地中海是在地之中，所以叫地中海，義大利人哥倫布根據希臘哲學家的學說，再加上自己的研究，相信地是圓的。他不但相信，而且能根據他的信仰以達到新大陸。哥倫布的一生夢想就是想到新大陸。但義大利王和歐洲一般人都不熱心，最後還是西班牙王給他錢，裝了三船的囚犯，向大西洋冒險出發，卒達美洲，這才可稱爲「求是」。中國的往史，不乏這樣例子，最近的就是中山先生。滿族以數百萬文化低落游牧部族，滅亡明朝，奴使漢族，以少數制多數，以低文化的民族，來壓迫文化高的民族，這是不得其平。但一般人都不敢講，若有人敢提到興漢滅滿，就是極大的危險，雍正、乾隆兩代文字獄是一個證明。至於實行革命，更是難能。惟有中山先生不但鼓吹革命，而且實行革命，這革命精神，正是源於求是的精神。

浙江大學原在杭州。諸位到過杭州的，曉得杭州蘇堤南端有一古墓，是明代張蒼水先生（名煌言）的墓。自李闖入京，崇禎縊死煤山，吳三桂請淸兵入關。張蒼水是寧波

一舉人。明亡屢起義兵，及魯王亡，張名振亦歿，而鄭成功居海上抗清，受桂王册封，公亦遙奉桂王。其時桂王已勢衰走雲南，淸軍方致力於西南。張公遂乘機和台灣鄭成功聯軍攻長江，下蕪湖等二十七州縣，從鎭江直逼南京，以成功輕敵深入，敗於南京。公知事不可爲，乃潛居於南田小島上，爲漢奸所賣被逮，勸降不屈，從容就義於杭州。他給勸降的趙廷臣說道：「蓋有捨生以取義，未聞求生以害仁，」又說道：「義所當死，死賢於生。」像張蒼水這樣殺身成仁，也是爲了求是。

以上是講到浙大校訓「求是」的精神，這是我們所懸鵠的，應視爲我們的共同目標。其次就要講諸位到本校來的使命。在和平時期我國國立大學每個學生，政府須費一千五百元的費用。在戰時雖是種種節省，但諸位因淪陷區域接濟來源斷絕的同學，還要靠貸款來周濟，所以每個學生所用國家的錢，仍需一千元左右。現在國家財源已經到了極困難的時候，最大的國庫收入，以往是關稅，現在大爲減色，其次鹽稅，因爲兩淮和蘆鹽區的陷落，以及兩粤交通的不方便，亦已減收大半。在這國家經費困難的時候，還要費數百萬一年的經費來培植大學的學生，這絕不僅僅爲了想讓你們得到一點專門學識，畢業以後可以自立謀生而已。而且現在戰場上要的是青年生力軍，不叫你們到前線去，在槍林彈雨之中過日子，而讓你們在後方。雖則各大學校的設備不能和平時那樣舒服，但是你們無論如何，總得有三餐白飯，八小時的睡眠，和前線的將士們不能比擬。就和我們同在一地的軍官學校的學生相比，也要舒服多了。他們常要跑到野外練習戰

術，有時四十八小時沒有睡眠，整個白天沒得飯吃，行軍的時候，一天要跑到一百二十里，背上還要負荷二三十斤的糧食軍需。國家既如此優待諸君，諸君絕不能妄自菲薄，忽視所以報國之道。國家給你們的使命，就是希望你們每個人學成以後將來能在社會服務，做各界的領袖分子，使我國家能建設起來成爲世界第一等強國，日本或是旁的國家再也不敢侵略我們。諸位，你們不要自暴自棄說負不起這樣重任。因爲國家用這許多錢，不派你們上前線而在後方讀書，若不把這種重大責任擔負起來，你們怎能對得起國家，對得起前方拚命的將士？

你們要做將來的領袖，不僅求得了一點專門的知識就足夠，必須具有清醒而富有理智的頭腦，明辨是非而不徇利害的氣概，深思遠慮、不肯盲從的習慣，而同時還要有健全的體格，肯吃苦耐勞、犧牲自己、努力爲公的精神。這幾點是做領袖所不可缺乏的條件。去年英國全國學生聯合會，在諾丁漢開會，他們報告已經出版，在新出的《民族》雜誌上，就有一篇簡單的節略。從這報告可看到英國的學生覺到，在現時歐洲羣雄爭長，有一觸即發之勢。他們所需要：第一是專門技術，使他們一畢業即在社會上成爲有用的分子；第二是要有清醒頭腦，對於世界大事有相當認識。這固然是不錯的，但我以爲第三點要能吃苦耐勞和肯犧牲自己，是更不可少的要素。

中國現在的情形，很類似十九世紀初期的德意志。德意志自從大腓烈特爲國王以後，漸有國家的觀念。不久法國拿破崙當國，侵略德意志，得寸進尺，不但盡割萊茵河

以西之地，並且蠶食至於易北河以西沿海一帶盡歸法國之版圖。愛國志士如費希德等，大聲疾呼，改良德國教育制度，廢除奴籍，整頓考試制度，卒能於短期間造成富強統一之德意志。費希德在其告德意志民衆的演說中有云：「歷史的教訓告訴我們，沒有他人，沒有上帝，沒有其他可能種種力量，能夠拯救我們。如果我們希望拯救，只有靠我們自己的力量。」諸位，現在我們若要拯救我們的中華民族，亦惟有靠我們自己的力量，培養我們的力量來拯救我們的祖國。這才是諸位到浙江大學來的共同使命。

原載《浙江大學西遷紀實》

大學教育的兩種理想

鄭曉滄

威廉詹姆士（William James）於其所著《Talks to Teachers on Psychology and to Students on Lifes Ideas》一書中，談及英國大學教育之目的，在養成"Gentlemen"，陶鑄其一切思想行動，齊赴著這個標鵠去進行。至於德國大學教育之目的，則在養成"Scholar"，而且比較是狹義的專門研究工作者（Research Scholar）孜孜矻矻，不厭其專，但能點滴有成，（Popcorn of Truth）即認爲已達其理想之境域。

今即依此爲言，㈠英國的大學理想，在養成 Gentlemen，可以牛津大學（oxford）爲其代表；㈡德國的大學理想，在養成專門學者Scholar，可以柏林大學爲代表。至於美國大學，最早成立爲哈佛大學，其初原依英國劍橋大學（Cambridge）爲矜式，故多少沾染牛津大學之遺風，偏重於人格的陶冶。四五十年前，學子紛紛負笈於新興之德國。引德國風習以俱還。哈佛大學名校長愛理倭德（Charles W. Eliot）之設施，乃趨重於此端。於是美國大學，逐漸染德國之風習。然近二十年來，感覺人格陶冶之不可忽，則又稍回

復於英國之理想與其途轍。最早者當爲威爾遜長布利斯登大學時，彼採用一種變形的英國制度，以訓陶學生。最近哈佛大學且引用英國之導師制。茲就英德兩種理想，而爲之評論。

英之大學理想，在養成 Gentlemen，此一字以我國「君子」一詞譯之，最爲恰當。英國鈕門氏（Cardinal Newman）於其所著《The Idea of a university》，除闡述大學教育之意義外，對 Gentlemen 亦曾爲申其涵義。凡我同學，均宜閱覽而深加體察。我國四書五經，稱及君子之處甚多，最重要者爲「君子喻於義，小人喻於利」。君子重義，小人則惟利是圖，宋儒對此論之至詳。又說：「君子坦蕩蕩，小人長戚戚。」君子從容，而小人局促。禮記所謂：「君子不以一日使其身俛焉，如不可終日。」又曰：「君子不憂不懼。」不憂不懼，即坦蕩蕩之意。以對事認識清楚，無足憂懼。然君子果全無所憂懼乎？是又不然，特其所憂懼者，迥異於常人，故曰：「君子憂道不憂貧。」君子憂道，憂天下，憂非關於小己。故又曰：「君子固窮。」論語第三段便云：「人不知而不慍，不亦君子乎？」可見君子的修養，足使其超脫於世欲凡庸的見解。「一簞食，一瓢飲，回也不改其樂。」可見君子憂樂之所在。孟子有云：「君子有三樂：而王天下不與存焉，父母俱存，兄弟無故，一樂也；仰不愧於天，俯不怍於人，二樂也；得天下英才而教育之，三樂也。」第一樂常人所同，第二第三兩樂，則是眞樂，是君子之樂。君子不但志行高潔，並且是最能負責的。論語曾子曰：「可以托六尺之孤，可以寄百里之命，

臨大節而不可奪也，君子人歟？君子人也。」是何等的氣概，是何等的節操，難怪曾子要重言詠嘆了。似此看來，未免陳義太高，未可期於常人，然而並不如此。我們只看論語有以下的話：「聖人吾不得而見之矣，得見君子者斯可矣！」可見君子與聖人，固尚有間。然而君子的同情、操守、雅量，固已足爲人倫之表率，凡大學學生似應以「君子」爲標準，即英之所謂 Gentlemen 也。

第二理想，即學者（Scholar）理想，德國雖特別著重於 Research Scholar，茲姑以一般 Scholar 爲言，其在中國，今日通稱爲「學者」，求之舊籍，依個人意，相當於「士」。今日青年，對於所謂「士」者，或已視爲應在打倒之列。然亦有兩種看法，如士爲社會上寄生蟲，或更欺詐凌人，不事生產，而爲社會之蟊賊。則應爲打倒也無疑。但「士」之原義，當不如是。西洋分別職業 Occupation 爲數種，所謂 Trades，不須多事訓練，如工匠之類；至如醫士、教師，則爲 Professino，須多量之修養，又其努力之對象，不爲小己之利益，而爲人羣之幸福，此則正與居「四民」之首之「士」者相當。即離卻其執業的關係，但以其主持風化，作社會之表率言，其行爲、事功，影響於社會者亦至巨。今吾人姑暫置倫理的意義而不論，則「士」之解釋，爲「推十合一」，即能以演繹與歸納整理思想。竺校長屢屢言及思想訓練，應爲大學教育重要目標之一，凡具有此種修養者，始可謂之「士」或「學者」。然中國向重人本主義，故向來「士」之涵義，除學識外，亦必注重其人格之修養。唐裴行儉曰：「士先器識而後文藝。」器識即格局，即流

品。又孟子亦曰：「士何事？曰：立志。」可見我國所注意者，常在此而不在彼也。

予意大學學生，自晨及暮，所事最多者，要爲課業，即一日中之大部時間，皆用於知識學問之一途。學校教育目的，固應對德行、康健等等，加以努力，然實際上大部時間和精力，均注於知識技能。此在大學，其知識生活，尤爲重要。然使大學學生，僅期勉強讀完學程，乃至畢業，實爲不當。故大學畢業生，應對於專科具有深切之興味，否則將無與於「士」林也。東西洋學者，對某一專科，朝斯夕斯，幾不知老之將至。前數年一至中國之昆蟲學家尼丹姆士，於演說昆蟲學時，曾累言"We need more Knowledge"，努力新知，謙以自牧，盎然之情，數語可見。故凡偉大學者，無不謙卑，以自己所成就者，不足解決問題，而更當多所徵采。

又學者偏於分析，偏於專門，有時易與世界隔絕，亦非佳事。故精神雖有專注，然對其他學藝或世事，不宜完全絕緣。惟人之精神有限，以同面積之平方形爲例，寬廣兩者之間，自相牽制。此處長一分，則彼處短一分，故博約兩事，當於一可能範圍之內，使其得最美好之配合，然此要視各人之情形而後定。

德之注意專門，今恐已不同曩昔。數年前國聯教育考察團團員之一，德人 C. H. Becker，係前普魯士教育部長，乃爲柏林大學東方語文教授。彼嫻十三國語言，由此可見其廣博之一斑。又黃翼教授曾告我完形心理學派巨擘考夫卡先生，精擘心理學，然對建築、音樂，皆深能諳解。愛因斯坦發明相對論，實人類之偉績，然其對於音樂，亦有

興味，於照片中，吾人每可見其彈奏梵娥琳（編按：小提琴）也。

「士」不宜以專究某科學術之故，而擯棄其他一切，作「不聞不問」之表示。嘗謂研究學問，有如修道，有如坐關，要將此心把握得住。我國昔時學人，有三年不窺圓者，得以覃思博覽。對於學問，有時宜弗問其於世有何裨益，更不宜粘滯於一時一地。凡此種「超脫的精神」，均爲學人所宜有。然又不可終於「超脫」，且學者對於學術，固應盡其本務，不憚深究，而對於「人性」，亦不可使其或失。例如使學問至爲深賾，然不能深入淺出，則不能行遠，要亦爲社會與個人重大之損失。國聯教育考察團報告書《中國教育之改造》中稱：「中等教育之目的，不在造就大學之學生，而在造就健全的活潑的思想靈敏的人材，關心於其所處世界，準備各盡其本人之責任。」大學生更當如何？中國四萬萬衆，而大學生總數只不過四萬，萬人中得一焉，則其責任之重大可知。斯教育考察團之言，可以作深長思矣！

綜論上兩種理想，一爲君子，一爲學者。我國本有「士君子」一名詞，然細按之，「士」與「君子」，亦自有別。大概「君子」尤重行誼，而「士」則必學問上有相當之造詣者，方足當之。前者尤重人格上之修養，後者則重學問上之修養。今如不取古人之形式或意義，而取其旨趣之所在，則今之大學學生，不可不勉爲績學之「士」，不可不勉有「君子」之風。

原載一九三六年九月三十日、十月一日《浙大日刊》第二六～二七期

鄭曉滄（一八九二～一九七九年），早年參加鄉村教育和民眾教育運動，一九二九年創辦浙江大學教育系，任系主任。

國難與教育的懺悔

潘光旦

近代所謂新教育有許多對不起青年與國家的地方。自國難一天比一天的嚴重，而此種對不起之處才一天比一天的無可掩飾，至最近且到一完全暴露的地步。這種對不起的地方可以用一句話總括起來說：教育沒有能使受教的人做一個「人」，做一個「士」。

近代中國的教育沒有能跳出三個範圍：一是公民、平民或義務教育，二是職業或技能教育，三是專家或人才教育。這三種教育和做人之道都離得很遠。第一種目的在普及，而所普及的不過是識幾個字，教大衆會看簡單的宣傳文字；說得最好聽，也無非教人取得相當的所謂「社會化」，至於在「社會化」以前或「社會化」之際，個人應該有些什麼修養上的準備，便在不論不議之列。第二種教育的目的顯而易見是專教人學些吃飯本領；繩以「衣食足而後知榮辱」的原則，這種教育本是無可厚非的。但至少那一點「榮辱」的道理應當和吃飯的智能同時灌輸到受教育的腦筋裡去，否則，在生產薄弱，

物力凋敝的今日，也無非是教「不奪不饜」的風氣變本加厲而已。第三種所謂人才教育最聳人聽聞，其實充其量也不過是一種專家教育以至於文官教育，和做人做士的目的全不相干：弄得不好，造成的人才也許連專家都當不了，文官都考不上。每年畢業的好幾千的大學生不就是這樣麼？

什麼是士的教育？在解釋以前，我們不妨先列一個很簡單的圖表：

- 士的教育
  - 情志的
    - 在平時——「不可以不弘毅，任重而道遠」
    - 處危難——「見危授命」，「可殺不可辱」

《說文》在士字下引孔子的話說，「推十合一爲士」。讀書人最怕兩種毛病，因爲是最不容易避免：一是泛濫無歸，二是執一不化。梁任公先生某次評閱學生的卷子，在評語裡自承爲一個「泛濫無歸」者，這在梁先生也許是一種自謙之詞，但這一類的讀書人目前正滔滔皆是。泛濫無歸的人患在推十之後，不能合一；執一不化的人，患在未嘗推十，早就合一，這裡所謂合一的合字，實際上是不適用的，因爲其間並沒有多少可合的內容。

士的教育也著重情緒和意志的培養。說「士不可以不弘毅，任重而道遠」，是所以備平時。說「士見危授命」「士可殺不可辱」是所以備危難。以生命做一種理想的擁護者，是士的最後也最有力的一只棋子。而其所以能如此，則端賴平時的培養工夫。所謂宏，指的就是情緒的培植；用情有對象，這對象是惟恐其太渺小，太零星。所謂毅，指的是意志的訓練，持志有方法，這方法是惟恐其太散漫，太不能持久。張橫渠所謂「不以聞見梏其心」，是宏。孟子所謂「持其志，無暴其氣」，是毅。用今日流行的語氣來說，前者是有度量，有氣魄，後者是能沈著，能撐得住氣。久已成為口頭禪的仁義二字，其實所指也無非這兩層意思。朱子有兩句話說得很好：「義之嚴肅，即是仁底收斂。」嚴肅時即是毅，未收斂時即是宏。宏毅之至，一個人才敢希望於必要時走成仁取義的一步。

實踐士的教育，須要兩個步驟。第一是立志，就字義說，志是心之所在，或心之所止，即指一人的生命總得有個比較認清楚的目的，也就是要打定一個健全的立身處世的主意。第二要學忠恕一貫的道理。讀者到此，可能會說我越說越開倒車；其實開倒車並不是一個罪名，平滬車開到北平後，仍然要開回去的，不過我未嘗不準備給這些古老的名詞一個比較新鮮而易於了解的解釋。忠就是篤信，外國人叫做conviction，說得更近代些，就是一個人總得有個輕易不肯放棄的立場。恕就是容忍，外國人叫做 tolerance，說得更近代些，就是一個人同時也得見到和諒解別人的立場。其實這何嘗不是以前的人造

字的本意？忠字從中從心，董仲舒說得好，「心止於一中者，謂之忠，持二中者，謂之患」；一個人沒有立場，或立場隨便改換，甚至於覆雨翻雲，朝秦暮楚，總不能說是很健全吧，不健全就是患。恕字從如從心，就是「他人有心，予忖度之」的意思。說忠恕一貫，就指兩方面要兼籌並顧。能忠不能恕的人是剛愎自用的人，是黨同伐異的人，是信仰一種主義而至於武斷抹殺的人。能恕不能忠的人是一個侈言自由主義的人，動輒以潮流不可違拗，風氣不能改變，而甘心與俗浮沈，以民衆的好惡爲依歸的人。這兩種人目前又正滔滔皆是，而其所以致此之故，就在以往二三十年的所謂新教育，沒有教我們以忠恕一貫所以爲士之道；沒有教我們恕就是推十，忠就是合一，恕就是博，忠就是約……這一類先民的教育經驗。

別種教育，例如識字教育，吃飯教育，文官教育等等，多少可以補習，可以追習，惟有士的教育不行，非在青年期內學習不可。青年有四個心理的特點：一是易於接受外界的刺戟與印象；二是富有想像力與理想；三是易於喚起情緒與激發熱誠；四是敢於作爲而無所顧忌。這原是人生最可寶貴的四個特點，生命的尊嚴，文化的燦爛，都從此推演而出。不過它們有三四個危險：一是流放，二是膠執，三是消沈，四是澌滅。前三種危險在青年期以內便可以發生，後一種則大都在青年期以後。青年人的心理特點雖因年齡期而大致相同，而其整個的品格的表現則往往因遺傳的不同而有個別之異。這種差別，約而言之，又不出狂與狷二途。大率狂的易流於放浪，而狷的易趨於膠執。放浪之

極，或膠執之極，而一無成就，則「暴氣」而不能「持志」的結果，勢必轉趨消沈，而消沈之至，竟有以自殺做最後的歸宿的。所謂流放，初不必指情緒生活的漫無節制，舉凡讀書時代興趣的泛濫無歸，學科的東拉西扯，無選擇，不細嚼，以及理想的好高騖遠，不切事理，紛然雜陳，莫衷一是，都可以算做流放的表示。膠執的則恰好相反。有一知半解，便爾沾沾自喜，以爲天下的事理，盡在於此，以爲社會國家的徹底改革，非此不成，甚或以白日夢作生涯，以空中樓閣爲實境，以精神分析派所稱虔誠的願望當作已成的事實，引爲立言行事的根據。這兩種趨勢，方向雖有不同，而結局則往往相似，即不是一朝自覺而急轉直下以趨於出家或自殺的途徑，便是不自覺的變爲瘋狂，永久的，完全的，以幻作眞，以虛爲實，而再也不能自拔。

至於第四種的危險，即青年心理特性的澌滅，則往往在青年期以後。我們時常看見有人，在學生時代是何等的好奇愛智，何等的充滿了理想與熱誠，何等的志大言大，敢作敢爲；一出校門，一入社會，一與實際的物質與人事環境，發生接觸，便爾銷聲匿跡，同流合污起來。求知欲很強烈，理想很豐富的會變做故步自封，患得患失；以天下國家爲己任的會變做追名逐利，狗苟蠅營；家庭改革的健將，會變做妻子的奴隸，兒女的馬牛。一言以蔽之，這種人的言行舉措，前後會如出兩人。何以故？青年的特性已經澌滅故。

如今士的教育的效用無他，就是要調節與維持這種種青年的特性；調節，所以使不

流放，不膠執；維持，所以使不消沈，不澌滅。講博約，講忠恕，講推十合一，即所以調節流放與膠執兩種相反的傾向，使不但不因相反而相害，而使恰因相反而相成。講立志，講弘毅，講自知者明，自勝者強，以任重道遠相勖勉，以富貴不淫，貧賤不移，威武不屈相期許，險阻愈多，操守愈篤，至於殺身毀家而義無反顧；這些，即所以維持青年期內那種熱烈的情緒與敢作敢爲的無畏精神。再約言之，士的教育，一面所以扶導青年的特性，使發皆中節，一面所以引申此種特性，使不隨年齡與環境之變遷而俱變。惟其在青年期內發皆中節，到了青年以後的中年與老年，進入學校環境以外的國家與社會，才有餘勇可賈，才能負重任而走遠道。

不幸這種士的教育，數十年來，不但已經摧毀無餘，並且快到無人理解的地步。在所謂新教育制度之下，一個青年所恃以立身、處世、應變、救國的力量，只剩得一些天生的朝氣，或孟子所稱的平旦之氣，以及上文所說的四種特性的自然流露罷了！這種朝氣與特性的流露，到了相當的年齡，即大約在春機發陳期以後，原無待乎何種特殊教育啓發，方才流露，教育所能效勞的，事實上只不過是一點點調節與扶持的工夫而已。就今日的形勢而論，因爲缺乏扶持以致不調節的緣故，此種朝氣與特性的自然流露幾於無時無地不趨向流放與膠執的兩個途徑。近年來的學生生活以及幾次三番的學生運動，便是十足的佐證。在比較生性活動的青年學子中間，我們總可以發見大量的不負責任的極端的自由主義者，浪漫主義者，甚至於頹廢主義者。在比較生性固執而自以爲有主張、

有理想的分子中間，我們又可以找到大量的成見極深，武斷太甚，黨同伐異，不是左袒，便是右傾的人。我一向主張學生不宜加入任何黨籍，我現在還是這樣主張，因爲加入黨籍的最好的結果，也不過是造成一些能忠而不能恕的膠執分子，其於民族國家的不能有所裨益，和能恕不能忠的極端流放的分子，初無二致。不過私人的主張終究敵不過教育不瞅不睬的政策。教育根本不管這一類的事，它只要教人能識字，能吃飯，能應文官考試，能做一個專家，便已算盡了它的能事。及學生活動因流放而軼出了範圍，或因膠執而造成了若干朋黨，彼此攻訐不已，於是向之不瞅不睬的靜態又不得不一變而爲大驚小怪與手足無措的動態。一個出了學校，已能識字，已有吃飯本領，已做文官，或已成專家的人，而在社會上猶不免作奸犯科，殃民禍國，教育對它的態度，也正復如此——一個瞪著眼的詫異與完全不了解。種麻得黍，教育不問種的究竟是不是麻，而深以爲黍的出現的大惑不解。近代的教育便常在這種迷惘的情態之中。

國難的形成，自有它的內因外緣，若就其內因而論，我始終以爲教育要負起很大的責任。教育沒有教一般人做人，更沒有教一些有聰明智慧的人做士，沒有教大家見利思義，安不忘危，沒有教我們擇善固執，矢志不渝，也沒有教我們諒解別人的立場而收分工合作之效。我以爲近代的教育不知做人造士爲何物，是錯了的，錯了，應知懺悔。

寫於一九三六年，原載《政學罪言》，觀察社，一九四八年四月初版

潘光旦（一八九九～一九六七年），著名社會學家、教育家，一九三四年至一九五二年任北京清華大學、昆明西南聯大教授，曾任清華大學教務長、社會學系主任，清華大學秘書長、圖書館館長等職。

什麼是構成大學「大」的要素

雷沛鴻

然則，什麼是大學大的特性？或者什麼是構成大學大的要素？在此地，我要指出三點，就是與民衆結合、自由思考和科學方法。

一、與民衆結合 上面嘗說，一個大學，須有充分的物質條件，在大戰之後，更要強調物質條件的安排。但只有物質條件還不能構成大學之大；而且物質條件的來源，也值得注意。依常理觀察，舉辦學校或發展教育事業，須有大量經費，經費最可靠的來源，莫過於政府的撥給。在平時，省立國立大學的經費，固然仰給於政府，戰後各國立大學更由國庫支給整千萬、整萬萬的復員費。表面看來，政府可發行紙幣，用多少就印多少，大學的財源，取之於政府，比較的容易，取之於民衆則比較困難：而避難就易，乃是人之常情。可是，本院的用力處，卻是相反。本院自創辦以來，又在教育復員聲中，未耗費過國庫一分文，我們所用的一些經費，所有的物質建設，都取之於民間，以

地方民衆力量為其源泉。儘管本院所在地的西江上游各縣，多是經濟落後的縣份，民衆生活很艱苦，大戰之餘，更是民生凋蔽，本院物質條件的取得，十分困難；但我們卻是避易就難，這是何故？

原來中國教育，一向與民衆生活背離；自歐美教育制度輸入中國，更未嘗適合國情，生根於民衆生活；廣大民衆則飽嘗這種教育的惡果。這是現代中國教育的一個致命傷，也是我們在教育改造運動上用力處所在。我們在國民基礎教育上，國民中學教育上，辛勤操作的主要企圖，是謀使教育生根於民衆生活，尤其是勞苦大衆生活。繼此而創設西江學院，以至將來擴大構成的西江大學，其最大用意亦復如是。本院基於海內外熱心教育人士的努力而誕生，復由於西江上游各縣的撥款而成立。它的基礎，建築在廣大民衆的生活，它的存在與滋長，仰仗於廣大民衆的力量；它行將發揮其教育功能，作用於民衆生活，而相與促進民衆的利益和幸福。只有朝著「毋忘老百姓」的目標去努力，然後教育，尤其是大學教育，才能有深廣的社會基礎，當眞生根於民衆生活，得民衆力量的沾溉，而發榮滋長。

依事實觀察，我們的企圖，並非可望不可即，我們的努力，也並非白費工夫，社會地方民衆，對本院事業，已寄予無限同情，並多方的協助支持。就第一期建設費募捐運動來說，此事只是在開始，但南寧一地方的反應，並不令人失望，南寧商界的熱烈協助，尤使我們衷心感戴。八月二十七日孔子誕生那天，募捐委員會在南寧商會招待商

家，即席勸捐，雖然招待的只是一部分商行，但頃刻之間，就捐獲八百餘萬元。九月二十四日，第二次的招待會中，又承商界的贊助，即席捐獲一千七百餘萬元，先後二次達二千五百萬元之譜。各商家並表示，今後仍願盡力之所及，協助本院事業的進展。商界領袖賴壽銘、陳麗南兩先生，表示商界同仁，可合力捐建某項建築物；陳先生並謂科學儀器設備，在五百萬元之內，可設法與其他商行負擔。在會席上，一位老先生，他經營藥材生意，資財並不怎樣雄厚，他落筆捐三十萬元，出乎同行意料之外，大家給他很大的喝彩。我和黃專員中廑向他道謝的時候，知道他一向樂善好施，但不現於辭色。他對我說：西江學院辦得認眞，所以願盡一點力量來幫忙。此外，中央訓練團第十軍官總隊羅總隊長及全體隊員，也熱烈捐助巨款。其他各界也踴躍捐輸。這些生動的事實觀察，很可以說明教育須建築在民衆生活之上，或教育須生根在民衆生活之中的道理。

總之，一個大學教育機關，不能與民衆生活脫節；而且要與民衆結合，有民衆力量的支持，才能構成大學大的特徵。

二、自由思考　在教育傳統當中，最難能可貴的教育理想，就是英語的 Free mind（自由思考）。自由思考，不但是大學能成其爲人的要素，而且是人類能夠解放於自然束縛與解放於人爲束縛的開端，也是世界文明進步所必遵循的途徑。不過，就教育來看，並非自有大學，即有自由思考的傳統；而且自由思考出現在大學之後，並非如日中天，到處可見。反之，它在學府生活，卻是時隱時現，若斷若續。這是要說，人類的自

由思想史，是經過迂迴曲折地進展，作曲線的前進。其過程往往是「山窮水盡疑無路，柳暗花明又一村」，而作繭自縛之事，卻難倖免。試就中外文化史比較，其演講跡象，斑斑可考。中國在春秋戰國，是一個思想大解放的時代，自由思考發達，諸子百家爭鳴，彷彿是學術的黃金時代。春秋戰國以前，學術經典載籍本來深藏於官府，西周分崩離析之後，貴族身分的老子孔子才開始把這種學術輸入民間，使民衆沾一些光。孔子在泗上講學，弟子三千，賢士七十二，對於思想自由解放，本來可以有很大的貢獻，哪知道在諸子百家中，孔子的門徒，卻以儒家自相標榜，自立門限，寖假而被統治者御用，以強烈的排他性束縛自由思考。最顯著的表現，是漢武帝的採納董仲舒的建元三策，而罷黜百家，定儒家學說於一尊，使天下思想趨於定型。在古代歐洲，耶穌基督本想藉宗教力量，做一種思想革命；基督教的出現，可說是歐洲自由思考的曙光。雖然耶穌生時，備受磨難，且殉教於十字架，其後基督教徒的傳教，也遭受殘酷的迫害；但基督教總是以進步的姿態，滲透於民間，其意義可與我國春秋戰國的諸子百家相比擬。然而在羅馬帝國壓迫之下，基督教竟與封建勢力相結托，初受君士坦丁（Constantinus）大帝的保護，後受提奧多修（Theodosius）大帝定爲羅馬國教。從此，基督教的革命色彩被塗抹，宗教信仰，被目爲異端邪說而受排斥。西羅馬勢衰之後，羅馬教會不僅爲各地教會的中心，而且不啻是羅馬帝國的替身，羅馬教皇儼然是歐洲各國的共主。所謂「普天之下，莫非王土；率土之濱，莫非王臣」可爲羅馬教會勢力龐大的注腳。歐洲的自由思

考，重受束縛，其情形與中國儒家之定於一尊相仿。

自由思考，在古代中國與歐洲，其出現與遭遇，誠然可用來說明人類自由思想史的一個矛盾現象。但對於這個矛盾的解除，中國人與歐洲人卻大異其趣。在中國，自儒家定於一尊之後，千百年來的思考範圍，大半不出儒家的傳統。孔子的思想，是當時社會的產物，他主張尊周攘夷，一切都守先王之法，「不愆不忘，率由舊章，遵先王之法而過者，未之有也。」《禮記・禮運篇》所述天下爲公、大同之道，並不是對於未來社會有所憧憬，而只是對於荒古原人時代有懷思，即所謂「抒懷舊之蓄念，發思古之幽情」。後來讀書人，不加別擇，一概以孔子之言論爲金科玉律，學問思辨，只以引經據典，祖述成說爲能事，不敢觸犯聖賢之言，流風所播，非秦漢之書不讀，孔子遺書以朱注爲正宗。在教育上，思想上，囿於儒家的定型，蔽於權威（Authority）的傳統。到了現代，對於西洋各種思想學說的信仰，仍多出於偶像的崇拜，開拓不出自由思考的出路。歐洲人誠然也有許多錮蔽，但他們經過一度作繭自縛的錯誤之後，卻能把自由思考的優良傳統，繼續傳遞，而且發揮光大。試徵實來說，歐洲人在權威束縛之下，另有一文化淵源。使自由思考重新解放；在中國，則缺少此一文化淵源。這個文化淵源是什麼？是大學教育制度。歐洲很早就有大學教育制度，使人類自由思考傳統，透過大學而保持、再生、發揮光大起來。中國歷史缺少這個文化淵源，所以自由思考長期的受限制，一般讀書人，只是在封建宗法社會中，結成三綱五常的羅網，幫助統治者制馭萬

民。這是研究中外自由思想史應注意的一個要點。

歐洲人的思考自由，人格解放，得力於十四世紀中葉的文藝復興（Renaissance）及十六世紀的宗教革命（Reformation），其策源地則在大學。在中世紀上半期的所謂黑暗時代，全歐洲，尤其是南歐，有一度幾無學校教育之可言。當時的哲學，是基督教的神學的奴隸，基督教僧侶執往日哲學家所掌握學問之牛耳。在第七第八世紀最黑暗時代，僧侶階級，類多野蠻無知，寺院成爲被壓迫者的逋逃藪，學校至爲荒落，只有一部分僧侶，在寺院中保存並研究希臘的文學、科學、美術、抄寫經典，並開設一些簡陋的寺院學校；當時語言與拉丁文游離，能利用拉丁文的只是僧侶階級，所以學問一事，黯然弗彰。其後羅馬的查理曼（Charlemagne）大帝，雖然招納學者，獎勵寺院學校研究哲學，但這種研究，其思想中心不外是權威陳訓，其研究對象只是神道、教義，其研究方法偏於形式邏輯的三段論法，而形成所謂經院哲學（Scholastic Philosophy），加重了自由思考的桎梏。幸虧十二世紀有大學的存在，這些大學是歐洲在黑暗中漸見曙光的一個樞紐。

十二世紀十字軍戰爭以後，西歐人對基督教之神開始懷疑，社會紐帶的宗教權威發生動搖；東方阿拉伯、猶太、希臘文化的接觸，更使西歐人漸知基督教的社會，不是惟一眞實的社會。若干學者爲學術研究而組織的團體（University）次第產生，並逐漸構成大學，而爲教會或政府認可及保護。著名的大學，如法國的巴黎大學，義大利的波隆那（Bologna）大學，就是這樣產生。其後，這些大學影響所及，而產生其他大學，如義大

利巴多亞（Padua）大學，由波隆那大學分出；英國牛津（Oxford）、劍橋（Cambridge）大學，均仿巴黎大學而設。這些大學，其教育單位大多包含神學、法律學、醫學。巴黎大學即以神學著名，波隆那大學則以法律學著名。在歐洲基督教國人民未能開化之際，回教國阿拉伯的數學、天文學、物理、化學、醫學、法律學等，已日趨發達，並將希臘的數學、醫學與天文學，亞里士多德原著與希臘人的注釋，以及有名的阿拉伯人與希臘人對於亞里士多德的著作，由阿拉伯的文字譯爲拉丁文，向西歐傳播。若干學者，羣趨西歐與東方交通底跳板的東羅馬帝國首都君士坦丁，搜集所謂「希臘原料」——有關希臘文化的哲學、文學、美術、古物等等。一四五三年，回教土耳其占領君士坦丁，東羅馬帝國滅亡，這班學者，散回義大利，東羅馬帝國的文學、美術寶庫，移置西歐，於是義大利成爲文藝復興的發祥地。

歐洲的文藝復興，運行於十四世紀後半期至十五世紀之間。文藝復興，譯自法語（Renaiosance），指文藝的「再生」。文藝本指文學藝術而言，其涵義則包括學問、思想、道德、藝術、技術等文化遺產。文藝復興，是泛指希臘羅馬哲學、文學、美術等的再生。其內容，屬於言語者，爲拉丁語、希臘語、修辭學、雄辯術等；屬於審美者，爲文學、美術等；屬於思想者，爲哲學。文藝復興，是中世紀教權與經院哲學的反動，歷史家或學者，有各種著作給它評價，這裡不暇深論。我們只想概括地提示：文藝復興，表面上是波動希臘古典文學美術的生氣，骨子裡實爲歐洲思想的解放；形式上好像復

古，實質上則向古代文化源流，取精用宏。所謂文藝的再生，不僅再生希臘的文藝，而且再生希臘的思想自由，對於自然現象、社會現象、思維現象，都要自由審問，運用開明的理智、自由批判，自由探討。思想解放的特徵是：由神本的變爲人本的（Humanistic）；由出世的變爲現世的；由教權束縛的變爲自由思考的。歐洲的大學，即在那時候於寺院學校與經驗學派之外，另闢自由思考的途徑，而成爲文藝再生、思想解放的策源地。

歐洲的宗教革命，運行於十六世紀之間，是一種基督教的改革運動。宗教革命是中世紀舊式宗教的反動，其造因，一方面是由於羅馬教會的腐敗，另方面，是由於近世個人人格的覺醒。羅馬教會的最大缺點：其一，是教會僧侶操縱絕對的教權，遮斷人對神的自由信仰；其二，是羅馬教廷窮奢極欲，以贖罪券斂財，腐敗不堪。這是基督教內部必須消解的一個矛盾。加以文藝復興的影響，更激動市民對於自由信仰的熱望，要求一種合於個人底理性自由的宗教。宗教革命與文藝復興一樣，採取探本求源，歸眞返璞的途徑，極力摒除經院哲學對於神學的穿鑿附會，而從聖經與早期的神父信仰中，揭發理性之光。由馬丁路德（Martin Luther）的發動，而蔓延於德意志、瑞士、法蘭西，以至北歐各國。歐洲大學與宗教革命關係至切，路德嘗掌教的德國威典堡（Wittenberg）大學，就是一個重要的策源地。

綜括來說，歐洲的文藝復興與宗教革命，是代表人類思想理性的解放，個性人格的

覺醒，對一切來自神道、教權、陳訓的權威，都運用開明的知識，去作建設性的批判，而歸根於自由思考、自由信仰，以實現世俗生活的理想。在這兩種文化改革運動中，歐洲的大學把人類自由思考的優良傳統，維繫不墜，而且發揮光大起來，推動了人類的文明進步。這種自由思考，是大學所以成其為大的一個要素。中國歷史，沒有文藝復興與宗教革命——自然我們沒有宗教革命的對象——有人以五四運動比諸文藝復興，嚴格來說，這只是自由思考的一個開端而已。中國的大學，當眞要成為名副其實之大，今後須切實培成自由思考的環境，發揮自由思考的傳統。

三、科學方法　自由思考誠然是構成大學大的要素，但自由思考須有條件，否則這種思考不會對人類文明有很大的貢獻。文藝復興與宗教革命帶來自由思考之所以可貴，則因其有優良的條件在。這優良條件是什麼？是科學方法。歐洲於解除權威束縛的奮鬥，即同時用力於現代科學的開發，他們運用的方法，是科學方法；他們研究的對象，是自然與社會現象。方法對象都準確，所以產生了偉大的自然科學與社會科學的花果。在中國文化史上，自由思考固然被長期錮蔽，現代的科學方法也很難產。試證實來說，儒家的所謂「格物致知」，依朱晦庵解釋，是對任何事必須窮究其道理的意思。原則上不錯，但不善用科學方法，就格不出什麼道理。王陽明嘗置身竹林，作格物的嘗試，三日三夜，沒有格出什麼，恍然大悟，上了朱夫子的當，於是反求諸己，以為人自有良知良能，盡力窮理於方寸之間，何必向外界格物。陽明的心學，乃與朱子的理學分

道揚鑣，但彼此都找不著科學的途徑。清代的漢學家，多少運用了歸納法，把古代經典加以搜集、比較，考訂訓詁，固然有其貢獻，但用功的對象只是書本，學問領域非常狹隘。五四運動的啓蒙工作也是淺嘗輒止，好像提倡白話文的胡適先生，到頭還是回到圖書館去整理國故。這種自由思考，或學問工夫，沒有現代的科學方法爲憑藉，其對象又限於經典載籍，自然就失掉現代科學教育的意義。

近代自由思想之可貴，是因爲它經過理論、事實的考驗，而成爲科學思想、科學原理、科學技術。舉例來說，在中世紀時代，亞里士多德的哲學倫理思想，正如孔子之在中國，成爲不可侵犯的權威，即產生強大的支配力量。亞氏嘗謂：一磅重與五磅重的球，自高同時下墜，後者速率當比前者快五倍，這是無人置疑的眞理。到了一五九〇年，正當文藝復興與宗教革命兩個運動交流而達高潮的時候，義大利比薩（Pisa）大學的數學物理學教授伽利略（Galilio），他發現亞氏的說法並非眞理，爲證明物理學的一個定理——物體重量不同，空氣抵抗力無異則（與）物體下墜速率相等。有一天，他在比薩塔作公開試驗，將一磅重與五磅重兩個球體，從比薩塔尖同時下墜，結果速率相等，同時墜地。這個發現雖則平凡，但在學術上所發生的影響，眞不可以道里計：傳統權威被推翻；科學的實驗方法（Experimental method）倡行；眞理非前定，亦非一成不變，眞理宜窮追，愈窮追，愈接近正確；眞理的出處，不在聖賢的言行，不在古代經典，不在宗教聖經，而在宇宙間，人世間；追求眞理的方法，不是一味採取主觀的內省法，須

運用客觀的科學方法；科學研究的對象不限於書本，而重在客觀事實，在事實上搜集材料爲張本，依此張本多方假設，將假設應用事實問題，再加別擇，屢試不爽，構成系統化的科學思想、科學原理、科學技術，而貢獻於人類文明。只有科學方法的正確運用，人類的自由思考，才能幫助人類自圖解放於自然與社會的束縛。大學是民族的靈魂，也是人類文明的一個文化淵源。科學精神的涵養，科學方法的運用，科學眞理的追求，乃是現代大學所以成其爲大的一個要素。

所有上方的說話，是要說明一個大學之所成其爲大，必須有三個要素，就是：與民衆結合、自由思考和運用科學方法去自由思考。必如是，大學教育才能生根於民衆生活，發揮其研究學術、培養人才、傳播智慧、化民成俗的功能。本院由民衆力量而創設，它的存在與發展，仍須仰仗民衆力量的維護支持。在這基礎之上，本院當集中力量，創造教育環境與學術環境，培成實事求是、行以求知、追求眞理的學風。發揮光大自由思考的大學傳統及現代科學教育的精神，轉而以教育力量，作用於現實社會，協助廣大民衆思想、行動與生活的解放。

我的說話有盡，我的期望無窮。希望本院現在的學生、以後的學生，現在的教育、以後的教育，一齊爲實現崇高的理想而通力合作，互教共學，躬行實踐。

節選自《教育導報》一卷九期，一九四六年十一月

雷沛鴻（一八八八～一九六六年），著名教育家，一九二一年回國在大學執教，四度出任廣西教育廳廳長，推行國民基礎教育運動。一九四〇年至一九四一年任廣西大學校長。一九四四年創辦西江學院並任院長，至一九四九年。

中國的私立大學

胡適

今天承各位青年朋友如此熱烈歡迎，深感榮幸，本人於四年前曾來台中，當時所聽到有關於東大者，僅僅是一個董事會，甚至連校名也未曾確定，四年後的今天，東大不僅是開學了，而且有這麼好的建築，這麼幽靜的環境，最高班也已至三年級了，這種迅速的進度，實在令人敬佩，我願意藉今天的機會向各位道喜！

我在美國時，曾看過貝聿銘先生的建築設計，今天在此地又看到東大的校舍，諸位能在這麼一個美麗的建築、安靜的環境中，安居樂業，專心研究，實在是夠幸運了！昨天我在北溝看到許多名貴的古籍和歷代的藝術作品，就聯想到貴校的地理優勢，假如諸位每周都能有機會看看故宮文物和中央圖書館的藏書，眞是太理想了，因爲這兩個寶庫中所收藏的全是我國的精華，不僅是國寶，即在全世界，也占著最崇高的價值。

我現在已決定回美後，於本年秋間，和內子帶一些破爛的書籍一同回來，那時希望

有更多的時間，一方面研究，一方面可以多來東大看看，多作幾次有關學術的講演。

東大是一所私立的大學，到底私人設立的大學對於一個國家的歷史和地位又有什麼關係，什麼影響呢？記得二十餘年前，中日戰事沒有發生時，從北平到廣東，從上海到成都，差不多有一百多所的公私立大學，當時每一個大學的師生都在埋頭研究，假如沒有日本的侵略，敢說我國在今日世界的學術境域中，一定占著一席重要的地位，可惜過去的一點基礎現在全毀了。所以諸位今天又得在這一個自由的寶島上，有如平地起樓台，這是何等艱巨的一分工作啊！

說到這裡，我們應該想想今天我們的國家在世界上又占著一個怎樣的地位！這當然有很多的原因，但其中一點我們不能否認，也必須了解的，就是有關於公私立大學校的延續問題，我國可考的歷史固然已有四千年，但一直到今天還沒有一個有過六十年以上歷史的大學。我國第一個大學，是在漢武帝時，由公孫弘爲相，發起組織，招收學生所設立的太學，這所太學，就是今日國立大學的起源，不過在設立之初只有五個教授，五十個學生，也就是所謂五經博士，至紀元後一百多年，王莽篡漢時，這個太學不僅建築擴大了，而且學生人數，也達到一萬人，光武中興時的許多政壇人物，多是出身自這所太學，到第二世紀，這所太學的學生已發展到三萬多人，比當今之哈佛、哥倫比亞等，毫無遜色。最可惜的，是當時政治腐敗達於極點，因此許多的太學生，就開始批評政治，進而干預，結果演成黨錮之禍，使太學蒙受影響。其後各代雖也有太學，但沒有多

大作用，到最後太學生可以用錢捐買，因此就不成爲太學了。此外漢代也有私人講學，其學生多少不等，有的三五百，有的二三千，這可以說是私立大學的起源，如鄭玄所創者，即是一個很好的例子。

自紀元二百年鄭玄逝世，至一千二百年朱熹逝世，在這一千年中，中國的學術多靠私人講學傳授闡揚，不過因政治問題，常受到壓迫，雖然環境如此，但私人講學並沒有因此而中輟，而且仍舊成爲傳播學術的重要基礎，如歷代的書院，與學派的盛行，都是實例。

中國的高等教育雖然發達得很早，但是不能延續，沒有一個歷史悠久的學校，比起歐美來，就顯然落後了。即使新興的國家如菲律賓，也有三百多年歷史的聖多瑪大學。美國的歷史只有一百六十餘年，而美國的大學如哈佛、哥倫比亞等，都有二三百年的歷史。至於歐洲，尤其古老，如義大利就有一千年和九百多年歷史的大學，英國的牛津和劍橋歷史也達到八九百年，若幾百年歷史的大學，在德法等國也爲數不少。爲什麼歷史不及我們的國家，會有那麼長遠歷史的大學，而我國反而沒有呢？因爲人家的大學有獨立的財團，獨立的學風，有堅強的組織，有優良的圖書保管，再加上教授可以獨立自由繼續的研究，和堅強的校友會組織，所以就能歷代相傳，悠久勿替，而我們的國家多少年來都沒有一個學校能長期繼續，實在是很吃虧的。

這幾十年來，教會在中國設立了很多優良的大學和中學，它們對於近代的學術實在

有很多的貢獻和影響，可惜現在又都沒有了，因此這些光榮的傳統，就不得不再落於諸位的身上。中國的私立學校是否在將來世界的學術上占一席地，其在世界的高等教育中又若何，可以說都是諸位的責任。我以爲私立學校有其優點，它比較自由，更少限制，所以我希望東海能有一個好榜樣，把握著自由獨立的傳統，以爲其他各校的模範，因爲只有在自由獨立的原則下，才能有高價值的創造，這也就是我今天所希望於諸位的。

原載《東海大學校刊》第十三期，一九五八年五月十五日

本文是胡適一九五八年五月七日在台中東海大學的講演，改為今題。

歐美大學之今昔與中國大學之將來

許崇清

一、歐美大學之沿革

歐洲大學肇始於中世，從義大利傳至巴里（編按：今譯巴黎，下同）而日盛。當時的大學，均由神學、法學、醫學及文學四分科組成，其中文科只設高等普通教育，其餘三分科才是傳授專門學術之地。文科教授拉丁語、倫理學、哲學、理學諸學科，修業年限雖無一定，大致以四年為度，與美國的 College Course 相似。文科畢業後，再進神學科或法科或醫科肄業數年，才得完全畢業。這就是中世大學的根本條件。

後來這個制度傳至英、德、美等國，因其國情各異，略有變遷。例如英國的大學，有新舊兩種，舊式大學的代表就是 Cambridge 和 Oxford。這兩所大學創立於中世，是仿

巴里大學而設的，所以注重神學。然而當時大學的預備教育機關不很完備，於是英國的大學裡面四年程度的College Course就漸次發達起來。加之當時的大學生不一定都願專攻神學，所以大半在College Course畢業後就中途輟學。因此College Course便成了英國大學的本體一般。其實英國大學裡面的 College 不過是 Faculty of Arts，與中世的文科大學相當。其規模比之中世的眞大學相差很遠，不過是中世大學的一部，不過是大學的預科，所以十四歲就可以入學。

德意志的大學也是仿巴里大學而設的。即如 Prague 或 Leipzig 大學其組織與巴里大學全然相同。但德意志的大學至十六七世紀後國制勃興以來，成了教育國民生活指導者之地。因而專致力於法學、醫學等專門教育，遂以法學、醫學等專門學部爲大學的本體。而文科直至十八世紀末葉，依然不脫預科的性質。到了十八世紀晚年，哲學、言語學和自然科學發達漸著，文科因亦編入專門學部之內。迨十九世紀 Gymnasium 即中等學校漸次完備，德國大學遂全然成了施設專門教育之地。英國的College Course大半也包括在 Gymnasium 裡面。法國的 Lycée 亦與德國的 Gymnasium 程度大致同等。是以 Lycée 畢業生的稱呼 Baccalaureat 與英國 College 畢業生的稱呼 Bachelor of Arts，言語上爲同類。

美國的大學本來也叫做 College，其教育全與英國的 College 相同。例如 Harvard 大學從前叫做 Harvard College，內部組織純是學級制，同年級的學生皆受同樣的教育，無專門分科的設備。所以當十九世紀初年欲學法律者，在 College 畢業後須另入法律學校，

或入法律事務所，以律師爲師。到了十九世紀中葉，德國文化漸次傳入美國，美國方才曉得國內無眞大學，於是始有設立眞大學之舉。Johns Hopkins 和 Clark 大學都是當時成立的，所以當初這兩所大學都不設 College Course，後來因爲美國是個新開國，待興的事業很多，需材孔急，即稍具普通知識的學校畢業生亦非常寶重，於是學生在 College 畢業後多受聘往各處幹事，再入大學部研究學問者很少。這兩所大學因要順應這種時勢的要求，遂亦並設 College Course。從此新興諸州立大學，亦多在法醫文理工農諸專門學部之下，更置College，而向來的舊College也於其上更置諸專門學部，都是因應時勢的施設。

大學部既與 College Course 並設，一面中等普通教育也漸次完備，於是 College Course 的年限問題當然發生。現在美國解決這個問題的辦法，大致可分兩種：一是許可 College Course 第三年或第四年級的學生，在大學部聽專門學科的講義。二是在 High School（中等學校）之上設兩年程度的 College Course，這就是近來所謂 Junior College 的運動。若照這個辦法做去，美國的大學簡直全然變作德國式了。總之，美國的大學是在英國式的大學上頭加上了德國式的大學，自成一種特別的制度，組織至複雜。此外還有好些與 College 同程度的專門大學，不能與其他諸正式大學受同等待遇的，我們應該留意不宜混淆。

二、歐美大學學位之異同

University 這個字的本義原作聯合，即如 Universitas Scholarium 是一種學生聯合，Universitas Magistorium et Scholarium 是一種學士和學生的聯合。這種聯合是歐洲中世最普通的社會組織，這種組織就是大學的前身。學生聯合裡頭的教師叫做 Magister，與工匠聯合裡頭的師傅同一稱呼。這些教師、師傅皆有教授弟子的特權（Licentia Docendi），所以也叫做 Doctor。十二三世紀時代 Doctor 這個字本與教授同義。

D這個學位當初只限於大學之內，在大學之外是無效的，後來便成了凡有教授專門學術的能力，經法王和君主認爲有資格者的通稱。但想得這個學位的人，先須經過一種小考，這種小考的及第者叫做 Baccalareus。這個字源似乎出於法語的 Bachelier，就是初級騎士或學習生的意思。在 Baccalareus 和 Doctor 間也有授以 Licencia 的，現在法國大學還有這個學位，就是中世的遺跡。

中世的大學專門部就是神學科、醫科和法科，大學的預科就是文科，所以學生先入文科，在學約兩年可得 Baccalareus，再過一年得 Licencia，再過三年得 Magister 即 Doctor，然後再入專門學部，亦照依順序由 Baccalareus 而 Licencia 而 Doctor，是爲最高學位。在文科得 Magister 者大約年紀廿一歲，從此更入專門學部，在學三年乃至七年，才得專門學

部的 Baccalareus。再費四五年功夫得了 Doctor，年紀大約是廿七歲乃至卅三歲。

英國的大學以 College 的 Arts' Course 爲本體，恰與中世的文科大學相當，所以至今還沿用中世文科大學的學位。Cambridge 大學近雖稍有變更，而 Oxford 大學則依然守著中世的舊式。在 Cambridge 的 College Course 畢業後得受 B. A. 的學位，這就是中世文科大學 Baccalareus 的遺物。得了 B. A. 後再費三年內外的功夫可得 M. A.，這個稱呼也是出自中世的 Magister。在 Cambridge 大學裡頭，法科雖設在 College，而神學、醫學則編入專門學部，須在 College 畢業後才能入學。在 Oxford 大學則連法科也設在專門學部，欲學法律者須先在 College 畢業，純屬中世舊式。

德國大學當初的組織全與巴里大學相同，學位的種類亦無差別。後來德國大學置重專門學部，於是學位也只限於 Doctor 一種。要得這個學位須在大學三年以上，提出論文，經審查認爲合格，此外還有口頭試，且較法國大學的 Docteur 口頭試更嚴。但在德國大學的神學部則不授 Doktor，只授 Baccalareus，而以 Doktor 爲名譽學位，也是中世的遺風。工業高等學校受了工科大學的待遇後，多添了工學 Doktor。德國大學的學位，只有哲學、法學、醫學的 Doktor 和神學的 Baccalareus 四種。

美國大學所授的學位種類很多，迄十九世紀初年，美國大學還未脫 College 的舊態，所授學位也只限於 B. A. 和 M. A. 兩種，此外雖有 Doctor of Law 也不過是名譽學位。現在則於 M. A. 之上還有各種 Doctor，然而程度很參差，高低不一。美國大學授與學位的資格，

雖要經州廳認可。但關於這種資格的制限，各州寬嚴不一。實際上美國的學位，名不副實的也就很多。又 College 也可以授學位，但其程度只限於 Bachelor，與大學本部不同。

如上關於學位的規定，歐美諸國紛紜不一，要與日本的學位和稱號比較起來便怎樣呢？日本帝國大學的學士，斷不能視爲與英美的 Bachelor 同等，也與美國的 Doctor 有別。日本帝國大學的學士，其程度高於美國的 Bachelor，比之美國的 Doctor 則稍低，大略與美國的 M.A. 相當。德國的 Doktor 與日本帝國大學的學士無甚大差。法國的 Docteur 則高於日本帝國大學的學士。而日本的博士則稍高於美國的 Doctor，卻與法國的 Docteur 相伯仲。

三、大學的職能

歐洲大陸的大學以施設專門教育爲本務，英美大學內以普通教育爲主的 College，不得視爲與大學本部同等，前此既已說明。此外尚需解決的就是大學職能的問題，詳言之，就是大學所設的專門教育，應該以教授爲主呢？抑應以研究爲主呢？這個問題。

中世時代並無教授與研究之別。所謂神學只是疏證耶教的義理。所謂醫學、法學只是領解希臘、拉丁的醫書法典。研究學術，發明新理，實屬當時學子思念所不及的事。是以從來模仿中世大學而設的歐洲諸大學，皆以教授專門學術爲本務。另於大學之外設

Academy 以爲研究學術之區。例如法蘭西的 College de France 和 Académiè des Sciences，倫敦的 Royal Academy，都是與大學異處的研究所。

德國大學則於十八世紀以後漸重學術的研究，即文科大學迄康德之世，其地位雖甚低，自此亦陸續增設 Seminar（研究室）和 Laboratorium（實驗室），以爲教授以外研究學術之區。於是法、文、醫三分科的Doktor論文均置重新研究，以能獨創新理爲論文的標準。一八〇七年大哲 Fichte 論大學職能，亦以大學爲最高學府，研究學術之地。一八〇八年 Schleiermache 亦以學術陶冶爲大學的本質，以學習爲輕，認識爲重。力闢大學與 Akademie 分立之說。一八五七年 Trendelenburg 教授亦提倡研究本位的綜合大學。這就是德國大學教育十九世紀以來的趨勢，理論上實際上均趨向於兼備教授和研究二事，與英法的舊式大學全然不同的地方。

至於美國關於大學的議論，亦勃興於十九世紀的後半期。一九〇〇年提出 St. Louis 世界博覽會的「北美合衆國的教育」裡面「大學」一項內有"Professor Von Holt's famous pronouncement is right; a university in the European sense does not exist in America"一句話。說美國沒有歐洲那樣的大學，這是因爲當時美國的大學以 College 爲主，College 的任務止於施設高等普通教育，與歐洲大學注重專門學術大不相同的緣故。Harvard 大學前總長 Eliot 在他的名著 *University Administration*（大學管理論）裡面也有"All the professional schools of a university ought to require the preliminary degree of Bachelor of Arts, of Science for admission and only when this

requirement has been successfully enforced will the unorganized group of separate departments which now passes for a university in the United States be ready converted to a true university"一句話，他的意思是說眞正的大學須有完全的專門學部，若沒有這種設備就不能算是眞大學。一九〇八年Columbia 大學總長 Butler 在瑞典的 Kopenhagen 大學講演，他的主旨是說「美國大學創始於四十年前，大抵以德國大學作模範，大學這個名稱在美國有兩個意思，一是指大學名下全部的教授活動，一是指 College 教育以外的專門研究，大學的任務首在學術的研究與解放」。這個見解明明白白地是說大學的本體不在College 而在 Post graduate course 的一個好例。這樣看來，美國諸大教育家的意見，大致是要將 College 與大學分別清楚，是要按照德國大學的組織訂正美國大學的概念，確是目下至顯明的事實了。

四、我國大學之建設與中等教育

從以上搜集所得諸事實看來，我國大學之當取法德國，以專門科學之教授及學術之基礎的研究爲本務，不應從英美的 College 舊制，以與現代大學教育的趨勢相逆行，實屬至明之事理。然而大學之能夠成全這個本體與否，一視大學預備教育的成效如何，則大學本體既定之後，大學預備教育問題當然繼起。要解決這個問題，應從大學預備教育的學科，修業年限，授業時數，教師的實力，教授的內容及教授的方法諸方面著實調

查，徵諸我國事實上的材料，更參考歐美諸先進國的現行制度，從學術的見地仔細研究，斷非憑空可以臆斷的。若只求一時的方便，任意削短學校修業的年限，致國民於學識涵養上、人格陶冶上，受莫大的損失，則更非識者所許。

我之所謂大學預備教育，非獨指現在我國的大學預備科，實包括我國的大學預科和中學校，即中等教育全體而言。這個道理是很容易明白的。我們試看歐洲學校發達的歷史，就可以曉得歐洲的學校，並非由小學而中學，由中學而大學，一步一步順著次序發達得來的。也不是像中國的學校那樣一時並起的。歐洲最初的學校，並非小學，卻是專門學校，即專門的宗教學校。後起神學漸次發達，宗教的專門學校便成了宗教的大學。未有小學以前，先有大學，確是歐洲學校發達的次序。然而當時大學所用學術語，概是拉典（編按：今譯拉丁，下同）語，於是預備大學教育的拉典學校相繼興起。這些拉典學校就是後世中學校的前身。德國的Gymnasium和法國的Lycée都是這拉典學校的變體。是以德法的中等學校與大學是連續一系的，兩下的關係非常密切。後來德國的Gymnasium雖分作兩期，前期定作六年，後期定作三年。法國的Lycée也定四年爲前期，三年爲後期。兩下的前期畢業生都可中途轉入專門學校，然而中等學校全體依然是一氣呵成的，中等學校全體依然是大學的預備學校。我中國則將中等學校分爲兩段，以一段作中學，以一段作大學預科。不須說這是一時權宜之制，兩下的有機關係仍然是應當保存的。所以我說大學預科與中學校應該視爲同體，同屬於大學預備教育。

我的意思並非要將我國的中等學校立刻改從德法現制，這是我國現在萬萬做不到的事。我但以爲現在的中國至少亦須將中學校與大學預科密切的聯絡起來，將其內容更加充實，而高等小學至少亦可抽出一年補入大學預科或中學校，以助成這種改造。這一年的移動，似乎是件很小的事，但在小學校終歸空費的時日，而大學預科學生或中學生得之，確是無價之寶。

五、單科大學之組織

大學既以學術的基礎研究爲一任務，則凡所以資助研究之設備不可不完。而研究之際有須參考各種專門學科者，大學亦須有以供其檢查，備其應用。這種便宜確沒有如綜合大學的。但從實際看來，要在現在的中國設立完全的綜合大學，實屬難事。而學科的關係深淺各有不同，深者雖不得不綜合於一處，關係淺的還可以別的方法充補其缺，則單科大學之設立，苟能具備一定的條件，在今日的中國，也是應該奬勵的。什麼是單科大學所應備的條件呢？即就單科的工科大學而論，工學的根源在理學，固不用說。即工業的發達到了一定的程度，亦須有理學作指導，方能別出新機。例如無線電信、電話近來的改良是由眞空的研究，就是一例。是以工學的研究，若不能與理學的研究相提並進，斷難盡其功用。要設單科的工科大學，至少亦須有完善的理科教室。

大戰以前，這樣的單科工科大學在德國共有十餘校。在這些工科大學裡面，理科的規模是很弘大的。教師的員數和教室的設備幾與大學相匹敵。如 Müunchen 工科大學，竟然兼有授理學 Doktor 之權。理科之盛可以推見。又英國從前的工業學校，不過是些職工學校，而英國的工學者，大都出自大學的理科。到了近年，Birmingham 工業學校成了大學，便將工學諸教室分作物理的與化學的兩種，各附設物理或化學的大教室。其餘則皆是理工科並置的組織，如倫敦的 Imperial College of Science and Technology 即其一例。還有法國的 Ecole Polytechnique，美國 Massachusetts 的 Institute of Technology 及其他大學組織的工科學校，幾乎無一不是仿德國 Technische Hochschule 的。所以將來我國若設工科大學，即不取法理、工科並置的組織，也須附設理科教室，實理所應然。

單科工科大學如是，單科醫科大學或單科農科大學也應與工科同樣作爲理、醫科大學或理、農科大學，即不然亦須附設理科的教室。至若單科法科大學，則須並置文科，或附設一相當的圖書館，搜集文法科各種書籍，以便研究者檢查。要言之，單科大學的組織與綜合大學一分科的組織應有區別。因爲綜合大學的各分科合攏來才是一個有機的全體，而單科大學則須自成一體。若組織單科大學而取法綜合大學的分科，或將綜合大學的分科移了出去，強欲使它獨立，是猶分離四肢，而望其能全手足之用，斷無能償所願的。

原載《學藝》第二卷第三號，一九二〇年五月

許崇清（一八八八～一九六九年），教育家，一九二〇年自日本回國後，任廣州教育局局長，廣東教育廳廳長，一九三一年和一九四〇年兩度出任中山大學校長。一九四九年後長期擔任中山大學校長。

大學教育

蔡元培

大學教育者，學生於中學畢業以後，所受更進一級之教育也。其科目爲文、理、神學、法、醫、藥、農、工、商、師範、音樂、美術、陸海軍等。前五者自神學以外，爲各國大學所公有。惟舊制合文理爲一科，而名爲哲學，現今德語諸國，尚仍用之。農、工、商以下各科，多獨立而爲專門學校，如法國之國立美術專門學校（Ecole Nationale et Speciale des Beaux Arts）之類；亦或謂之高等學校，如德國之理工高等學校（Techniche Hochschnle）之類；或僅稱學校，如法國百工學校（Ecole Polytechnique）之類；或單稱學院，如法國巴士學院（L'institut Pasteur）之類。用大學教育之廣義，則可以包括之。我國舊仿日本制，於大學以下，有一種專門學校，如農業專門學校、醫學專門學校之類。雖程度較低，年限較短，然既爲中等學校以上之教育，不妨列諸大學教育之內。惟舊式之高等學校，後改爲大學預科，而新制編入高級中學者，則當屬於中學之範圍，而於大學無關

焉。吾國歷史上本有一種大學，通稱太學；最早謂之上庠，謂之辟雍，最後謂之國子監。其用意與今之大學相類；有學生、有教官、有學科、有積分之法、有入學資格、有學位，其組織亦頗似今之大學。然最近時期，所謂國子監者，早已有名無實。故吾國今日之大學，乃直取歐洲大學之制而模仿之，並不自古之太學演化而成也。歐洲大學，在拉丁原名，本爲教者與學者之總會（Universitat Magrotrorum et Scholarium），其後演而爲知識之總匯（Universitat Litterarum），而此後各國大學即取其總義爲名。歐洲最早之大學，爲十二、十三世紀間在義大利、法蘭西、西班牙諸國所設者；十四世紀以後，盛行於德語諸國，即專設神學、法學、醫學、哲學四科者是也。其初注重應用，凡以哲學爲前三科之預科。及科學與文哲之學各別發展，具有獨立資格，遂演化而爲文、理兩科。然德語諸國，爲哲學一科如故也。拿破崙時代，曾以神學、法學、醫學爲養成教士、法吏、醫生之所，因指文理科爲養成中學以上教員之所。各國雖不必皆有此種明文，而事實上自然有此趨勢。所以各國皆於中學校以外，設師範學校，以養成小學教員；而於大學外，特設高等師範學校，以養成中學教員者，不多見也。法國於革命時，曾解散大學爲各種專門學校；但其後又集合之而組爲大學，均不設神學科，而可設藥科；維新自德國爭回史太師埠之大學，有天主教與耶穌教之神學科各一，爲例外耳。法國分全國爲十七大學區，大學總長兼該區教育廳長，不特爲大學內部之行政長，而一區以內中小學校及其他一切教育行政，皆受其統轄焉。其保留中古時代教者與學者總會之舊制者，爲英國

之牛津、劍橋兩大學。牛津由二十精舍（College）組成，劍橋由十七精舍組成。每一精舍，均為教員與學生共同生活之所。每一教員為若干學生之導師，示以為學之次第，而監督之。學生於求學以外，尤須努力於交際與運動，以為養成紳士資格之訓練。大學教員有教授、額外教授與講師等，以一定時間，在教室講授學理。其為實地練習者，有研究所、實驗室、病院等。研究所（Seminal 或作 Tuotitut）大抵為文、法等科而設，備有圖書及其他必要之參考品。本為高等學生練習課程之機關，故常有一種課程，由教員指定條目，舉出參考書，令學生同時研究，而分期報告，以資討論。亦或指定名著，分段研討，與講義相輔而行。而教員與畢業生之有志研究學術者，亦即在研究所用功。如古物學、歷史學、美術史等研究所，間亦附有陳列所，與地質學、生物學等陳列所相等；不但供本校師生之考察，且亦定期公開，以便校外人參觀。至於較大之建設，如植物院、動物院、天文台，美術、歷史、自然史、民族學等博物館，則恒由國立或市立，而大學師生有特別利用之權。實驗室大抵為理科及農、工、醫等科而設；然文科之心理學、教育學、美學、言語學等，亦漸漸有實驗室之需要。病院為醫科而設，一方面為病人施治療，一方面即為學生實習之所也。此外，則圖書館亦為大學最要之設備。歐洲各國大學，自牛津、劍橋而外，其中心點皆在智育。對於學生平日之行動，學校不復干涉，亦不為學生設寄宿舍。大學生自經嚴格的中學教育以後，多能自治，學校不妨放任也。惟中古時代學生組合之遺風，演存於德語諸國者，尚有一種學生會。每一學生會，

各有其特別之服裝與徽章，遇學校典禮，如開學式、紀念會等，各會之學生，盛裝驅車，招搖過市，而集於大學之禮堂，參與儀式焉。平日低年級學生有服役於高級生之義務，時時高會豪飲，又相與練習擊劍之術。有時甲會與乙會有睚眦之怨，則相約而鬥劍，非嫠面流血不止。此等私鬥之舉，爲警章所禁；而政府以其有尚武愛國之寓意，則故放任之，與牛津、劍橋之注重運動者同意也。然大學人數較多者，一部分學生，或以家貧，不能供入會費用；或以思想自由，不願作無意識舉動，則不入中古式之學生會而有自由學生之號。所組織者，率爲研究學術與服務社會之團體。大學生注重體育，爲各國通例；美國大學，且有一部分學生，特受軍事教育者。不特衛生道德，受其影響；而且爲他日捍衛國家之準備。吾國各大學，近年於各種體育設備以外，又有學生軍之組織，亦此意也。大學有給予學位之權。德語諸國，僅有博士一級（Doktor）。學生非研究有得，提出論文，經本科教員認可，而又經過主課一種、副課兩種之口試，完全通過者，不能得博士學位，即不能畢業。英語諸國，則有三級：第一學士（Bachelor of Arts）；第二碩士（Master of Arts）；第三博士。法國亦於博士以前有學士（La Li Cence）一級。大學又得以博士名義贈與世界著名學者，或國際上有特別關係之人物。大學初設，惟有男生。其後雖間收女生，而大學之資格，學位之授予，均有嚴格制限。偶有特設女子大學者，程度亦較低。近年男女平權之理論，逐漸推行，女子求入大學者，人數漸多；於是男女同入大學及同得學位之待遇，遂通行於各國。大學行政自由之程度，各

國不同。法國教育權，集中於政府；大學皆國立，校長由政府任命之。英美各國，大學多私立，經濟權操於董事會，校長由董事會延聘之。德國各大學，或國立、或市立，而其行政權集中於大學之評議會。評議會由校長、大學法官、各科學長與一部分教授組成之。校長及學長，由評議會選舉，一年一任。凡願任大學教員者，於畢業大學而得博士學位後，繼續研究；提出論文，經專門教授認可後，復在教授會受各有關係學科諸教授之質問，皆通過；又爲公開講演一次，始得爲講師。其後以著作與名譽之增進，值一時機，進而爲額外教授，又遞進而爲教授，純屬大學內部之條件也。大學以思想自由爲原則。在中古時代，大學教科受教會干涉，教員不得以違禁書籍授學生。近代思想自由之公例，既被公認，能完全實現之者，厥惟大學。大學教員所發表之思想，不但不受任何宗教或政黨之拘束，亦不受任何著名學者之牽掣。苟其確有所見，而言之成理，則雖在一校中，兩相反對之學說，不妨同時並行，而一任學生之比較而選擇，此大學之所以爲大也。大學自然爲教授學生而設，然演進既深，已成爲教員與學生共同研究之機關。所以一種講義，聽者或數百人以至千餘人；而別有一種講義，聽者或僅數人；在學術上之價値，初不以是爲軒輊也。如講座及研究所之設備，既已成立，則雖無一學生，而教員自行研究，以其所得，貢獻於世界，不必以學生之有無爲作輟也。受大學教育者，亦不必以大學生爲限。各國大學均有收旁聽生之例，不問預備程度，聽其選擇自由。又有一種公開講演，或許校外人與學生同聽，或專爲校外人而設，務與普通服務之時間不相衝

突。此所以謀大學教育之普及也。

原載《教育大辭書》上冊，商務印書館一九三〇年版

現代大學的理想和組織

孟憲承

一

大學是最高的學府：這不僅僅因爲在教育的制度上，它達到了最高的一個階段；尤其因爲在人類運用他的智慧於眞善美的探求上，在以這探求所獲來謀文化和社會的向上發展上，它代表了人們最高的努力了。大學的理想，實在就含孕著人們關於文化和社會的最高的理想。

歐洲中古的文化，是以知識融合於宗教信仰，而成立所謂「理知的統一」（unitas intellectus）的最高原則的。①那時寥如晨星的幾座大學，也就以宗教的哲學，加上亞里士多德的邏輯的外形，而統一了好幾百年的學術。到了近代，文化的本質改變過了，大

學所研究的學術的內容，也自然隨著改變，巴黎大學的拉斐思教授（Lavisse）這樣說：

現代大學和中古大學的不同，在於它們所依據的原則的各別。中古以知識放在宗教的範疇中；現代則把知識放在科學的系統裡；中古的生活原則是權威，現代的生活原則是自由了。②

脫去一切傳統的，權威的鎖鏈，憑著訓練的智慧，來觀察自然和社會的現象發現它們的眞理——事實和原則，從而謀它們的控馭，操持，以握住人類自己的命運：這無疑地是現代文化的動向了。

可是文化原和社會的經濟和政治的機構密切相連。現代社會，既已由工業革命，民族國家與民主政治的幾個運動，演變發展，而成爲它的新的形態；現代的人，又意識地以他的文化，來推進這社會的發展。在中古被認爲自足的學術，在中古是的確具有社會的功用的，到現代就暴露了它的貧薄和無能。而一切自然和社會科學的應用於生產，分配，交通，國防，立法，施政，以至教育，優生的活動的技術知識，都嶄然地各成大學學者研究的專科。這明顯地指出：現代人是在意識地以文化的豐饒的收穫，圖謀社會自身的向上發展了。

現在，讓我們來仔細分析一下現代大學的理想。

(1)**智慧的創獲**　中古大學，只兢兢於知識的保守（conservation of knowledge）；現代大學則於保守以外，尤努力於知識的增加（increase of knowledge）。保守是要緊的，中古學者們的獨抱遺經，拾殘補闕，也是盡了他們的使命的。但，現代人類的系統的知識的總量，突然地長大，增高，全靠著學者的奮力於發現，發明。而不以保守，敷衍爲事。一八○九年柏林大學的建立，便是這一新理想的最先的表現。那時，普魯士教育部長弘博氏（Von Humboldt），耗盡了心力，羅致一時學術有深造和特創的幾個學者如海姆霍茨（Helmholtz），黎別希（Liebig），馮德（Woudt），費希納（Fechner），洛宰（Lotze），黑格爾（Hegel）等於柏林；又確立了「教學自由」（Lehrfreiheit）的原則，使得學者能夠大膽地批評、研究、創造發明。這眞是近代大學教育史下一個偉績。一八八二年後，阿爾托夫氏（Althoff）又獨斷地掌握普魯士教育行政至數十年，他所畢生經營的，就是供給各大學以充分的設備，成立各個巨大的研究所（institute），務使最初柏林所倡研究的精神，能夠貫徹於一般大學，而有更進一步的發展。到現在，沒有哪一國的大學，教師不竟於所謂「創造的學問」（creative scholarship），學生不勉於所謂「獨創的研究」（original research）。而這新的學風，確是德國大學所開始。

(2)**品性的陶熔**　大學是一個學校，師生應該有學校的羣體生活；而且從來大學的師生，被當作社會的知識上最優秀的分子（elite），是反映著社會的最美的道德的理想。英吉利的國粹派大學，如牛津，劍橋，尤其注重學生在羣體生活中，得到品性的鍛煉。

它們本是若干獨立的學院（college）所合成，這所謂學院，並不只是一個學堂，而是大約能容學生二百人的一個宿舍。其教授（fellow），必住在院內，做個別學生的導師（tutor）。導師和學生，共其起居作息；課餘餐後，自由講談，從容娛樂，活潑地表現出一種敬業的樂羣的精神。我國古代教育者說：「大學之教也，時教必有正業，退息必有居學……藏焉，修焉，息焉，游焉。夫然，故能安其學而親其師，樂其友而信其道。」牛津劍橋的學院生活，就彷彿有這種風致的。所以牛津的一個學者牛門（Cardinal Newman）於一八五二年著《大學理想論》，甚至於說：

> 假使給我兩個大學：一個沒有住院生活和導師制度而只憑考試授予學位的，一個是沒有教授和考試而只聚集著幾輩少年過三四個年頭的學院生活的，假使要我選擇其一，我毫不猶豫地選擇後者。③

就是最近劍橋教授巴克爾（Barker）論大學教育，也說：

> 大學要達到它的鵠的，不僅在發展智慧，也在於從師生聚處的羣體生活中自發的諸般活動，養成道德的骨幹。「範成品性」（forming the character），像「發展智慧」（developing the intelligence）一樣，貫徹著我們從小學以至大學的教育。④

這雖然是英國大學的殊風，也已經成爲現代大學的共同理想。

⑶**民族和社會的發展** 我們曾說，現代人是意識地以文化來推進社會的發展的。關於這一點，我們又要回溯柏林大學的歷史。普魯士在耶拿（Jena）一戰，幾乎被拿破崙覆滅了；一八〇七年，已經淪陷的耶拿大學的教授菲希脫（Fichte），趕到柏林，作十四次公開演講，他的激昂的呼聲是，「恢復民族的光榮，先從教育上奮鬥！」這就是創立柏林新大學的一個動機。民族復興，是現在德國一般大學的無形的中心信仰。至於牛津劍橋，是英國累世的政治家學問家所從孕育，所以霍爾登（Haldane）說：

民族之魂，是在我們大學裡反映出來的。⑤

晚近民族的競爭，社會機構的突變，更加把大學直接放在民族和社會需要的支配下。墨索里尼對於義大利大學發展民族生產力的要求，已經是引起了許多變動。蘇聯於一九三〇年後，除少數文理科的大學還屬於各邦教育委員會以外，更把大學分立爲各個研究所，各個分配於相關的經濟和政治的組織，使受著密切的統制。⑥這不復是中古蕭然世外的學者所能想像的了。

二

爲實現前述的理想，現代大學有哪幾項具體的任務呢？

⑴**研究**（research）　大學既以智慧的創獲，爲最高的理想，當然就以研究爲其最高任務。德國大學在這一點上處於優先的地位，前面已說過了。只有英美的情形，稍微不同。牛津劍橋的學院，本來並非學術專業的分科；所有各學院的學生，一律受三年或四年的所謂「自由教育」（liberal education 指文理科的普通訓練）。雖然學生按照自己的能力，分選「優異」和「尋常」兩部的課程（honors course and pass course）；其優異課程，含有較精博的自動研究。但學院畢業以上，大學並沒有研究科（graduate work）的位置。因爲英國科學上頂精粹的研究工作，以前集中在幾個學會和研究機構，大學則只爲「自由教育」的場所。近年英國新大學（後詳）的注重高深研究和專業訓練，實際上倒反而是受著美國大學的影響。至於美國大學的體制，又很特殊。它可以說是「英國式的自由學院加上德國式的大學的一個混合組織」（a German university superinposed on an English college）。最初，美國只有四年制的文理學院。她的追從德國大學的高深研究，始於一八七六年奇爾曼氏（Gilman）的創建瓊斯赫金斯大學（Johns Hopkins）。這大學，開頭沒有設四年制的文理學院一級，而只招別的學院的畢業生，在幾個精選的學者——其中多

數是留德的——之指導下，從事精深的研究工作。後來心理學者霍爾（Hall）於一八八九年主克拉克大學（Clark），也是照這種辦法。從此哈佛（Harvard），耶路（Yale），哥倫比亞（Columbia），芝加哥（Chicago），皆於文理學院以外，競相開拓其研究科和專業科的許多學校（graduate schools and professional schools）。到現在，這些大學衆多的學院中間，其原來的基本的文理學院，反只成了一個很小很小的單位；大學是確然地認研究爲其最高任務了。

(2)**教學**（teaching） 這是凡有學校所同有的任務，大學也非例外。而且，學者殫精研究，銳意發明，既窮畢生之力於其所學，也要能夠得人而傳其所學。學術的傳習，和研究不能截然分離，英國哲學者懷惕黑（Whitehead）曾說：

> 大學的存在，就是為結合老成和少壯，而謀成熟的知識與生命的熱情的融合。⑦

英美的自由學院，只以教學爲其主要活動，不消說。就在德國大學，看佛勒斯納（Flexner）怎樣寫罷：

> 因為德國大學偏重研究，常人的觀念，一定以為德國的教授是看輕教學的了。

> 其實不是的；不過在教學上，他不以哺餵嬰兒般的方法（spoon feeding）抑制學生的自動研究，——他的學生不需乎此，他自己是不屑於此的。但德國大學，對於弘博氏最初以大學兼綜研究和教學的目的，從來沒有違異。名教授威拉摩維支（Wilamowitz）新近發表他的著作的一部分的目錄，密細地印成八頁，外國人一看，定以為他可代表德國大學的研究的學者了。但他自己說：「這些不過是我的學術發展上拋去了的渣滓。在德國教授中間，教學還居首要的職務，研究次之。我是始終把教學當作我的天職的。」⑧

英美的學院，著重品性的陶熔，似乎教學以外，還有訓練（training）一重任務。可是這種訓練，是在學院的羣體生活中進行；學生的品節、禮貌、克己、愛公，大半就範成於他們的遊戲、競技、集會、社交等的組織和活動。教授之於學生，雖有人格上的潛移同化，到底沒有所謂的「訓育」的專職。

(3)**推廣**（extension）　大學對於社會的靖獻，就在於它的研究和教學。但也曾適應平民主義的要求，推廣其知識於它的「宮牆」以外，而有所謂「大學到民間去」的運動。

歐洲大學教授，本來有一部分演講是公開的，但大學兼辦「成人教育」（adult education）的，卻沒有。像德國的民眾學院（volkshochschule），法國的民眾大學（université

populaire）都是獨立的機關，並不在大學系統之內。

英美的大學推廣（university extension），則是一樁很有歷史的事業。一八七三年在劍橋開始，一八七八年牛津也仿行的大學推廣，起先只是一種「巡迴演講」（local lecture system），由大學派出講師，到各地作短期的系統的演講。後來發展為「大學輔導班」（university tutorial classes），則每班已是三年一期，較正式而有考試的校外課程了。但這由英國勞動教育協會（Workers Educational Association）主幹，也並不牽涉大學事業的本身。到美國則所謂大學推廣，形成大學裡一個龐大的組織；其活動，則於推廣課程（extension courses）之外，尚有家庭自修（home study），通訊教學（Correspondence teaching），暑期學校（summer school）等繁多的部門。巴克爾教授論這事，以為雖有很大的價值，卻不可再事擴充，因為這總是大學學者精力的分散。至佛勒斯納氏批判美國的大學推廣，則竟認為非教育上的必要；甚至狠狠地指斥哥倫比亞、芝加哥等大學的推廣部，廣告招徠，等於商業，名為服務社會，實則藉學斂錢了！

註釋

① Thomas Aguinas 的舊說。

②見 Bouglé, The French Conception of a University，上文採入 *The University in a Changing World: a*

Symposium（Oxford University Press）。

③見 Newman, *The Idea of a University*。

④見 Barker, *Universities in Great Britain*。

⑤見 Haldane, *Universities and National Life*。

⑥見 Fantini, The University in the Fascist State，又 Pinkevitch, The University in Soviet Russia，原文均採入同註②。

⑦引 Whitehead, *The Aims of Education and Other Essays*。

⑧見 Flexner, *Universities: American, English, German*, p. 318。

選自《大學教育》，商務印書館一九三三年版

孟憲承（一八九四～一九六七年），著名教育家，二、三〇年代在多所大學任教，從事成人教育和社會教育，一九四六年任浙江大學文學院院長。一九四九年後，任華東師範大學第一任校長。

學術自由

隨感錄：學術獨立

陳獨秀

中國學術不發達之最大原因，莫如學者自身不知學術獨立之神聖。譬如文學自有其獨立之價值也，而文學家自身不承認之，必欲攀附六經，妄稱「文以載道」，「代聖賢立言」，以自貶抑。史學亦自有其獨立之價值也，而史學家自身不承認之，必欲攀附《春秋》，著眼大義名分，甘以史學爲倫理學之附屬品。音樂亦自有其獨立之價值也，而音樂家自身不承認之，必欲攀附聖功王道，甘以音樂學爲政治學之附屬品。醫藥拳技亦自有獨立之價值也，而醫家拳術家自身不承認之，必欲攀附道術，如何養神，如何練氣，方「與天地鬼神合德」，方稱「藝而近於道」。學者不自尊其所學，欲其發達，豈可得乎？

原載《新青年》第五卷第一號，一九一八年七月十五日

陳獨秀（一八七九～一九四二年），五四新文化運動的主要領導人之一，一九一五年在上海創辦《新青年》，一九一七年入北大任文科學長，一九二〇年在上海發展成立共產主義小組，為中國共產黨的主要創始人之一。一九二九年被開除出黨。

教育獨立議

蔡元培

教育是幫助被教育的人，給他能發展自己的能力，完成他的人格，於人類文化上能盡一分子的責任；不是把被教育的人，造成一種特別器具，給抱有他種目的的人去應用的。所以，教育事業當完全交與教育家，保有獨立的資格，毫不受各派政黨或各派教會的影響。

教育是要個性與羣性平均發達的。政黨是要製造一種特別的羣性，抹殺個性。例如，鼓勵人民親善某國，仇視某國；或用甲民族的文化，去同化乙民族。今日的政黨，往往有此等政策，若參入教育，便是大害。教育是求遠效的；政黨的政策是求近功的。中國古書說：「一年之計樹穀；十年之計樹木；百年之計樹人。」可見教育的成效，不是一時能達到的。政黨不能常握政權，往往不出數年，便要更迭。若把教育權也交與政黨，兩黨更迭的時候，教育方針也要跟著改變，教育就沒有成效了。所以，教育事業不可不超然於各派政黨以外。

教育是進步的：凡有學術，總是後勝於前，因爲後人憑著前人的成績，更加一番功夫，自然更進一步。教會是保守的：無論什麼樣尊重科學，一到《聖經》的成語，便絕對不許批評，便是加了一個限制。教育是公同的：英國的學生，可以讀阿拉伯人所作的文學；印度的學生，可以用德國人所造的儀器，都沒有什麼界限。教會是差別的：基督教與回教不同；回教又與佛教不同。不但這樣，基督教裡面，天主教與耶穌教又不同。不但這樣，耶穌教裡面，又有長老會、浸禮會、美以美會……等等派別的不同。彼此誰眞誰僞，永遠沒有定論。只好讓成年的人自由選擇，所以各國憲法中，都有「信仰自由」一條。若是把教育權交與教會，便恐不能絕對自由。所以，教育事業不可不超然於各派教會以外。

但是，什麼樣可以實行超然的教育呢？鄙人擬一個辦法如下：

分全國爲若干大學區，每區立一大學；凡中等以上各種專門學術，都可以設在大學裡面，一區以內的中小學校教育，與學校以外的社會教育，如通信教授、演講團、體育會、圖書館、博物院、音樂、演劇、影戲……與其他成年教育、盲啞教育等等，都由大學辦理。

大學的事務，都由大學教授所組織的教育委員會主持。大學校長，也由委員會舉出。

由各大學校長，組織高等教育會議，辦理各大學區互相關係的事務。

教育部，專辦理高等教育會議所議決事務之有關係於中央政府者，及其他全國教育統計與報告等事，不得干涉各大學區事務。教育總長必經高等教育會議承認，不受政黨內閣更迭的影響。

大學中不必設神學科，但於哲學科中設宗教史、比較宗教等等。

各學校中，均不得有宣傳教義的課程，不得舉行祈禱式。

以傳教爲業的人，不必參與教育事業。

各區教育經費，都從本區中抽稅充用。較爲貧乏的區，經高等教育會議議決後，得由中央政府撥國家稅補助。

（注）分大學區與大學兼辦中小學校的事，用法國制。

大學可包括各種專門學術，不必如法、德等國別設高等專門學校，用美國制。

大學兼任社會教育，用美國制。

大學校長，由教授公舉，用德國制。

大學不設神學科，學校不得宣傳教義與教士不得參與教育，均用法國制。瑞士亦已提議。

抽教育稅，用美國制。

原載《新教育》第四卷第三期，一九二二年三月

清華二十五周年紀念

馮友蘭

二十五年在個人生命上，是一個很長的時間；但是，在一個大學的生命上，這個時間，並不能算很長。在這個很短的時間內，清華已經有了很多的成就，對於國家社會，已經有了相當的貢獻。在中國及世界的學術界上，已得了相當的地位，這是我們很可引以自慰的。

清華向來的教育方針，注重於養成專門技術人材，所以清華出來的人，大多數都是奉公守法，憑著他個人的專門技能，爲國家社會服務。至於做大規模的政治或社會運動，所謂「成則爲王，敗則爲寇」的人材，在清華本來是比較少的。有人說這是清華教育的失敗，但是也可說這是清華教育的成功。因爲清華向來的教育方針，本來是注重在養成專門的技術人材。

但因種種的關係，清華的空氣，近來頗有轉變。學生對於政治的興趣，大見濃厚。

在這空氣轉變之中，清華是不是有所謂「未得國能，已失故步」之危險？學術空氣與政治空氣，是兩種不同的空氣；這兩種空氣，是否可同時存在於一個地方？

這是我們的眼前的問題，我們希望清華能圓滿的解決這些問題。我們希望他成一個「萬物並育而不相害，道並行而不相悖」的大大學，與民國同其始，與民國同無終。

寫於一九三六年四月十六日

原載《清華副刊》第四四卷第三期，一九三六年四月二十六日

馮友蘭（一八九五～一九九〇年），著名哲學家，一九一八年畢業於北京大學。二〇年代起任燕京大學、清華大學、北京大學等校教授。

學術與政治

賀　麟

一

「入國問禁，入境問俗」，是我們先民提出來表示走進了一個文明的獨立的國境裡，爲尊重該國的禮俗起見，所應取的態度。我覺得應用這個原則來表示尊重學術的獨立自主所應取的態度，實在再好不過了。因爲每一門學術亦有其特殊的禁令，亦有其特殊的習俗或傳統。假如你置身於某一部門學術的領域裡，妄逞自己個人的情欲和意見，怪癖和任性，違犯了那門學術的禁令，無理地或無禮地不虛心遵守那門學術的習慣或傳統，那麼你就會被逐出於那門學術之外，而被斥爲陌生人，門外漢。一如寄居在一個獨立自主的文明友邦裡，設若你違犯了友邦的禁令，不遵守該國社會上共遵的禮俗，就會

被驅逐出境一樣。不幸學術上的獨立自主之常受侵犯，一如弱小國家的主權之常受侵犯一樣。宗教要奴役學術作爲它的使婢，政治要御用學術作爲它的工具。貴族資本家也常想利用學術作爲太平的粉飾，保持權利的護符。所以學術的負荷者要保衛學術的獨立自主，以反抗外在勢力的侵凌，就好像有守土之責的忠勇將士，須得拚死命以保衛祖國一樣。

最易而且最常侵犯學術獨立自主的最大力量，當推政治。政治力量一侵犯了學術的獨立自主，則政治便陷於專制，反民主。所以保持學術的獨立自主，不單是保持學術的淨潔，同時在政治上也就保持了民主。政府之尊重學術，亦不啻尊重民主。

二

所以一談到學術，我們必須先要承認，學術在本質上必然是獨立的自由的，不能獨立自由的學術，根本上不能算是學術。學術是一個自主的王國，它有它的大經大法，它有它神聖的使命，它有它特殊的廣大的範圍和領域，別人不能侵犯。每一門學術都有它的負荷者或代表人物，這一些人，一個個都抱「鞠躬盡瘁，死而後已」的態度，忠於其職，貢獻其心血，以保持學術的獨立自由和尊嚴。在必要時，犧牲性命，亦所不惜。因爲一個學者爭取學術的自由獨立和尊嚴，同時也就是爭取他自己人格的自由獨立和尊

嚴。假如一種學術，只是政治的工具，文明的粉飾，或者爲經濟所左右，完全爲被動的產物，那麼這一種學術，就不是眞正的學術。因爲眞正的學術是人類理智和自由精神最高的表現。它是主動的，不是被動的，它是獨立的，不是依賴的。它的自由獨立，是許多有精神修養，忠貞不貳的學術界的先進，竭力奮鬥爭取得來的基業。學術失掉了獨立自由，就等於學術喪失了它的本質和它偉大的神聖使命。

同時在某種意義下，政治也是獨立自由的，它也有它特殊的領域，神聖的使命，它有它的規矩準繩，紀綱律例，它也需要忠貞不貳，「鞠躬盡瘁，死而後已」的英雄豪傑之士來爭取保持他的獨立自由。政治沒有獨立自由，便根本不能指導、統治、推動整個社會國家的經濟、行政、教育、外交、軍事、一切活動。

學術事業不是隨便一個人可以擔當的，政治事業也不是隨便一個人可以勝任的，學術需要特殊的天才和修養，政治也需要特殊的天才和修養。長於政治的人，不一定長於學術，同樣長於學術的人，也不一定長於政治。許多專門學者，學問儘管很好，但在政治上，卻不一定會有偉大的表現。有時甚至有學問愈好，而政治能力愈壞的人，因爲知與行，知理與知人，治學與治事，雖不無相互關係，但究有不同，需要兩套不同的本事。大體上說，須得分工合作，而不易求兼全之才的。柏拉圖在他的理想國裡主張哲學家做國王，如果他的意思是說偉大的政治家必須是有科學哲學的陶冶的通才，倒不失爲很有深意的說法，如果誤解他的學說，以爲最好的學問家，一定是最好的政治家，那麼

在實際上，政治恐不免貽誤於書生迂闊之見，而理論上，也就忽略了學術與政治各有其獨立自主的範圍了。

三

學術有學術的獨立自由，政治有政治的獨立自由，兩者彼此應當互不侵犯，然而學術與政治中間，又有一種密切的聯繫，失掉了這一種聯繫，就會兩敗俱傷。

通常一個上了軌道自由獨立的政府，一定會尊重學術的自由獨立，一個自由獨立的學術，也一定能夠培植獨立自由的人格，幫助建樹獨立自由的政治。因爲學術是政治的根本，政治的源泉。一個政府尊重學術，無異飲水思源，培植根本。假如政府輕蔑抹煞鄙視學術，那麼這個政府就漸漸會成爲「不學無術」「上無道揆，下無法守」的政府，恐怕不久也就會塌台的。

由此足見學術和政治的關係，也可以說是「體」與「用」的關係。學術是「體」，政治是「用」。學術不能夠推動政治，學術就無「用」，政治不能夠植基於學術，政治就無「體」。我們說學術推動政治，並不是說單是學術界少數學者教授先生們，就可以擔任這一個偉大的任務，我們的意思是說，學術的空氣，學術的陶養，必須要瀰漫貫穿於所有政治工作人員的生活之中，就是說每一個政治工作人員都曾經多少受過學術的洗

禮，並且繼續不斷地以求學的態度或精神從事政治，以求學養的增加，人格的擴大。政治是學術理想在社會人生的應用，組織和實現。也可以說，政治是學術的由知而行，由理想而事實，由小規模而大規模，由少數人的探討研究到大多數人的身體力行。政治沒有學術作體，就是沒有靈魂的軀殼，學術沒有政治作用，就是少數人支離空疏的玩物。

因爲這種關係，我們可以說，任何建國運動，最後必然是學術建國運動。離開學術而言建國，則國家無異建築在沙上。學術是建立國家的鐵筋水泥，政治上所謂眞正的健康的「法治」，或是儒家所提倡的「禮治」「德治」，本質上皆應當是一種「學治」。「開明的政治」就是「學治的政治」。離開學術而講法治，就是急功好利殘民以逞的申韓之術；離開學術而談德治，就是束縛個性不近人情不識時務的迂儒之見；離開學術而談禮治，就是粉飾太平虛有其表抹煞性靈的繁文縟節與典章制度。

學術既然成爲政治的命脈，所以中國學者有所謂「學統」或「道統」和「政統」或「治統」的分別（參看王船山《讀通鑑論》卷十三）。各人貢獻其孤忠，以維繫他自己所隸屬的「統紀」。有時二者不可得兼，深思憂時之士，寧肯捨棄「政統」的延續，以求「學統」「道統」的不墜。譬如孔子最初也未嘗不想作一番武王周公的政治事業，然而時勢已非，他就退而刪《詩書》、定禮樂、著《春秋》，以延續學統道統，擔負「素王」的工作。顧亭林說：「天下興亡，匹夫有責」，他眞正的意思是說，一朝一姓的興亡，或統治者的興亡是食一朝一姓之俸祿的當政者的責任；而有關天下的興亡，亦即學

統道統的興亡，人人都有責任。他這種思想，當明朝滅亡，滿人入主中原的時候，特別有其苦心與用意。和他同時代的王船山，以民族的命脈，學統的維繫自命，因此有同樣的抱負。王船山說：「天下不可一日廢者，道也。天下廢之，而存之者在我，故君子一日不可廢者，學也。……一日行之習之而天地之心昭垂於一日，一人聞之信之，而人禽之辨立達於一人。」（見《讀通鑑論》卷九，下同。）足見在一切政治改革，甚至於在種族復興沒有希望的時候，眞正的學者，還要苦心孤詣，擔負起延續學統道統的責任，所以王船山又說：「當天下紛崩，人心晦否之日」負延續道統學統的使命，就是「獨握天樞，以爭剝復」的偉業。從學統道統的重要以及其與政統的關係看來，我們就可以知道，政府尊重學術，就是培養國家的元氣，學者自己尊重學術，就是小之尊重個人的人格，大之培養天下的命脈。

四

學術之獨立自由，不惟使學術成爲學術，亦且使政治成爲政治。因爲沒有獨立自由的學術來支持政治，則政治亦必陷於衰亂枯朽，不成其爲政治了。所以爭取學術的獨立與自由，不惟是學者的責任，而尊重學術的獨立與自由，亦即是政治家的責任了。一個學者求學術的獨立與自由，有時誠應潔身自好，避免與政治發生關係。特別避免爲奸雄

霸主所利用，而陷於揚雄蔡邕的命運。故有時學者必須超出政治，方能保持學術的獨立與自由。但須知獨立自由和「脫節」根本是兩回事，求學術的獨立自由可，求學術和政治根本脫節就不可。學術和政治不但須彼此獨立自由，還須彼此分工合作，就好像許多獨立自由的公民，分工合作，形成一個健全的近代社會。假如學術和政治脫了節，就好像原始時代老死不相往來的小國寡民，不能收分工合作團結一致的效果。這樣，絕不能產生近代的學術，也不能產生近代的政治。

學術界常常有一些人，逃避政治，視政治爲畏途，視政治爲污濁，惟恐怕政治妨礙了學術的清高。這種態度足使學術無法貢獻於政治，政治不能得學術的補益，因而政治愈陷於腐敗，學術愈趨於枯寂。這種與政治絕緣的學術，在過去的中國，頗占勢力，如像乾嘉時代的考證，不過是盛世的點綴，南北朝的玄談，也不過是末世學人的麻醉劑。無補於治道，也無補於世道。這種學術，表面上好像是超政治而自由獨立，實際上並沒有達到眞正自由獨立的境界。眞正的學術自由獨立，應當是「磨而不磷，涅而不淄」。學術到了這一種程度，它就能夠影響支配政治社會，不怕政治社會玷污了它的高潔。假如我們奉考據玄談爲學術獨立自由的圭臬，那麼去眞正的思想自由學術獨立就太遠了。最奇怪者就是有許多人，他們所操的學術，儘管與政治絕緣，與社會民主兩不相干，然而他的生活，卻並不與政治絕緣。他們爲爭權奪利的功名之念所驅使，一樣也可以憑個人私智和申韓之術，去作不擇手段的政治活動。反之，如孔子孟子顧亭林王船山等人，

他們的學術維繫政治命脈，民族的興衰，然而他們的生活卻是超出政治，高潔無瑕的。

學者維持學術的尊嚴，須在學術創造的自身上努力；而不在放任乖僻的性情，抱虛驕的態度。輕蔑政治，笑傲王侯，本來是文人習氣。許多人都誤以爲這種習氣，就是維持學術尊嚴的正當態度。我並不是說學術本身的價值不如政治，我也不是說學者尊嚴神聖的使命，超世絕俗的造詣，沒有足以睥睨一切笑傲王侯的地方。我的意思是說，學者表面上絕不可顯露出笑傲王侯輕蔑政治的虛驕態度，因爲這只足以表示乖僻任性帶有酸葡萄意味的文人的壞習氣，而不足以代表純正的學者態度，如像陶淵明「不爲五斗米向鄉里小兒折腰」。普通都引爲輕蔑政治的美談。其實陶淵明辭官歸田另有他的苦衷。那時他看見晉室將亡，劉裕將篡，他不願意做二臣，他實有「不可仕，不忍仕」之苦衷，而並沒有根本輕蔑政治助長文人傲氣之意（這是採取王船山獨到的看法，見《讀通鑑論》卷十五）。杜工部詩：「本無軒冕志，不是傲當時」，王右丞詩「古人非傲吏，自闕經時務」，足見中國正統的大詩人，深知各人的志趣能力每有不同，詩人天才與政治天才有別，自己解釋自己對於政治，並沒有取虛驕輕蔑的態度。又如周濂溪不卑小官，然而這並不損害他「胸懷灑落光風霽月」的高潔風度。

輕蔑政治的文人習氣，既然爲詩人高士所不取，所以現代的人更不能夠襲取這種態度，作爲保持學術自由獨立的護身符。而且輕蔑政治比反對政治還要壞。政府措施如有失當，你盡可批評，貪吏的行爲，你可加以攻擊，奸賊的黑幕，你不妨去揭穿，你均不

失爲一個正直勇敢的公民。現在那些有輕蔑政治習氣的人，對於一般從事政治的人，尖酸刻薄，嘲笑譏諷，而對於貪官污吏巨奸大憝，反而取幽默縱容的態度。像這樣態度，於學術的前途，國家的前途，恐怕兩皆有害而無利。這種脫離政治輕蔑政治以求學術自由獨立的傳統風氣，在學術上是不健康的空氣，在政治上，也不易走上近代民主政治的道路。

好在自從新文化運動以來，在中國大學教育方面，總算稍稍培植了一點近代學術自由獨立的基礎：一般學人，知道求學不是做官的手段，學術有學術自身的使命與尊嚴。因爲學術有了獨立自由的自覺，對於中國政治改進，也產生良好影響。在初期新文化運動的時代，學術界的人士，完全站在學術自由獨立的立場，反對當時污濁的政治，反對當時賣國政府，不與舊官僚合作，不與舊軍閥妥協。因此學術界多少保留了一片乾淨土，影響許多前進青年的思想，培養國家文化上一點命脈。學術界這種獨立自主的態度，可以說是爲腐朽殘暴的北洋軍閥作了釜底抽薪的反抗，使他們不能羅致有力的新進分子，去支持陳舊腐敗的局面；間接有助於國民革命軍北伐的成功。此後政治雖然有不少紛亂，學術的自由獨立，仍然保持相當的水準，但是學術界的人士，對於統一尚未眞正成功的國民政府，態度似乎不能一致，冷淡，超脫，不理會是學術界當時普遍的現象。到了七七事變，抗戰建國的國策確定以後，學術界的人士，也就進而對政府取盡量輔助貢獻的態度，政府對於學術界也取諮詢尊重的態度，我們希望我們中國漸漸有自由

獨立的政府，來尊重自由獨立的學術，同時也漸漸有自由獨立的學術，來貢獻於自由獨立的政府了。

原載《當代評論》第一卷第十六期，一九四一年十月二十日

賀麟（一九〇二～一九九二年），著名哲學家，一九三一年起在北京大學、清華大學、西南聯合大學執教，一九四六年後在北京大學任教。一九五五年起在中國社會科學院哲學研究所任研究員。

論大學設訓導長

潘光旦

最近一年來，最高的教育當局很想在大學教育方面做些建設的工作，尤其是在所謂訓育的一端上：導師制是一樁。新近全國教育會議議決添設一個訓導處，處有長，地位和教務長總務長相等，是又一樁。兩樁也許根本是一件事，即，訓導處成立以後，導師的工作即歸其統籌，好比課業歸教務處統籌一樣；不過這是我們的一個推測，訓導處究竟有些什麼工作，訓導長有些什麼責任，尙有待於當局的頒示。

不過訓導處與訓導長的創置，教育會議儘管議決，在理論上還是很有問題的。近代學校教育把所謂訓育從教育中間劃分出來，根本就是一個錯誤，是失敗的一個招認。教育學者自己告訴我們，教育的對象是整個的人生，甚至於說，教育就是人生；這見解是對的，是能夠和我們以前的教育經驗相呼應的。我們一向的見解是：學問的目的在做人，學問的內容今昔大有不同，什麼是人，做人如何做法，今昔的觀察也很有分別；但

學問不能離生活而獨立，今昔的看法可以說是一致的。如今把所謂訓育從教育裡劃分出來，浸假而使訓育與教育成爲兩個並立而對峙的東西，更浸假而設官用人分別專司其事，結果是等於默認了下列的兩點。

㈠**人生大塊的田地裡，知識的取得至多只占得一角**。講「行有餘力，則以學文」的前人似乎懂得這一點。在「好學近知，力行近仁，知恥近勇」的教育裡，這一角的大小不過是全部的三分之一。傳統的心理學也說心理生活至少有三方面，意志、情緒、理智，有效的教育是要使三方面得到共同與協調的發展，也惟有能使三方面作協調發展的教育才配叫做教育。教與訓的劃分表示近代的教育只會灌輸知識，開發理智，於其他三分之二的田地，是無法可施的。在前幾年，因爲責任與面子關係，還隱忍著，現在隱忍不住了，只得硬著顏面把全部責任推出去。這種卸責的舉動，在中學裡開始，最近就到達了大學。

㈡**志、情、理的劃分原是為了解心理生活的方便而設，實際上心理生活是整的**。講三方面協調的發展也不過是一種說法，目的在要我們避免施教時的偏枯，其實在任何一方面施教，其影響勢必兼及其他兩個方面，除非是教的內容與教的方法根本有了錯誤。即就智識的灌輸一方面論，任何門類的學術都有兩個目的，一是對於現象的了解，一是對於現象的控制，了解的程度有加，控制的能力也就隨而進步。此種了解與控制的最後功用是使人生的樂利更加豐滿。自然科學的發展，於增進我們對於自然現象的了解

與控制，從而充實我們各種實用藝術而外，又給我們一個科學方法與科學精神。這方法與精神的適用原不限於現象的研究，個人生活的健全發展，與全體生活的維持於不敗，多少都得靠它。一個比較健美的社會生活，總得建築在「無意、無必、無固、無我」的原則之上。社會科學，於一般適用科學方法以解釋現象之外，自更離不了生活控制的最後目的。研究歷史的一大功用終究是要我們借鑒前車，對其他民族國家的社會生活，作比較研究，也無非要讓我們它山攻錯。如果研究與傳授學問的人，自以爲他的努力只限於或只足以格物致知，於個人與團體生活的健康發展，別無更大更深的意義，他就犯了自欺與自棄的毛病。如果旁人有這種見地，他對研究與傳授學問的人，是無異橫加侮辱。主張訓教分立的人的基本假定是，學問與做人的藝術不很相干，甚或很不相干，惟其不相干，才有另外設官用人專司其事的必要。這對研究學問與傳授學問的人，說得輕些，是不認識，說得重些，就是侮辱。

就第一點說，近代教育是無能的。就第二點說，近代教育是不智的。無能與不智，是失敗，從訓教的實際上的分家到大學明目張膽添置訓導處的過程裡，我們看出了這種失敗。

要挽回這種失敗，只有兩件事值得做。一是改變我們對學術的態度。爲學術而學術，是一種態度。爲人生而學術，是又一種態度。太重人生，結果是忽略了學術，最後吃虧的還是人生，以前的中國似乎如此。太重學術，結果可以人爲芻狗，今日的西洋似

乎有這種危險，學步邯鄲的我們最後也不免蹈襲這種危險。如何可以執兩用中，是極切不容易答覆的問題，我們姑且擱過不提，否則不免離題太遠。二是愼擇師資。擇師的最大標準是，他對於某一門學問的造詣。但所謂造詣可以有兩個不同的解釋，目前流行的是他對於一門學識有相當的累積與貫通；但這是不夠的，我們應當問，他的學識對於他個人的日常生活已經發生了多少良好的影響，即所謂貫通，是不是並不限於本門知識的部分之間，而已推廣到這門智識與個人操守之際。我們對一個教自然科學的人，於研究成績而外，要看他在接人待物，處事發言的時候，已經有多少科學家的風度。對一個教社會科學與問題的人，我們更有理由在他的行爲上求全責備，例如就家庭一端說，他是不是已經能夠「刑於寡妻，至於兄弟」。大學裡所有的教師，眞能把他的學問和行爲聯繫起來，做學生的表率，那人就是無名的導師，就是不設辦公處的訓導長。照現在的形勢，除非起孔子於九原之下，這訓導長是沒有人當得起的，勉強當了，他最多也只能舉辦幾次精神訓話，多強迫實行幾條新生活的戒條，多訂幾種獎懲功過的條例，如此而已，如此而已。

寫於一九三九年，原載潘光旦著《自由之路》，商務印書館一九四六年版

自由、民主與教育

潘光旦

人世間三角的局面很多，自由、民主與教育所構成的也是一個，並且是很重要的一個。除了天地人的三角，除了遺傳、環境、文化的三角，大約沒有比它更大更重要的了。這三角之中，自由很顯然的是生命的目的，教育是達成目的的手段，民主可以說是運用這手段的環境。沒有民主的政治與社會環境，自由的教育是做不到的。這至少是從事於教育而對於政治沒有直接的興趣的人不得不有的一種看法。若在一個政治家或政治學者看來，教育也未始不是造成民主環境的一個手段。綜合兩方面的立場看，我們不妨說，教育需要民主的環境，而這種需要的滿足，一部分，以至於大部分，也得靠教育的努力；期待著民主環境的來臨，再實行以自由爲目的的教育手段是不可能的，是不通的。

我們先討論三角的兩邊，自由與教育，然後配上第三邊，民主。

一年以前，我對自由的看法，曾經有所論列。消極方面，我認爲我們絕不能把自由與散漫混爲一談，因爲散漫的人不自由，他不能隨時集結；也不能與放縱混爲一談，因爲放縱的人也不自由，他不能隨時收斂。只會打游擊戰的人，只會打陣地戰的人，是同樣的不自由。一個拘泥的道學家，一個沈湎於聲色、貨利、權位的人，也是同樣的不自由。積極方面，我又提出自由就是中庸，就是通達，如果我們把不偏不易的舊解釋撇開，而把中庸的概念和經權的概念聯繫了看，甚至於當作一回事看（實際上是一回事，「中庸不可能」之理就是「可與立未可與權」之理），我們就很容易得到這樣一個結論。我提出這一點來，目的端在指出自由一詞所代表的看法，並不是一個標新立異的看法，更不是相當於洪水猛獸的看法，我們大可不必因談虎而色變。下文還是一貫的用自由二字，而不用中庸二字。

自由是生命的最大目的，個人要自由，社會也要自由；西方自希臘時代起，中國自先秦時代起，都有此看法。惟有自由的生命才能比較長久地保持它的活力，個人如此，社會也是如此。生命脫離了人力的控制，不再能自由收放，自由分合，自由的斟酌損益，補短截長，是遲早要陷於死亡的絕境的，個人的不能盡其天年，民族社會的曇花一現，大抵可以追溯到這一層基本的原因，特別是在民族社會一方面，因爲它不比個人，以常理推之，是沒有什麼天年的限制的。

不過社會的自由終究建築在個人的自由之上。一個建築在奴隸經濟上的社會，一個

百分之一是獨裁者，而百分之九十九是順民所組成的國家，要維持長治久安，是不可能的，歷史上既無其例，當代一二嘗試的例子也正在很快的摧殺敗壞之中。

個人的自由不是天賦的，是人爲的，不是現成的，是爭取的。以前西方的政論家認爲自由是天賦人權之一；究竟有沒有所謂人權，此種人權是不是由於天賦，我們姑存而不論，我們只承認人既不同於普通的飛走之倫，便不會沒有自由的企求。飛走之倫，內則受制於本能，外則受制於環境，是說不上此種企求的。人也未嘗沒有本能，但本能可容制裁疏導；人又未嘗不仰仗環境，但環境可容選擇、修潤，以至於開闢創制。能抑制疏導我們的本能，能選擇、修潤、開闢、創制我們的環境，就是自由，就是我們所以異於尋常飛走之倫的那一點「幾希」，去此幾希，名稱是人，實際是禽獸。

不過這種應付本能與應付環境的力量，在人類也不過是一種「潛能」，而不是一種「動能」。要化潛能爲動能，端賴教育。潛能之說，可能就近乎以前政論家的「天賦人權」之說，但要潛能變成動能，而發生實際的效用，卻終須人工的培養，人工的培養就是教育。

教育不是我們一向有的麼？既有教育，自由豈不是就接踵而來？這卻又不盡然。教育是一個很中聽的名詞，因此它可以成爲許多東西的代用的名稱。宗教信條的責成是「教育」，《聖諭廣訓》的宣讀是「教育」，社會教條的宣傳是「教育」，一切公式的灌輸都是「教育」。如果這一類的措施是教育，北平便宜坊中塡鴨子的勾當也就不失其

爲教育了。因爲凡屬經過「塡」的鴨子，確乎在短期之內會有長足的發展，而可以派一種特殊的用處，就是任人宰割，快人朵頤。這些當然不是教育。近代所謂教育，正坐「塡鴨子」的大病。吃是一些本能，鴨子有食必吃，不懂得適可而止的道理，於是就走上一條畸形發展的路。我們目前號稱的教育又教了我們幾許自動控制我們本能的理論與方法？我們名爲受過教育，又有得幾個能在聲色、貨利、權勢的場合之中，周旋中節，游刃有餘？

控制環境，未嘗不是近代教育的一大口號。但環境不止一端，就物質環境說，這口號是多少兌了現的；但若就所謂意識環境說，教育所給予我們的，不是一種自動控制的力量，而是往往把另一些人所已控制住的環境，強制的加在我們身上，我們連評論的機會都沒有，遑論抉擇、修正、開闢、創造？物質環境的多少還容許我們控制，不用說，也是三百年來科學昌明的一種效用，是科學傳統的一部分。至於意識環境的不容許我們控制，而只容我們接受別人所已控制住的某一種環境，接受別人的擺布，接受希特勒一類的人的擺布，那顯然是西方中古時代宗教傳統的一部分。別人把規定好了的意識環境交給我們接受，教我們相安，也就等於被「塡」的鴨子必須被圈在一定的範圍以內，不能有迴旋的餘地一樣。在圈定的極小的範圍以內，接納與吸收一種指定的事物，而且非接納吸收不可。在接納與吸收的一方面，一半因天性，一半因積習，終亦安於享用現成，不識掙扎爲何物——這便是被「塡」的鴨子與當代「受」教育的人所有的一種共

通而慘痛的經驗。

自由的教育是與「塡鴨子」的過程恰好相反的一種過程。自由的教育不是「受」的，也不應當有人「施」。自由的教育是「自求」的，從事於教育工作的人只應當有一個責任，就是在青年自求的過程中加以輔助，使自求於前，而自得於後。大抵眞能自求者必能自得，而不能自求者終於不得。「自求多福」的話見於《詩》《傳》《孟子》。孟子又一再說到「自得」的重要，政治之於民衆如此，教育之於青年更復如此。孟子「勿揠苗助長」的政教學說也由此而來。先秦學人論教育，只言學，不大言教，更絕口不言訓，也是這層道理。

自由的教育，既著重在自求自得，必然的以自我爲教育的對象。自由的教育是「爲己」而不是「爲人」的教育，即每一個人爲了完成自我而教育自我。所謂完成自我，即用教育的方法，把自我推進到一個「至善」的境界；能否到達這個境界，到達到一個何種程度，一個人不能不因才性而有所限制，但鵠的只是一個。自由教育下的自我只是自我，自我是自我的，不是家族的、階級的、國家的、種族的、宗教的、黨派的、職業的……這並不是說一個人不要這許多方面的關係，不要多方面生活所由寄寓的事物，乃是說教育的主要目的是在完成一個人，而不在造成家族的一員，如前代的中國；不在造成階級的戰士，如今日的俄國；不在造成一個宗教的信徒，或社會教條的擁護者，如中古的歐洲或當代的建築在各種成套的意識形態的政治組織；也不在造成一個但知愛國不

知其他的公民，如當代極權主義的國家以至於國家主義過分發展的國家；也不在造成專才與技術家，如近代一部分的教育政策。主要的目的有了著落，受了尊重，任何次要的目的我們可以不問，不論此種目的有多少，或因時地不同而有些斟酌損益，我們也可以不怕——不怕任何一個次要目的的畸形發展。

自由教育既以自我為主要的對象，在方法也就不出兩句先秦時代的老話所指示的途徑，一是自知者明，二是自勝者強。先秦思想的家數雖多而且雜，在這一方面是一致的。明強的教育是道家、儒家、法家一致的主張。更有趣的是，西洋在希臘時代所到達的教育理想也不外這兩點。太陽神阿普羅的神龕上所勒的銘，一則曰「認識你自己」，那就是明，再則曰「任何事物不要太多」，如用之於一己情欲的制裁，那就是強。就今日的心理常識言之，自明是理智教育的第一步，自強是意志與情緒教育的第一步，惟有能自明與自強的人，方才配得上說自由。認識了整個的世界，全部的歷史，而不認識自己，一個人終究是一個愚人；征服了全世界，控制了全人羣，而不能約束一己的喜怒愛憎，私情物欲，一個人終究是一個弱者；弱者與愚人怎配得上談自由？這種愚與弱便是他們的束縛，束縛是自由的反面。話說到這裡，我們口口聲聲說自由，實際上就講到了中庸。說到了自知自勝，也就是等於說自由教育的結果，不但使人不受制於本能，更進而控制一己的本能，以自別於禽獸。總之，這些都是可以和上文呼應的話。至於自明自強之後，再進而了解事物，控制環境，整飭社會，創導文化，所謂明明德之後，再進而

新民或親民，那都是餘事，無煩細說了。自求自得的教育，亦即以自由爲目的的教育，大意不外如此。至於從事於教育的人，對青年所適用的努力，只能有側面啓迪的一法，而不容許任何正面灌輸的方法，亦自顯然，勿庸再贅。

說了自由教育的對象與方法之後，再說幾句關於實際設施的話。人生的大目的，上文說過，是自由，是通達，是中庸。三事雖不失爲一事，卻多少也可以分開了說。生活是人與環境綴合而成的。如果我們的論議著重在人，或人在環境中的所以自處，我們不妨說生活的目的是求自由或求中庸。如果我們比較的著重環境，或人與環境的關係，那我們就不妨說，生活的目的在求通達。一個對外比較能通達的人，必然是對於一己的生活比較眞能講求自由與中庸的人。如今說到實際而有組織的教育設施，我們的注意點當然是側重在生活比較外緣的一方面，我們就不妨更率直地說我們的目的在求通達。目前小學、中學、大學各級的學校教育，特別是大學教育，目的應該在求各種程度的通達。但理論上的仍然是一事，實際的已然又是一事。我們今日所有一切學校教育不是不通達，便是似通達其實不通達，嚴格言之，似乎根本不以通達爲職志，一切技術與職業教育無論已，就是大學教育也無非是造就一些專才，一些高級的匠人，西洋有此情形，效顰的中國自更不免有此情形。目前實際教育的危機，最迫切需要改革的一事，我以爲莫大於此。西洋把近代連一接二的大戰爭歸咎到這種教育上的大有人在，我最近所選譯的赫胥黎《自由教育論》一稿，便是一例。舉世全是匠人，而沒有幾個通人，平時則爲生

計而錙銖必較，有事則操斧斤作同室之爭，自然是不可避免的一個下場了。

最後我們約略提到教育應有的民主的政治與社會環境。人民兩字並稱互用，民即是人，也是西洋與中國的民主思想裡共通的一點。無論我們對於民主一詞作何解釋，它的最基本的假定是：每一個社會的分子，每一個人，必須有自主與自治的能力，如果還沒有，至少要從事於此種能力的培養。所謂自主與自治的能力，豈不是等於上文所說自明與自強的能力，而所謂培養，豈不是就等於教育？所以上文早就暗示過，從教育的立場看，惟有一個眞正民主的政治環境，始能孕育眞正自由或通達的教育，而從政治的立場看，惟有眞正的自由或通達的教育才可以造成一個眞正的民主國家，二者實在是互爲因果的。目前此種政治與教育，即在比較先進的英美，也尙待努力；至於中國，實際的努力怕一時還談不到，不過根據上文的議論，我們所祈求的是朝野人士有一番新的認識，知道自由教育與民主政治不但是不可分離的兩個東西，而是一個健全而成國體的社會所必具的兩個方面。

不過我們一面作原則上的認識，一面也正不妨著手做幾件實際的措施。第一，國家的統制應盡量的輕減，特別是在大學教育一方面，政府和其他有組織的社會勢力應自處於一個輔翼的地位，特別是在經濟一方面，而於意識一方面應力求開放，避免干涉。第二，應辨別教育與宣傳是相反的兩回事，宣傳工作的擴大就等於教育工作的縮小，要眞心輔翼教育，就得盡量的限制宣傳，小學教科書應該大大的修正，就是一例。商業的廣

告與宣傳是一丘之貉，也應接受同樣的待遇。同時，各級學校應當把所謂解析意念（dissociation of ideas）的技術教給青年與兒童，使不受宣傳與廣告的蒙蔽。第三，大學教育應增加共同必修的科目，即不能增加，也應鼓勵學生盡量的學習，此種科目應爲一些自然科學、社會科學、與人文科學的基本學程，尤其重要的是人文科學。第四，技術教育也應該修正，我們必須把技術所引起的人事與社會影響一併講授給青年學子。前兩點與自由教育的方法有關，後兩點與此種教育力求通達的目的相涉。誠能做到這幾點，我們對於自由、民主與教育的三角聯繫，就盡了一些初步的促進的力量了。

寫於一九四四年，原載潘光旦著《自由之路》，商務印書館一九四六年版

政治信仰與教學自由

潘光旦

最近政治協商會議通過了一個《和平建國綱領》。綱領的第七章是關於教育及文化的，一起有七條。七條之中，二至七條都很妥善，比較有些問題的是第一條。第一條的文字是這樣的：「保障學術自由，不以宗教信仰、政治思想干涉學校行政。」本文專就這一條說話。說話分兩層，一就條文的文字立言，二是一般的討論，目的無非要看前途的學術自由究屬能否得到眞正的保障。

條文的文字是頗有問題的。顯而易見的有兩點。一是「學校行政」和「教育」不是一回事，所以「不干涉學校行政」並不等於不干涉教育，學校行政前途雖可以有些自由的保障，而教育與學術則未必。照往年的情形說，教育與其他當局干涉教育的地方很多，並且很細密，例如調查教師的思想言行，調查後倒也不一定有什麼作爲，即不一定發生解聘一類的情事，但已經明明是干涉了教育，甚至於侵犯了若干個人的自由，而嚴

格的說，則與學校行政很不相干，至多只是替下級的職員，因爲要塡寫表格，多添一些額外的工作罷了。又如，就中小兩級教育論，近年有所謂國定教科書的辦法，教科書中，特別是公民、歷史一類的書，充滿著黨國至上，而未必與事實完全符合的宣傳資料，這更明明是干涉了教育，卻又和學校行政全不相干。又例如，最近各級學校都收到了一份所謂本年度的中心標語，是宣傳部轉教育部頒發的，標語口號一類的東西是根本違反了教育的精神的，是干涉了教育的，至於學校行政除了油印張貼添些麻煩而外，倒也說不上受了什麼干涉。更淸楚的例子是以前國民黨在學校裡辦黨部，如今黨部雖已取消，而三民主義靑年團的團部依然存在；今後局勢開展，一黨雖不再專設與明設黨部，而各黨分別暗設黨部，或雖無黨部，而分別公開拉學生入黨以及宣傳主義的工作依然可以進行——這些，只要做得界限分明，技巧周到，可以根本和學校行政不生接觸，無論干涉。事實上，在不干涉學校行政的原則之下，豈不是明設黨部也沒有什麼不可以？不過這些儘管不干涉學校行政，卻大大的干涉了教育，大大的違反了自由教育的精神。諸如此類表面上雖不干涉學校行政，而實際上卻干涉了教育的舉措，以後究竟還有沒有呢？我們至少就綱領條文的文字講，不能保證其沒有，條文僅僅保證了不干涉學校的行政，並沒有保證不干涉教育。

第二點是，信仰思想的不干涉學校行政並不能保證其他力量的不干涉學校行政，所謂其他力量指的特別是政治的力量，倒不是政治思想的力量，而是政治行政的力量，或

底子裡雖和政治思想有極其密切的關係，甚至於雖爲控制政治思想而發，而表面上卻只是一種行政上的措施，一些新機構的設置，一些新草則的規定，一些新功令的頒行，等等。約言之，就是近年來教育當局對於學校行政的種種繁瑣而無微不至的約束管制。即就教務行政一端而論，學生自應試入校以至於畢業，教師自受聘以至於升級休假，課程自必修以至於選修，考試自各級會考、入學試驗以至於所謂總考、研究生考試，等等，那一椿和每一椿的那一個段落不要填報，不經考核，以至於因爲不合程式，有違功令，而再度三度的報核，才得過關呢？學校裡龐大的行政機構，好幾百的職員，至少有一半是用在塡表格，做報銷，寫呈文的案牘工作上的。試問把學校當作衙門，員生視同胥吏，教育事業比作錢穀稅收，事先不能不層層管制，事後不能不步步審查——之後，即使其間絲毫沒有控制政治思想的用意在內，學術的自由還剩得幾許？

國家聘用有品學的人辦理教育，要他辦得好，第一個條件應該是屬於態度方面的，就是尊重他的人格，信任他的才識，也就是容許他有自由處理之權，而約束、管制、審查一類的作爲所表示的態度恰好就是這態度的反面，就是不尊重，不信任，和不許其自由。主持教育與學術研究的人在行政上的不自由，事實上等於在政策上，在用人上，以至於在學程上，教材上，不能有絲毫實驗與發見新途徑的機會；這不是等於教學術自由與自由教育窒息麼？我們也要問，這一類的約束管制，這一類實際上等於教學校行政人員當木偶戲裡的木偶的種種勾當以後究竟還有沒有呢？至少就條文的文字說，我們無法

保證其沒有。條文僅僅保證了信仰思想一類的事物不干涉學校行政，而沒有保證統制與包辦多少已成習慣的教育行政不干涉到學校行政。此種干涉存在一日，學術自由與自由教育便是一日不可能。思想信仰的干涉所妨礙的是頭腦，這種干涉更進而妨礙到手腳，兩者同樣的妨礙了自由精神的發展。

如今再從條文的推敲以進於思想信仰和教育的關係的一般討論。條文中說到不干涉學校行政的有兩種東西，一是宗教信仰，二是政治思想。其實兩種只是一種。宗教信仰在中國教育學術史裡從來沒有發生過嚴重的問題，近年來更不成問題。有基督教背景的各級學校大都能尊重自由，辦學的人不以一己的信仰強加諸人；基督教以外的各種宗教和教育的關係根本不多，可以不論。政治思想，如果眞是思想，單單是思想，單單是一種學說，也不成什麼問題。從來沒有聽說過盧梭的《民約論》干涉過教育，干涉過學校行政，不但沒有，並且不能想像。成問題而確乎在干涉教育以至於學校行政的，是和實際政權多少已經發生聯繫的一種政治理想、政治信仰，以至於政治教條。所以「宗教信仰，政治思想」八個字應當併作「政治信仰」四個字，或再歸併爲「信仰」或「教條」兩個字，籠統些的叫信仰，具體些的叫教條，而一切信仰教條，在精神上只是一回事，初無分宗教的，還是政治的。而凡屬信仰教條，我以爲應該是個人自由接受、自由體驗的東西，如果有人作有規模有組織的宣傳，作責成性強制性的散播，甚至於還有政權在後面推動，更甚而和政權合而爲一，混而爲一，那就成爲自由的天字第一號的敵人，而

最最受它的威脅與迫害的是學術的自由與自由的教育。英人貝瑞的一部《思想自由史》（J. B. Bury, *A History of Freedom of Thought*）所敘述的就是西洋的學術、教育、思想如何從基督教的信仰教條層層禁錮中解放出來的一番艱苦的經過（此書羅家倫氏有譯本）。

政治協商會議特別考慮到教育及文化，而考慮之後特別提出這「不干涉」的一層，並且把它列爲這一部分綱領的開宗明義的第一條，儘管在文字上欠些斟酌，有些語病，不能不說是極有見地的一個舉動。把宗教信仰和政治思想相提並論，一樣的不許其干涉，表示與議的人，充分的承認，宗教的「意識形態」與政治的「意識形態」，或宗教教條與政治教條，實在是一丘之貉，對於教育與學術的自由發展是一樣的不利；這一點更是得未曾有，値得欽佩。不過還有進一步的一點，不知與議諸先生看到沒有，我說不知，因爲這在綱領的條文上是看不出來的。政治教條從今以後可望不干涉教育學術，不侵犯學校的園地，固屬再好沒有。但試問可能麼？學術與教育是民族生活的一個部門，一個方面；民族生活的總樞紐，就任何一個時代論，是在政治。學術和教育勢不能和政治絕緣。政治清明，學術教育也清明，政治混亂，學術教育也混亂；政治而民主，學術也就客觀，教育也就自由，政治而受一種或多種信仰與教條之支配，試問學術與教育能完全免於同樣勢力的支配麼？不能。沙漠中有沙漠田的存在，固然不錯，但沙漠田能完全不受風沙的侵襲剝蝕麼？最後更能不湮沒淪亡而成爲沙漠的一角麼？同樣的不能。然則，要政治信仰不干涉學術教育，豈不是同時必須此種信仰不干涉政治，要政治信仰與

政治分離，好比歷史上所力爭的宗教信仰要與政治分離一樣？否則綱領的第七章第一條說了等於沒有說。以情理與邏輯言之，這一點是不能不想到的，但不知與議諸公果眞想到沒有。

這樣說來，即使綱領第七章第一條的文字沒有毛病，即使它明白規定政治信仰與政治教條不直接干涉教育，也不假手於學校行政而間接干涉教育，學術自由與自由教育，依然得不到保障；除非——這是一個很大的除非——政治自身不受成套頭的信仰教條所支配。政治的不受教條支配是學術與教育自由的一個先決條件。這一點做得到麼？就目前的形勢說，這是絕對的做不到的。就事理的需要說，卻非做到不可。就綱領第七章第一條的精神以及全部綱領的一般精神說，前途又未始沒有一線做到的希望。惟其有做到的必要，與做到的一線希望，我們的討論便無妨再進一步。

我們先說一說宗教、政治、教育（包括文化學術言之）在歷史上的三角關係。其在西洋，自中古時代以至文藝復興與宗教革命，三者之中，宗教可能是最占上風的，政治由它牢籠，教育由它辦理；當時所謂政教（宗教）合一，指的並不是眞正的合一，而是關係特別密切罷了；至於教育，則完全在宗教手裡，政治與教育之間，說它們沒有關係，也不爲過。自宗教革命以迄第一次世界大戰，這三角的三點似乎逐漸的取得了獨立性與均等性；宗教與政治是顯然的分開了，教育也脫離教會而獨立，政治也不大過問教育。第一次大戰結束以後，形勢一變，至少在一部分的國家裡，特別是集體主義以至於

極權主義的國家裡，這獨立與均勢的局面趨於解體，政治勃興爲最大的權力，一面表面上排斥宗教，實際上則把宗教的武斷而責人信仰的精神收歸己有，成爲上文所稱的教條政治或主義政治，眞正坐實了歷史上所稱的「政教合一」的局面；一面更進而以教條控制教育，統一思想，集中意志，於是於政治與宗教合一之上，又增添了一個政治與教育的合一，依然適用「政教合一」的名稱；以前名義上的政教合一只包含得政治與宗教，如今實際上的政教合一，於政治宗教而外，更囊括了教育；而自文藝復興以來已成三位三體的東西，如今竟成爲三位一體，眞也不能不說是歷史上的一件盛事！

中國百事模糊鬆懈，政治、宗教、教育三事與三事的關係當然不是例外。三事的本身，範圍就不大清楚，形式也不夠具體；至於三事的關係，也往往是若接若離，半明半晦。不過如果我們把儒家認作宗教的話，在近代以前，我們也未嘗不粗具三位一體的規模，政治與教育，至少表面上都是服膺儒家的，兩者都不斷的在堯、舜、禹、湯、文、武、周公、孔子的傳統裡打滾。不過這三位一體的機構是扣得一點也不緊的，所以教育又始終好像是私人與私家的事，政治所過問的是把教育的結果加以考選任用而已。無論這三事關係的鬆緊如何，一到民初國體改更，「五四」思潮轉變，這關係是解體了，而三事也就趨向於平衡獨立，有如西洋文藝復興以還的前例。這平衡獨立的趨勢，我們不能不認爲是一種進步，是一個解放；從此，政治可望日即於民主，而學術可望日即於自由。不幸的是，第一次大戰以後，世界的大局發生了劇烈的變動，蘇俄革命的成功，

德、義戰後的復興，規模之大，速率之高，得未曾有，徬徨在中西新舊四岔路口上的我們，看了豈有不目眩神迷、趨之若鶩之理？於是，提起了腳步的我們，原想踏上民主政治與自由教育的康莊的，卻轉進了主義政治與教條教育的歧途！以九州鐵鑄大錯，這是近代史裡最碩大無朋的一個。

協商會議的成功，和平建國綱領的樹立，保障學術自由的條文的規定，表示我們對於這條歧路，已經因走不通而有些覺察。但此種覺察到現在至多只還是一半。協商的代表們雖已了解，必須政治信仰不加干涉，學術方得自由，卻還完全沒有理念，必須政治教條，如一切主義之類，退避三舍，盡可容私人採擇信仰，許客觀研究批評，而不作強制性的宣傳，政治方得民主。他們雖已明白教條與自由教育的不相容，卻還完全沒有認識主義政治與民主政治是截然兩事。要政治眞正民主，果然有待於此種認識，就是要學術眞正自由，也必有待於此種認識，因爲惟有充類至盡的認識才能深切著明的見諸行事，否則仍是徒然。

寫於一九四六年，原載《政學罪言》，觀察社，一九四八年四月初版

大學的學術自由

董任堅

大學的學術自由（Academic Freedom）應該包括Lehrfreiheit and Lernfreiheit，即教學兩方面的自由；而在教授方面的自由，至少應有下列三種：

㈠**研究學術的自由**。大學對於教員的研究探討，除因此而與其指定之教授時間發生衝突外，不得加以任何的限制。

㈡**在大學教授的自由**。大學對於教員在課室講述其教授的學科，除爲初級學生，在教授的範圍與性質上有限制外，不得加以任何的干涉；惟教員在課室亦不得討論其教授學科範圍外之各種爭辯的問題，更不得利用其地位，討論絕不相關的問題，以遂其宣傳抑鼓動之目的。

㈢**在校外言論行動的自由**。大學須承認教員在校外即對於其教授學科範圍外之各種問題，有發表言論的權利，其自由和責任應與一般的人民一樣享有負擔。如教員在校

外所發表的言論，與其在大學的地位發生了衝突，應提出該教員所屬之大學教授會，由該會組織相當的委員會審查處置之。總之，學校對於教員所發表的言論，不負責任，而教員在必要時，應特別表明其所發表者，係一種個人的意見。

為說明大學的學術自由，須了解：㈠大學的功用，㈡學術研究的性質，㈢大學治權的基礎。

㈠**大學的功用**。學術自由的重要，可從大學的功用上看出。大學的功用，舉其大者有三：即研究高深學術，教授學生，養成各種專材是也。

大學在發達的初期，其目的不外乎傳播已有的知識，培植後起之人材，後來學校進步，始有機會從事探討，直到近代，它才彷彿變作了科學研究的故鄉。那研究的範圍，包括自然科學，社會科學和哲學宗教。自然科學研究人和物的關係，但現在我們所學，只能使我們覺得所未學的不知尚有多少。社會科學研究人和人或社會的關係，其現象之複雜，不可究極，我們至今究得窺見幾何？還有在精神生活上，那人們生存的意義，目的及其對宇宙的關係，衆說紛紜，莫衷一是。在各方面欲求進步，其第一個條件，就須有完全的，絕對無限制的自由，可以探討問題，發表結果。所以研究自由，是各種科學活動的生命。

次之，教授學生，可說是現今中國大學惟一的功用了。但教員的教授自由和他的研究自由，是一樣的沒有問題。大概教授上的成功，首先要學生能敬服教員，對教員之理

智的眞實，有一種信仰。假使學生疑教員不是充分的，爽直的表達自己，或覺得一般大學教員是一種被壓迫、受威嚇的階級，不敢勇言直說的，他們還能有教員在心目中嗎？何況一般的學生？（從略）

末了，一個大學培植了專材，當然應該供社會的應用，而一個進步的社會，無論在立法上行政上，亦應當利用專家的專門學識去解決現代複雜的經濟政治及社會的問題。這是必然的趨勢，所以訓練專材，已公認爲近代大學的重要任務，而大學教授之半官式的在社會服務的，亦已不在少數。因此，教授不僅在研究上而更是在發表其研究之結果上，應有絕對的自由；就是其結果與個人的成見，一般的輿論，或社會的習俗有所牴觸，起了衝突，應沒有顧及的必要。一般的立法家行政家對於專家研究的結果，應當信其誠意，盡量接受。

不幸這種自由，就是在現在的社會裡，還未十分辦到。大學開始即受宗教勢力的支配，哲學與自然科學的研究，大遭打擊。到了現代，宗教的勢力，既未完全消失，而壓力的重心，又疾轉到政治、經濟、社會各科學來了。我們一方面覺得這類科學的研究自由，已是千鈞一髮，一方面更覺得在研究這些科學上的自由，在現代社會裡，實有絕對的必要。凡稍有常識的人，莫不知人們政治的問題，是至今未曾都解決了，而社會演進的末日，尚遙遠不可期，社會上有種種關係，經濟上有種種問題，都在等著調節，等著解決；要調節得當，解決得了，絕非用一種意見，一個方式，一個主義，更非用少數人

的聰明熱心，外來力的強制壓迫所可得而奏效。現代的大學雖不敢將這工作一起都擔負下來，它卻是應該對於這點最有貢獻的一個機關。因爲大學的教授們，應該有了理智的工具，客觀的態度，歷史的背景，遠大的觀點，研究的時間，這種訓練和機會都不是一般的政治家企業家所容易得到的。但是要大學有這種貢獻，第一須使大學的教授能夠獨立研究，不感受到一黨一系的恩賜，指揮，限制，強迫，他們才可以內無顧忌，外無猜疑，自由的探討眞理，公平的批判結果。

㈡**學術研究的性質**。要是我們不相信教育是建設社會的基礎，科學的進步是現在文明的要素，那便不必談到學術，更不必注意研究。否則，社會必須抬高學者的地位，可以使一般飽學多能，卓絕不羣的人，不致被其他的職業吸引而去。因爲研究學術這一種職業，在物質的報酬上，絕難與其他的職業相比較；就是能夠，以物質的報酬，爲引誘之資，亦非所以「待士之道」，所以不能不給他們一種穩固的地位，使他們可以淸白的，一心的，誠實的，自由的，擔負這文化上的重任。

學者的任務，就是利用了他們專門的訓練，專攻學術，給他們自己和同僚考究的結果，有一種大無畏的精神，不偏私的情意去傳授學生，宣告大衆。他們的結果，應該絕對的客觀，不當有一點金錢勢力，黨派色彩摻雜其間，使社會的一般明達，對它起了懷疑，以爲它是一種宣傳，一種作用；否則，研究便失了效力，學者便失了信用，且於社會無涓滴的裨益。我們要曉得，一般的民衆，對於專家研究的結果，固沒有被強迫接受

的義務，但從社會利益上著想，大學的學者是獻身於社會，爲社會探求眞理的，在進步的社會裡，他們的言論，應該爲一般民衆的指南。所以他們的言論有了色彩，偏了，那不但他們研究的價值低落了，就是學者的資格亦喪失了，至少有一部分的社會，被其影響，亦盲從了。

在此，我們更可明白的看出那學術的研究，是絕對應該獨立的。大學教授在學校雖有一部分事權，應對學校的當局負責，但在其職業活動的本身上，因其研究的性質和對社會的關係，學校當局在學識上既無能力，在道德上又無權力可以干涉，教授亦是直接對社會負責的。所以大學教授雖屬在校服務，而他和學校當局的關係，即非如雇工之於雇主。至少從思想言論的獨立方面說，其關係有如司法官之於行政官：司法官雖經行政官之任命，其裁決與宣讀之判案，是絕不受後者之制裁，故後者對於其判案亦不負責任；大學教授雖由學校當局所聘任，其研究所得之結果及發表之言論，是絕不受後者之拘束，故後者對於其研究結果亦不負責任也。

㈢**大學治權的基礎**。大學不外乎私立官立。私立之治權，在校董會及其代表之校長，官立之治權，在一國或一省之教育行政機關及其代表人校長。兩者與大學學術自由之關係至爲密切，不得不一考其治權之性質。

大學之治權，或源於私人之主有，或源於社會之託付，其性質迥然不同。如教會或宗教的團體，捐資創設大學，作教義之宣傳，而校董會與校長，遂不得不根據於此目的

以設施一切，是一主有性之大學也。如富者或經濟的團體，爲鞏固其特別的權利，而在大學立學院設講座，以圖達到其目的，亦一主有性之大學也。更如一黨一派之假學校以廣播一種主義而貫徹一種政策，是亦不免於主有。要之「主有性學校」，均在乎發展一人一派或一種關係，非欲求學術之進步而因以提倡研究，討論，教授，實不過恃金錢之補助而欲流傳意見或偏見而已。然而意見與偏見，訓導 Indoctrination 與宣傳，同是學術自由之敵！

至於官立大學，經費取諸人民，係膺社會之託付，所以爲社會全體謀福利，更不當以少數者的主張而犧牲學術自由，作宗教或政治或商業的宣傳工具。

故蔡元培先生有言（見商務印書館出版《教育大辭典》大學教育節）：「大學以思想自由爲原則。在中古時代，大學教科，受教會干涉，教員不得以違禁書籍授學生。近代思想之公例，既被公認，能完全實現之者，厥惟大學。大學教員所發表之思想，不但不受任何宗教或政黨之拘束，亦不受任何著名學者之牽掣。苟其確有所見而言之成理，則雖在一校中，兩相反對之學說，不妨同行並行，而一任學生之比較而選擇，此大學之所以爲大也。」這一段話，我認爲是深堪玩味的。

原載《新月》第三卷第一期

爭取學術獨立的十年計劃

胡　適

我很深切的感覺中國的高等教育應該有一個自覺的十年計劃，其目的是要在十年之中建立起中國學術獨立的基礎。

我說的「學術獨立」，當然不是一班守舊的人們心裡想的「漢家自有學術，何必遠法歐美」。我絕不想中國今後的學術可以脫離現代世界的學術而自己尋出一條孤立的途徑。我也絕不主張十年之後就可以沒有留學外國的中國學生了。

我所謂「學術獨立」必須具有四個條件：㈠世界現代學術的基本訓練，中國自己應該有大學可以充分擔負，不必向國外去尋求。㈡受了基本訓練的人才，在國內應該有設備夠用與師資良好的地方，可以繼續做專門的科學研究。㈢本國需要解決的科學問題、工業問題、醫藥與公共衛生問題、國防工業問題等等，在國內都應該有適宜的專門人才與研究機構可以幫助社會國家尋求得解決。㈣對於現代世界的學術，本國的學人與研究

機關應該能和世界各國的學人與研究機關分工合作，共同擔負人類與學術進展的責任。

要做到這樣的學術獨立，我們必須及早準備一個良好的、堅實的基礎，所以我提議，中國此時應該有一個大學教育的十年計劃，在十年之內，集中國家的最大力量，培植五個到十個成績最好的大學，使他們盡力發展他們的研究工作，使他們成爲第一流的學術中心，使他們成爲國家學術獨立的根據地。

這個十年計劃也可以分做兩個階段。第一個五年，先培植起五個大學，五年後，再加上五個大學。這個分兩期的方法有幾種好處。第一，國家的人才與財力恐怕不夠同時發展十個第一流的大學；第二，先用國家力量培植五個大學，可以鼓勵其他大學努力向上，爭取第二期五個大學的地位。

我提議的十年計劃，當然不是只顧到那五個十個大學，而不要那其餘的大學和學院了。說的詳細一點，我提議：

㈠政府應該下大決心，在十年之內，不再添設大學或獨立學院。

㈡本年憲法生效之後，政府必須嚴格實行憲法第一百六十四條的規定，「教育文化科學之經費，在中央不得少於其預算總額百分之十五，在省不得少於其預算總額百分之二十五，在市縣不得少於其預算總額百分之三十五。」全國人民與人民團體，應該隨時監督各級政府嚴格執行。

㈢政府應該有一個高等教育的十年計劃，分兩期施行。

㈣在第一個五年裡，挑選五個大學，用最大的力量培植他們，特別發展他們的研究所，使他們能在已有的基礎之上，在短期間內，發展成為現代學術的重要中心。

㈤在第二個五年裡，繼續培植前期五個大學之外，再挑選五個大學，用同樣的大力量培植他們，特別發展他們的研究所，使他們在短期內發展成為現代學術的重要中心。

㈥在這十年裡，對於其餘的四十多個國立大學和獨立學院，政府應該充分增加他們的經費，擴充他們的設備，使他們有繼續整頓發展的機會，使他們成為各地最好的大學。對於有成績的私立大學和獨立學院，政府也應該繼續民國二十二年以來補助私立學校的政策，給他們適當的補充費，使他們能繼續發展。

㈦在選擇每一期的五個大學之中，私立的學校與國立的學校應該有同樣被挑選的機會，選擇的標準應該注重人才、設備、研究成績。

㈧這個十年計劃應該包括整個大學教育制度的革新，也應該包括「大學」的觀念的根本改換。近年所爭的幾個學院以上才可稱大學，簡直是無謂之爭。今後中國的大學教育應該朝著研究院的方向去發展。凡能訓練研究工作的人才的，凡有教授與研究生做獨立的科學研究的，才是真正的大學。凡只能完成四年本科教育的，儘管有十院七八十系，都不算是將來的最高學府。從這個新的「大學」觀念出發，現行的大學制度應該及早徹底修正，多多減除行政衙門的干涉，多多增加學術機關的自由與責任。例如現行的學位授予法，其中博士學位的規定最足以阻障大學研究所的發展。這部分的法令公布了

十六年，至今不能實行，政府應該早日接受去年中央研究院評議會的建議，「博士候選人之大學或獨立學院自行審查考試，審核考試合格者，由該校院授予博士學位。」今日爲了要提倡獨立的科學研究，爲了要提高各大學研究所的尊嚴，爲了要減少出洋鍍金的社會心理，都不可不修正學位授予法，讓國內有資格的大學自己擔負授予博士學位的責任。

這是我的建議的大概。這裡面我認爲最重要又最簡單易行而收效最大最速的，是用國家最大力量培植五個到十個大學的計劃。眼前的人才實在不夠分配到一百多個大學與學院去。（照去年夏天的統計，全國有二十八個國立大學，十八個國立學院，二十個私立大學，十三個省立學院，二十一個私立學院，共計一百個。此外還有四十八個公私立專科學校。）試問中國第一流的物理學者，國內外合計，有多少人？中國專治西洋歷史有成績的，國內外合計，有多少人？這都是大學必不可少的學科，而人才稀少如此。學術的發達，人才是第一要件。我們必須集中第一流的人才，替他們造成最適宜的工作條件，使他們可以自己做研究，使他們可以替全國訓練將來的師資與工作人員，有了這五個十個最高學府做學術研究的大本營，十年之後，我相信中國必可以在現代學術上得著獨立的地位。

這不是我過分樂觀的話，世界學術史上有許多事實可以使我說這樣大膽的預言。在我出世的那一年（一八九一），羅氏基金會決定捐出二千萬美金來創辦芝加哥大

學，第一任校長哈勃爾（W. R. Harper）擔任籌備的事。他周遊全國，用當時空前的待遇（年俸七千五百元），選聘第一流人物做各院系的主任教授，美國沒有的，他到英國歐洲去挑。一年之後，人才齊備了，設備夠用了。開學之日，芝加哥大學就被公認爲第一流大學。一個私家基金會能做到的事，一個堂堂的國家當然更容易做得到。

更數上去十多年，一八七六年，吉爾門校長（D. C. Gilman）創立霍鏗斯大學，專力提倡研究院的工作。那時候，美國的大學還都只有大學本科的教育。耶魯大學的研究院成立於一八七一年，哈佛大學的研究院成立於一八七二年，吉爾門在霍鏗斯大學才創立了專辦研究院的新式大學，打開了「大學是研究院」的新風氣。當時霍鏗斯大學的人才極盛一時。哲學家如杜威，如羅以斯（Ropce），經濟學家如伊黎（Ely），政治學家如威爾遜總統，都是霍鏗斯大學研究院出來的博士。在醫學方面，當霍鏗斯大學開辦時（一八七六），美國全國還沒有一個醫學院是有研究實驗室的設備的，吉爾門校長選聘了幾個有研究成績的青年醫學家，如倭斯勒（Osler），韋爾渠（Welch）諸人，創立了第一個注重研究提倡實驗的醫學院，就奠定了美國新醫學的基礎。所以美國史家都承認美國學術獨立的風氣是從吉爾門校長創立大學研究院開始的。一個私人能倡導的風氣，一個堂堂的國家當然更容易做得到。

所以我深信，用國家的大力來造成五個十個第一流大學，一定可以在短期間內做到學術獨立的地位。我深信，只有這樣集中人才，集中設備……只有這一個方法可以使

我們這個國家走上學術獨立的路。

選自《中央日報》一九四七年九月二十八日

知識分子與文化的自由

張東蓀

我曾在展望周刊上刊有〈告知識分子〉一文（編按：《觀察》四卷十四期觀察文摘欄曾載此文），主張知識分子在今天的大轉變局勢下不必害怕。在那篇文章裡，我要說明的是依照我個人的對中國社會的分析與診斷，料定將來無論有何種政治上經濟上的大改變，而知識分子自有其始終不變的重要地位，但看知識分子自己是否了解其本身的使命，倘使知識分子眞能了解其本身的時代使命，不但不必怕被人清算，而且還能造成比今天更好的光明前途。現在我即本著這個意思加以申說。

我深知今天的大學教授羣中大部分人抱著一種憂慮，即恐怕將來的變局會使學術自由與思想自由完全失掉。這種憂慮在我看來，確對於知識分子創造光明前途是一個障礙。我們必須剖解而廓清之。

我們明知這是一個誤會，這是一個杞憂。但何以會有這樣的誤會與杞憂呢？卻又由

於確有可以引人誤會導入杞憂的根據。我說必須剖解而廓清之，亦正是對於這些根據而言。

首先我要說的是，學術自由與思想自由必須倚靠於精神獨立。如果思想的主體其精神不獨立，則其所得的學術自由不是眞正的學術自由，乃只是一個僞裝的學術自由。這種學術自由乃是以學術爲名而解決一部分人（即從事於學術者）的生活問題。現在大學裡的教授們當然多數是在那裡孜孜不倦，爲了學術而治學，但無可諱言的，亦有少數人或不太少數，是爲了生活。這些人對於學術並沒有把自己的靈魂與學術打成一片，只是拿來裝潢門面，以便在教育界占得一個吃飯的位置。所以每一個大學，在表面上看來，是一個神聖的機關，而其內幕卻是人事問題重重疊疊，鬧得人們各個頭昏腦脹。在這種情形之下，而要高談學術自由思想獨立，實在並不如一班論者所想的那樣沒有問題。

至於思想自由，雖較學術自由爲廣，然而亦必是先有超然的精神，方克致此。如果並無清明之氣，只是沾沾計較於當前的個人利害，利用思想自由爲幌子，而發表一些專爲自己個人私益或地位所開的言論，這實在不足爲眞正的思想自由。著者曾在馬尼剌的華僑商報上有下列的話：

國內知識分子的動態，最近的是與抗戰期間及政治協商的當時完全不同。在抗戰期中，「抗戰」二字是一個目標，可以將所有的知識分子的意志都不約而同

集中在這一點上。政治協商的時期，雖則為時甚短，但確亦有一個目標，把大家的希望集中於其上，這就是和平。因為勝利以後，和平是舉國一致的要求，正和抗戰時期的抗戰一樣。抗戰與和平都是舉國一致的要求，故可使全國知識分子自然而然團結在這個一致的要求之下。不幸現今這些一致的要求都成為過去的事，現在的狀態乃是知識分子已經由苦悶而超於分化。

我自信這樣叙述不失爲現下的知識分子近狀的實情。現在知識分子的分化情形眞是分得十分可憐。有的甘爲法西斯的幫凶，有的希望美蘇立即開戰，亦有的是一切看了不順眼，甚至於遷怒到死去二千五百年的孔子。可謂怪象百出，自暴其短。

不過我並不以爲分化是要不得的，因爲有思想自由當然即有分歧的主張。但分化的背後是以各人所根據的利益。有的是害怕既得利益的喪失，有的是企圖得到新的利益，這卻是眞正要不得的事。我以爲大家應得以整個兒的民族前途來著眼，以人民的普遍幸福爲前提。果眞能如此，我仍相信不至於有太大的分歧。

寫到此，看見最近出版的「中建」上有下列的話：

對於政協，中國知識分子是以全心全力貢獻的了。他們無愧於任何一點。唯其如此真誠，所以教訓也最透闢。這不是書本上得來的，而是血汗中得來的。所

以政協之後，中國知識分子有一個分裂。多數堅強的是越過了自由主義前進，落後的卻從自由主義向後退。二者方向不一，而脫離自由主義的陣地則一。

這一段話我完全贊同。我亦以爲今天在事實上已早沒有政治性的自由主義存在的餘地。原來純政治性的自由主義如得成功，亦只在政協那一個機會。此機會一錯過了，即好夢難再圓了。當時一班知識分子自由主義者卻不甚了解此義，只以爲國共以外的人們亦是在那裡想做官。其實除了本無良好動機的青年黨以外，大家都是想扳回這一步國運。竟不能成，而知識分子大部分不齊心努力亦有關係。胡適之先生在政協當時不發言，而在最近卻於廣播上大談其自由主義，把自由主義即認爲是等於平和改良主義。胡適之先生每每喜歡講歷史，而獨於此處卻完全忘記了歷史。歷史上所告訴於人們的只是：平和改良行不通，然後才有革命。如果平和改良而能行得通，則絕不會有革命，所以革命的成否與其到來，反而不決定於革命家，乃只是決定於被革命者。可見革命與自由沒有必然的連合，同時亦絕沒有必然的不連合。胡適之先生讀了許多書，豈有並此極淺顯易見的事實而不知的道理呢？令我們不能不嘆息了。

不過話又說回來了，僞裝的自由主義不是我們討論的目的，因爲不值得討論。但除了僞裝的自由主義者以外，並不是就眞沒有了問題。我在上文說過，眞正的思想自由與學術自由是建立於精神的獨立上的。如胡適之先生這樣故意忽視歷史，用以遷就當權

者，這是精神不獨立。這種精神不獨立的自由主義其實在今天還不占多數。除此以外，卻不能說絕對沒有眞正的自由主義者。他們的精神確是獨立的。我在未詳述這些自由主義者的內心狀態以前，先要講一講自由在精神上是如何造成的。

我願強調地告訴國人的是：中國接受西方文化雖只短短將近五十年，然而卻居然在思想界文化界中養成一種所謂Liberal Mind。此字可譯爲「自由胸懷的陶養」，乃是一種態度，或風格，即治學、觀物、與對人的態度或性情，亦可說是一種精神。不過這個精神不是一旦隨便能得的，乃必須積若干學養而後方可致之。在此又非指一二人能如此而言，實謂整個文化界含有這樣的風度。這種精神卻正是西方文化中最寶貴的地方。即在西方亦是大家都認爲應該寶貴的。這個精神是先起於希臘文化中。柏拉圖所攻擊的「辯士」（Sophists）對於這樣的精神實有貢獻。蘇格拉底還是受他們的影響。至於到了近世，科學家哲學家的貢獻尤多。蓋列劉（Galiles）、笛卡兒（Descartes）開其端，以後不但恢復了希臘的自由精神，並且更走上了一個新的自由的方向。在哲學家之中，英國的洛克（Locke）與休謨（Hume）尤爲盡力較多。總之，一部哲學史與一部科學史就不外是紀錄這個自由精神如何生長，如何發展。在人類文化上，西洋文化有其異彩，未嘗不是正由於此。亦可說人類文化中得有西洋文化，正是替人類全體開拓了一個新局面。倘使沒有這個自由精神，恐怕即不會有實驗的科學，不會有「進步」（Progress）的觀念，不會對於人生幸福，不論從個人方面抑或從社會方面，設法去加以改良。所以西洋文化雖

不免仍有種種弊病，但其中所含的這個自由精神卻是最可貴的，而爲他種文化所無的。老實說，即馬克思亦正是這個自由文化的產物。不先有這個氣氛，則馬克思的思想是不會產生的。

這個自由精神對於任何宗教式的信條是不受拘束的，故可謂之爲「懷疑的精神」（Sceptic spirit）。對於任何問題取分析的態度，故又可謂之爲批評的態度（Critical spirit）。關於這一些，我不想多述，因爲在這短短的五十年中，凡眞正能接收西洋文化的人們，似乎都已經十分知道了。我要提到一點，即在西方亦不是沒有和這種自由精神相反的情形，這就是羅馬的宗教，即今天的天主教。這樣的宗教是有一套的教條，無論如何不許思想超出其外，而西方文化上所以有今天光輝燦爛，卻正由於有破除這樣固定藩籬的新教出現。新教在英文是Protestantism，或稱之爲Protestant Revolt，就是反抗的意思。西方文化所以有今日，亦正在容忍有反抗者。這是思想自由的基本條件。

凡此種種，我不想多說。我所要說的只是中國雖在這種短短不滿五十年中，卻居然在文化界思想界已經把文化人的頭腦改變一下，養成了這種自由精神的習慣，不像以前只用於四書五經的教條之中。這一點卻非常可以寶貴的。因此乃有了反覆思考的能力，使思考能力在科學的精神中發展出來。這個自由胸懷的陶養是與科學同存在的。所以西方的哲學正是科學的助力，不是科學的障礙。中國自接受西方文化以來，爲時雖然不太長，幸而對於這個精神卻已植了一些根基。雖尚有待於將來的更發揚光大，卻不能不說

已經有所貢獻計，這一些萌芽卻是必須保全下去，千萬摧殘不得的。

著者靜查中國知識分子最近的動態，發現除了一部分僞裝的自由主義者在那裡以自由爲幌子，替反動派說話而外，卻未嘗沒有另外一批人士，眞心愛護自由，尤其是學術思想方面的自由。他們雖不作文章，然亦對於國事十二分憂心。他們確是對於將來的自由氣氛未必能保全抱有憂慮。我們不能說這些人們和僞裝自由主義者一樣。

至於何以會使他們有此擔憂，我卻以爲前進陣營中民主人士的言論與態度，不能不稍有責任。我個人所見到的範圍雖然不太廣，但我卻有一個印象，似乎民主人士的言論中很少對於這一批非僞裝的自由主義者採爭取與聯絡的態度，總是動輒稍見有異議，即不問動機，一律加以駁斥。態度尤其是往往流於尖刻毒辣，尤其是對於自由主義一詞不加以分析與剖解，只是一味蒙頭蓋面，亂罵一陣。這樣實在容易使人誤會，以爲民主人士沒有容忍與寬大，亦就是不具有自由的胸懷的陶養的風度。我雖然並不承認民主人士是眞正如此，但我仍願以「有則改之無則嘉勉」一語來奉勸民主陣線的一班言論家。此事看來好像只關乎一部分人，固然今天所急的是在於大衆，然而這一部分人的事，卻與文化前途有關，並不能認爲是一件小事。

我所要勸告的，還有那一些爲民主人士所薰導的青年學生們。有人告訴我：現在各大學中的學生有一些已對課程所教的學科不感興趣了，只是爲了文憑，在那裡敷衍了事。這些學生，平常只看上海書店像生活書店耕耘書店一類的出版的小册子，對於學校

所開的各參考書認爲不值一讀。果有其事，確不是好現象。以前曾有人告訴我：現在學生運動的主幹人多是各大學內理工科的考試成績優良的學生，這卻是最可喜的事。這兩個報告，一個是關於壞現象，一個是關於好現象，在我個人則以爲可能都是事實。現在專就第一點來說，這眞是與「自由教育」的原則相背。自由教育就是要養成人們的自由胸懷，使其對於各種不同的學說與主義都能徹底了解，然後自己做一番分析。由自己的反覆思考能力，從獨立自主的觀點，加以選擇，如此方能免於盲從。如果不接受這樣的教育，便是自己把自己先封閉在一個宗派中，這是養成信仰，而不是造成學識。爲了文化發展計，使青年們超於此路，是有害的。所以倘使確有這種現象，則對於眞正愛自由的教授們引起了一種迷惑，亦未嘗不是題中應有之義了。

話又說回來了，在我個人始終同意於上文所引的念慈君的話。專就政治經濟方面，中國今後如要走上光明的路，當然必須有一個建國計劃，把全社會都拉入於一個計劃中，照著來發展。浪漫式的自由主義必須由超過而被否定，不過在文化方面卻不然。文化方面卻需要高度的自由，使各科學術與思想皆得自由發展。在表面上看，好像一個統一性的計劃的社會必與自由發展的文化相扞格不入，實則須知文化自由可列爲計劃社會中的一個項目，二者不是不相配合的。如果我們眞能認定今天的中國還絕對無法走上嚴格的社會主義之路，只能依照國情，制定一個過渡時代的建國計劃，這個過渡可能長到數十年至百年，這個計劃又必須融合各方面，則我們便不會拿硬性的社會主義，尤其是

蘇聯式的社會主義，強迫一切思想家都得嚴格馴守在其中。於是我們可以制定一個建國計劃，在其中即以使文化發展到高度自由為一個項目。在這一個項目內，即在這一方面，把文化反而可推進較現在在反動政權下更有高度的自由。這不是辦不到的事。古語云，事在人為，只看知識分子有無此種覺悟。關於政治方面單純的自由主義已成過去，在文化方面卻正須我們大大努力來保護這個已有萌芽的學術自由。我在「觀察」上曾有一文，讀者似可參閱，不再多說（觀察四卷一期：政治上的自由主義與文化上的自由主義）。

所以我本篇的目的，不僅在勸告民主言論家，不要無故惹起旁人的疑慮，勸告自命為前進的青年學生們，不要造成一種小胸襟的印象，令人見而生畏；而且乃尤在於勸告要一些眞正酷愛自由的學者即大學教授們：你們如果眞視自由如生命，應該團結起來，用自己的力量保全已有自由的萌芽，開拓未來自由的田地。但千萬不要以為反動勢力可以保護你們所倚為生命的自由。這是緣木求魚，亦是白晝見鬼。必須把這個夢想幻滅了，方有前途。否則便不是眞正的自由主義者，而是上述的僞裝自由主義。請大家挺起腰板來，不要有顧忌，用自己的力量，大家手牽著手，創造自己的前途吧，沒有什麼猶疑，沒有什麼危險！

老實說，我個人對於中國學術自由的前途不是悲觀的。因為我始終相信人類的知識一經開放，便無法再退回到蒙蔽的狀態。中國在這數十年中居然已養成這樣的自由思想

的風氣，誰也無法再壓倒下去。所以我們的任務還是如何把它發揮光大，總要比現在更自由些。對於自由風氣的不能保全，卻不必擔憂。我個人在生活方面雖願意在計劃社會中做一個合乎計劃的成員，但在思想方面卻依然嗜自由不啻生命。所以今天愛自由的學者們如有覺悟，用自己的力量，不存依傍的心理，而要對於自由的保存與開拓有所盡力，區區小子願爲執鞭之士。

寫於一九四八年九月二十六日，原載《觀察》第五卷第十一期，一九四八年

張東蓀（一八八六～一九六八年），哲學家，一九二五年起在大學任教，一九三〇年至一九五二年任燕京大學哲學系教授，後為北京大學教授。一九五八年被迫辭去教授職務，調北京文史館做勤雜工，一九六八年死於獄中。

通才教育

教育與位育

潘光旦

英國劍橋大學的課程新近有一番改革，秋季始業時便可以全部實行。這一番改革的最大目的在增加畢業生應付現代環境的能力。劍橋的主持者久已感覺到現代的大學教育與社會生活不相呼應，但這次才有竭力整頓的機會。改革計劃的內容有兩個要點：一是教學生出校以後對於管理調度一類的職業，可以應付裕如；二是教他們對於一般的智識，有更廣博的了解。要做到這兩點，大學當局又規定大學四年內，前二年功習近世史、經濟史、科學總論、地理學、社會學等課程；到後二年，才讓學生選習一種特殊的科目。

這種辦法並不算新，七八年前在美國就有實行的，例如美國東北部的達茂大學（Dartmouth College）。劍橋的新計劃也許得諸大西洋彼岸的暗示。

羅格教授（Harold Rugg）近在中國演講並幾度與國內教育界的領袖集會討論，也說：

「中國學校的教育與社會的需要，不相適合。」他以爲「中國學校偏重學理化，與歐美如出一轍，且亦不能迎合當地文化的需要。」又說：「新教育當因地制宜」，就目下中國的情形而論，他以爲學校應注意農村生活，人口問題，交通事業，衛生設施，與一般民衆智識的提高等五大端。他根據同一眼光，批評留學生的派遣，說：「此後甚盼中國之教育與歐美宣告獨立，而新教育的領袖，應根據中國的需要，在中國國內養成之。」

不消說得，我們對於劍橋的改革方法與羅格教授所昭示的幾點，都極表贊同。以前的種種，只是「辦學」，不是「教育」，教而不能使人「安所遂生」，不如逸居而無教，以近於禽獸之爲愈，因爲它們的生活倒是得所位育的。

原載《華年》第一卷第十四期，一九三二年七月十六日

「位育」是潘光旦提出的一個教育概念。他自己解釋說，《中庸》有「致中和，天地位焉，萬物育焉」。位者，安其所也；育者，遂其生也；所以「安所遂生」，不妨叫做「位育」。

專家與通人

雷海宗

專家是近年來的一個流行名詞，凡受高等教育的人都希望能成專家。專家的時髦性可說是今日學術界的最大流弊。學問分門別類，除因人的精力有限之外，乃是爲求研究的便利，並非說各門之間眞有深淵相隔。學問全境就是一種對於宇宙人生全境的探討與追求，各門各科不過是由各種不同的方向與立場去研究全部的宇宙人生而已。政治學由政治活動方面去觀察人類的全部生活，經濟學由經濟活動方面去觀察人類的全部生活。但人生是整個的，支離破碎之後就不是眞正的人生。爲研究的便利，不妨分工；但我們若欲求得徹底的智慧，就必須旁通本門以外的知識。各種自然科學對於宇宙的分析，也只有方法與立場的不同，對象都是同一的大自然界。在自然科學的發展史上，凡是有劃時代的貢獻的人，沒有一個是死抱一隅之見的人。如牛頓或達爾文，不只精通物理學或生物學，他們各對當時的一切學術都有興趣，都有運用自如的理解力。他們雖無哲學家

之名，卻有哲學家之實。他們是專家，但又超過專家；他們是通人。這一點總是爲今日的一些專家或希望作專家的人所忽略。

假定某人爲考據專家，對某科的某一部分都能詳述原委，作一篇考證文字，足注能超出正文兩三倍；但對今日政治經濟社會的局面完全隔閡，或只有幼稚的觀感，對今日科學界的大概情形一概不知，對於歷史文化的整個發展絲毫不感興趣。這樣一個人，只能稱爲考據匠，若恭維一句，也不過是「專家」而已。又如一個科學家，終日在實驗室與儀器及實驗品爲伍，此外不知尚有世界。這樣一個人，可被社會崇拜爲大科學家，但實際並非一個全人，他的精神上之殘廢就與身體上之足跛耳聾沒有多少分別。

再進一步。今日學術的專門化，並不限於科門之間，一科之內往往又分化爲許多的細目，各有專家。例如一個普通所謂歷史專家，必須爲經濟史專家，或漢史專家，甚或某一時代的經濟史專家，或漢代某一小段的專家。太專之後，不只對史學以外的學問不感興味，即對所專以外的史學部分也漸疏遠，甚至不能了解。此種人或可稱爲歷史專家，但不能算爲歷史家。片段的研究無論如何重要，對歷史若眞欲明瞭，卻非注意全局不可。

今日學術界所忘記的，就是一個人除作專家外，也要作「人」，並且必須作「人」。一個十足的人，在一般生活上講，是「全人」，由學術的立場講，是「通人」。我們時常見到喜歡說話的專家，會發出非常幼稚的議論。這就是因爲他們只是專

家，而不是通人，一離本門，立刻就要迷路。他們對於所專的科目在全部學術中所占的地位完全不知，所以除所專的範圍外，若一發言，不是幼稚，就是隔膜。

學術界太專的趨勢與高等教育制度有密切的關係。今日大學各系的課程，爲求「專精」與「研究」的美名，捨本逐末，基本的課程不是根本不設，就是敷衍塞責，而外國大學研究院的大部課程在我們只有本科的大學內反倒都可以找到。學生對本門已感應接不暇，當然難以再求旁通。一般的學生，因根基的太狹太薄，眞正的精通既談不到，廣泛的博通又無從求得；結果各大學每年只送出一批一批半生不熟的智識青年，既不能作深刻的專門研究，又不能正當地應付複雜的人生。近年來教育當局與大學教師，無論如何的善於自辯自解，對此實難辭咎。抗戰期間，各部門都感到人才的缺乏。我們所缺乏的人才，主要的不在量，而在質。雕蟲小技的人才並不算少。但無論做學問，或是做事業，所需要的都是眼光遠大的人才。

凡人年到三十，人格就已固定，難望再有徹底的變化，要做學問，二十歲前後是最重要的關鍵，這正是大學生的在校時期。品格、風趣、嗜好，大半要在此時來作最後的決定。此時若對學問興趣立下廣泛的基礎，將來的工作無論如何專精，也不至於害精神偏枯病。若在大學期間，就造成一個眼光短淺的學究，將來若要再作由專而博的功夫，其難眞是有如登天。今日各種的學術都過於複雜深奧，無人能再望作一個活的百科全書的亞里士多德。但對一門精通一切，對各門略知梗概，仍當是學者的最高理想。二十世

紀爲人類有史以來最複雜最有趣的時代，今日求知的機會也可謂空前；生今之世，而甘作井底之蛙，豈不冤枉可惜？因爲人力之有限，每人或者不免要各據一井去活動，但我們不妨時常爬出井外，去領略一下全部天空的偉大！

原載《大公報》（重慶版）一九四〇年二月四日

雷海宗（一九〇二～一九六二年），著名歷史學家，一九三二年起任清華大學，西南聯大教授、系主任。一九五二年調任南開大學教授，一九五七年被錯劃為右派。

文學院

朱光潛

各國文化與各科學術均有其固有之傳統，以爲向前進、展之始基。無傳統即無基礎，墨守傳統而不求進展，則固有者亦必導致枯腐衰落。大學教育對於文化學術有兩重任務：其一爲對於已有傳統加以流傳廣布，以維持歷史的廣續性；其一則爲從已有傳統出發，根據新經驗與新需要，孜孜研究，以求發展與創新。灌輸與啓發，守成與創業，缺其一，均不足與言完善的大學教育也。

因此，大學教育與專門學校教育之功用不同。專門學校側重專門技術人才之訓練，大學則於此以外，負有從純理研究發展各科學術與推進全文化之責任。例如同爲史學系，設於大學者與設於師範學院者當有別。設於師範學院者側重訓練學者成爲良好的史學教師，使其於史學基本知識具有精確的概括的了解，同時又有啓發此種了解之教授法。設於大學者則於奠定普通史學基礎之外，尙需進一步引導學者致力於研究工作，如

搜集史料，整理史料，專題討探等等，以期於史學有新發見，新貢獻。以上所云並非謂專門學校不應從事研究，大學不應顧及應用，蓋性質目的不同，課程即各應有所側重也。

大學教育之對象有二：一為文化學術，一為治文化學術工作之人。西方各國多揭櫫 Liberal Education 為大學教育之理想，以別於專門學校之側重職業教育（Vocational Education）。Liberal 一字含有「寬大自由」「解放」「通達」諸義，與「蔽芾」「拘墟」「狹隘」諸義相反。「寬大自由教育」之目的不僅在訓練一技之長，而尤在養成宏正通達之士；不僅在傳授知識技能，而尤在陶冶品學才識具備之完人與培養健全之士風。此非謂大學生可不具備專門職業之知識與技能，但以此為未足。理想的大學生應退可為專才，進可為通才，以其所學施之於特殊職業，固可措置裕如；施之於領導社會，主持政教，亦可迎刃而解，所謂「寬大自由教育」者其義如此。

「寬大自由教育」必以「博學」為基，以「守義」為的。近代學術分科立界，日趨於嚴密，為研究方便起見，固不得不而；實則各科學術往往彼此密切相關，欲精研某一科學問，常需要許多其他科學問為基礎或輔助。（例如研究心理學不能不涉及生理學、生物學、社會學、統計學以至於宗教藝術、文學哲學等等。）苟入手即言「專門」，於所學專科以外之相關學科概不問津，則歷程愈遠，困難愈多，終必無所成而廢然思返。蓋即在科學時代，任治何種學問，不能「雜」即絕不能「專」，不能「專」即絕不能

「精」也。

以上所述可適用於大學教育全體，而入文學院者入手尤須有此種了解，蓋文學院各科在性質上需要「寬大自由」，較其他學院為尤迫切也。文學院各系課程如文學、哲學、歷史學，均不僅為一專科學問，而與人類文化全體息息相通。先就文學院與其他學院課程之關係言之，文史哲諸科與社會科學（法學院課程）及自然科學（理學院課程）之對立，實出於一般人之膚見誤解。史學不能蔑視社會政治經濟以及科學思想之影響與應用，哲學有時從社會科學出發，有時從自然科學出發，為各種學問之總匯，文學在近代受社會科學與自然科學之影響亦至顯著。就研究過程言之，文史哲諸科在工具、材料、方法、精神各方面，均不能不借助於自然科學及社會科學，此為近代學者從親身經驗中所獲得之結論。在今日治文史哲諸科而於自然科學與社會科學皆茫無所知，其不免於冬烘學究之陳腐固陋，殆無疑義。二十七年教部頒發大學各院公同必修科，定文學院學生必選修數學及自然科學一種，社會科學兩種，實有見於此。惟施行之始，或有嫌其繁重者，或有疑其不切實用者，不免視為具文而敷衍了事。推其原故，蓋由犯於故常不明「寬大自由教育」之眞義。挽救斯弊，端在觀念之改變以及主其事者之實事求是。教育為百年大計，凡所興革固不可一蹴而就也。

次就文學院本身諸系之關係言之，文史哲為人類精神文明中之三要項，彼此唇齒相依，其中疆界可分而不可裂。姑舉文學為例言之，治中國文學者不能不通外國文學，以

爲參較之資料。美醜媸妍，相較乃彰，熟知外國文學者回頭玩味中國文學，往往發見尋常人所不能發見之美點，了解尋常人所不易了解之意蘊，至於人所有而我所無，人所長而我所短者更可以發深省。治外國文學者更不能遺棄中國文學，蓋身爲中國人即須有應用中國語文之能力，而傳譯介紹，尤非中外並通不爲功。無論治中國文學抑治外國文學，歷史背景與哲學思想之了解亦均爲不可少之輔助。吾國古代學術備於經史子（哲學史學），而文即寓其中，後世文雖漸獨立，而與哲史之淵源仍綿延不斷。西方文與哲史之發展亦頗近似。嚴格言之，文學院不應分系，所以分系者欲使學者於短時中可期小成。有志深造者應不以小成自囿，既入文學院即須同時於文史哲三科奠定一種堅實基礎。文學院公同必修科中原有國文、外國文、中國通史、西洋通史及倫理學、哲學概論諸科，鐘點雖少，但亦可予學者以學習諸科之機會與方法門徑。作始簡而將畢鉅，是在學者之努力耳。

文學院之組織，各大學中不盡一律。二十九年教部所頒之，大學文學院分系課程中所分者爲中國文學、外國文學、哲學及歷史學四系，蓋根據多數國立大學之文學院現行組織而定者。茲據以爲準，略就四系課程性質與目的加以說明，以爲升學者之參考。

一、中國文學系

中國學術分野向不甚嚴。所謂「國學」不惟包括羣經諸子重要史籍及重要專集，即道藏佛典亦在必涉獵之列。範圍如此其廣，學者即稍求奠定基礎，已非十年以上不爲功。近來學重分科，國學中之屬於思想者入哲學系，屬於史者入史學系，而文學系本身，依新章規定，又分文學與語言文字兩組，範圍似漸縮小。但實際上分科用意只能在側重，而求豁然貫通，學者仍須盡窺從前「國學」所包含之廣大疆域。中國文學本導源於經史子，數典不能忘祖，故治文學者對於經史子仍不可蔑視。語言文字爲治文學者啓門之鑰，不識字，不明文法，即不能讀書，故治文學者不能不習語言文字。反之，語言文字之研究必以文學要籍爲根據，字義與文法之條律均須由文學要籍之習用慣例抽譯出來，故治語言文字學者亦不可不習文學。以短促之大學修業年限，治浩瀚之四部典籍，雖爲天才，亦難爲力。學問爲終生事業，大學教育只能引起研究之興趣，指導研究之門徑與方法，學者得此鎖鑰，知所遵循，畢業後再繼續研究，孜孜不輟，方可期有深造。因此在任何科系均爲成功之常徑，而在中國文學系猶然，因其範圍特較他科爲廣也。因此，大學文學院之中國文學系樹準不能過高，而學者存望亦不宜過奢。就現行中國文學系課程分析之，文學組有四種重要目的：

㈠熟習文法語法，能運用淺近文言或流行語言發表思想情感。

㈡精讀文學要籍，對於中國文學全體及其在中國文化中所占之地位有一概括的認識。

㈢略明中國文字形聲義演變之大概，以求有閱讀古籍之能力。

㈣對於古籍研究略知門徑與方法，以爲畢生致力之基。

學者如能於大學修業期限四年之中，完全達到上述四種日的，則其成績已斐然可觀，求致用可任教師編輯或文牘，求深造亦不致茫無途徑矣。

中國文學系於文學組之外又有語言文字組，目前設語言文字組者惟國立西南聯合大學，他校多僅設文學組。自清乾嘉以來，國學研究即側重文字聲音訓詁。王段諸鉅子倡端於前，章太炎氏踵武於後，二百年間樸學蔚爲大觀。惟王段之系統多謹守說文爾雅廣韻，其所討探者限於古籍而不及方言，蓋於比較方法與資料仍有欠缺。西學東漸以後，語言文字之研究乃蒸蒸日上。西方語言學者如高本翰之流漸以西法研究中國語文，而中國學者亦漸受其影響。近數十年之間，內有甲骨卜辭之發見，國語之商討，與各地方音之收集，外有印度歐羅巴系語言之可資借鑒，方法日益精確，比較資料日益豐富，學者漸能抉王段之藩而別樹新幟，蓋目前國學各科研究之中成績最佳而前途希望亦最大者，古史之外，厥爲文字語言，文字語言爲讀書治學運思之論，有志於深造者必於此深致意。惟人語言文字組者必有較深厚之基礎與較廣泛之準備（至少須讀過重要經籍，精通

一種外國語文），畢業後必有繼續研究之機會與決心，不然，徒持一鑰而無所啓，亦徒功虧於一簣耳。

二、外國語文系

現代各科學術均已成世界之公器。無論文學作品、學術論著或科學發明，一經公布，即不脛而走，轉瞬間由發源之國土而流傳於全世界，其流傳之媒厥爲文字語言。學術界流行最廣者在古代爲希臘拉丁，在近代爲英法德義諸文。在今日治任何學問，至少須能精通一種近代外國文，蓋精通外文則遠可繼承全世界學術文化之傳統，近可與全世界學術界同道者互通聲息，外人有特見新創，我可窺其奧蘊，我有特見新創，外人亦可藉翻譯而知其梗概也。個人中之觀摩切磋，國際文化之共感交流，全人類學術文化之推進，胥於語言文字是賴。吾國往日閉關自守，罕與外來學術文化接觸，故國有之學術文化發展到一種限度以後，即因缺乏刺激與觀摩之資而停滯。東漢以後，佛學西來，吾國學術文化乃因受印度文化之浸潤而生展有煥發，此爲吾國文化史上之最重大事件。今日中西交通，吾人在有史以來，第一次與全人類相見，其意義之重大又遠過於印度文化之輸入，蓋所傳來者不僅爲一國宗教之經典，而爲西方文化學術之全體；吾人所獲之益不僅在接受外來賾禮，而吾國固有之文化學術亦可藉翻譯流傳，爲世人所共喻周知也。惟

負責任之艱巨所以遠過於他系也。

此種交流仍僅在發軔文苑，重要典籍尚未經有系統的傳譯，已譯者亦大半不厭人望，欲促進中西文化學術之交流，先勇之急在大量的訓練學者精通外國語文，此大學外文系所負責任之艱巨所以遠過於他系也。

外文系向以英文組爲主，中法大學偏重法文組，同濟大學雖無外文系而以德籍或留德教授多，特重德文。已往北京清華諸大學有特設法德文諸組者，嗣多以學者人數過少而法德諸文合併於英文組爲第二外國語，列爲必修。依教部新定課程，外文系仍以英文組爲主，各校得視設備與需要而別設法文德文諸組，其課程標準大致與英文組相同。原爲必修之第二外國語則改爲選修，既選修即須連習三年。此種規定實以歷年來各校外文教學之經驗爲據。既名爲外國語文系，則不應僅以英文充數，且在學術上之價值，德法諸文亦正不減於英文，全國各大學苟盡習英文，而置法德諸文於課程之外，尤非兼容並包之道。新制特於英文組之外允許各校酌量情形設其他語文組者以此。歐洲各國文字以同源之故而文法字彙多相類似，苟先精通其一種再進而習另一種，一二年之中即可獲得閱讀之能力；苟同時學習兩種而根基均未固，則對兩者皆不能專心致志，結果必兩無所成。已得各校學第二外國語而成績優異者實不數觀，多數學者則以同時學習兩種外國文爲苦，教者均覺與其耗大量時間精力於第二外國語而無所獲，不如移此時間精力於專習一種外國語，尚可期有成就，新制不列第二外國語爲必修科者以此，其所以仍列之選修科者給資質特高根基特厚興趣特濃者以學習之機會，使課程較富於彈性也。

外國語文系在西方各大學中常分語言文學兩組，語言組側重字音字義與文法之演變，有如吾國小學；文學組則側重文學名著。已往吾國教學外文者對於語言文學之輕重常有爭執。主應用者多側重語言，主深造者多側重文學。不過吾國人士之所謂「語言」多指流行語之運用，與西方語言學之重史的研究與比較研究者有別。就事實言之，外文與中文同理，語言文學實不可強分。欲精通文學者必精通語言，欲精通語言者亦必多讀文學名著。現制外文系第一二年級側重語言之訓練，第三四年級則有分期研究，專家研究，名著選讀，蓋亦語文並重，循序漸進之道也。

三、哲學系

目前國立各大學中哲學特設一系者僅中央、武漢、中山三校。西南聯大與湖南二校則合哲學心理學爲一系，四川、廈門、暨南諸校均未設哲學系而隸哲學於教育學系。哲學系爲數既寥寥，而每校哲學系學生人數又甚少，有全系不及十人者。哲學研究之風不熾，於此可見。此種現象似殊可憂慮。哲學思想爲一國文化之重要因數，國民生命力之強弱常可於哲學思想之有無活力占之。道德風俗之醇駁，政治之推移，以至於學術之傾向，常爲哲學影響所左右。西方若無柏臘圖、亞理斯多德、盧梭、康德諸哲人，則全部歐洲史或另具一種面目；中國若無儒道諸家，則其文化發展亦必循另一種途徑。柏臘圖

著理想國，以爲惟哲學家可掌邦國大政，論者或病其言之過甚；惟哲學之對敵爲愚昧，苟國家政教大計操之於愚昧者之手，有如盲人之引路，不習水性者之行舟，蓋鮮有不至於傾覆者。人之所以異於禽獸者惟在思維，社會進化程度之高低亦惟視人民思想成績之優劣。若舉國無哲人，而一般人民亦不知哲學爲何物，對宇宙秘蘊與人生究竟，夢夢然不起疑問，不假思維，徒竭其精力於體膚之需要，是値淪爲野蠻民族耳。當此劇變之秋，吾人方將奮發蹈厲，求所以任重致遠之道，必有一種思想重心以爲政教之準焉，必有一種好學深思之習慣以馭環境之困難焉，是則哲學研究之提倡蓋急不容緩矣。

考哲學在目前吾國大學中不甚發達之原因，蓋有三種。哲學非一種狹義的職業訓練，入學者常慮其出路之狹窄，此其一。哲學以宇宙人生及知識全體爲對象，需要深廣之基礎，視他科似較難，此其二。吾國民特性素重實用，哲學需要「無所爲而爲的精神」，不津津於謀利計功，在一般人視之，似近於玄虛，此其三。對於哲學之上述三種看法均極近於人情，惟因此而畏避哲學，則未免太缺乏哲學家的風度。哲學雖非狹義的職業訓練，而其企圖在促人類文化與幸福，在社會上亦自有其功用。致力於此者進可以從政施教，退可以著書立說。古今中外哲學者不盡窮乏終身，且眞正哲學自亦不以窮乏爲苦也。其次，難易問題亦殊無定準。哲學之需要深廣基礎正與文學史學無殊。西方諸大學對於入哲學系者亦不希求特殊程度也。至於重實用而不喜玄理，實爲吾國民性之弱點，急宜改正之，而改正之道即在多學習西方哲學家治學之方法與精神。且哲學固亦常

從人生自然中極淺近切實問題入手，不如一般人所想像之玄虛。有志於哲學者當視其實稟及否相近，其他不必多所顧忌。爲文化起見，吾人甚盼哲學研究之風氣不如今日之衰弱也。

依現行學制，文學中外分系，而哲學則中西同時並修，故其課程較爲繁重。自表面視之，此種配合似近於不倫不類，蓋中西文化差別最大者厥爲哲學，中國民性特重實用，所謂哲學幾與倫理政治思想同範圍；西方哲學則側重宇宙本體與知識本身性質與方法之討論，與實際人生幾若毫不相涉。西方思想特長於邏輯的分析，諸家哲學系統皆條理井然，譬如建築，因基立柱，因柱建頂，觀者可一目了然於其構造；中國思想特長於直覺的綜合，學者好以片言零簡載靈心妙悟，譬如烹調，珍味雜陳，觀者但能賞其美而不必能明其手續。中西哲學蓋各有其特殊方法與精神，易而用之，常鑿枘不相入。然相反者往往適足以相成，在思想方面，相衝突者尤足以相啓發。吾人多研究西方哲學，或可以對吾國固有哲學補其偏而救其弊，因而益發揚光大之。大乘佛學在中土之發達，足證吾人非不能致力於深邃思考。吾人如能以昌明大乘佛學者昌明西方哲學，則所以供獻於人類文化者必益偉矣。

哲學系課程之配置略如他系之循序漸進。初年級授哲學概論、倫理學、美學、普通心理學以及中西哲學史，使學者先奠定基礎，對於哲學全體有一種普泛的認識。第三四年始作較專門之研究。孔孟荀哲學，老莊哲學與印度哲學史三科賅括中國哲學之三大派

別。（印度哲學大部爲佛學，在中國影響反較在印度爲大。）高等邏輯、形上學與知識論三科爲近代西方哲學之三重要部門。以學分限制，西方哲學專家研究未列爲必修，似爲憾事，但選修科可以彌補之。學者當知對哲學如求鞭辟入裡，必多讀專家名著以窺其方法與精神，尋常課本概論無濟於事也。

四、歷史學系

史學在吾國學術界中素占優越之地位。古謂文字爲史，凡文字所記載者皆屬史的範圍，故自廣義言之，「六經皆史」。史之最顯著的功用爲保存文化傳統與社會遺產，使後人可據已往之經驗爲治國立身之準則，故史有「鑑」之喻。司馬光《資治通鑑》一書即從政者之課本，用意在藉史跡爲「鑑」以「資治」。惟史之功用尚不僅在「以古爲鑑」。史之職責在記載人類一切思想行爲所已經之軌跡而求解釋其因果關係，凡政治、經濟、宗教、哲學、文藝等等文化活動在時間上繼續進行者均爲史所必討探。惟其記載人類已有成就，故史爲各科常識之寶庫；惟其解釋事變因果，故史可養成遠大平正之眼光。國無歷史即無文化，人無史學知識，對文化亦不免茫然。史學者「寬大自由教育」之最有效的工具也。

吾國歷代史有專官，邦國大事咸逐時載諸方册。西人有稱吾國爲「歷史家的國土」

者，良非虛譽。自周秦以至於今日，二千餘年中史的記載綿延不絕，求之世界任何國家，無有也；四部所載，注疏之作不計外，史籍爲量最多，其材料之豐富，求之世界任何國家，亦無有也。惟中國史學材料雖甚豐富，而方法或尚欠精密。中國史學家素不出傳記，編年及紀事本末之範圍，其重要功用僅在記載，未有將一時代全社會之思想行爲作一整個的有系統的描繪而顯示其因果關係者。換言之，中國史學是敘述的而非解釋的，零亂的而非綜合融貫的，故至今尚無一部滿人意之通史或斷代史，此其失一。中國史家素從政府立場著眼，對於政治之變遷，朝代之更替，官吏之升降，戰爭之起訖，均言之綦詳，而於社會生活形態及經濟發展等等則視爲無足輕重而語焉不詳，故史料雖富，而社會史經濟史所必資之源如食貨鹽鐵諸書，實簡略零碎，難以爲據，此其失二。加以古史多憑傳說，官書時多忌諱，材料之審定尤爲史家當務之急。總之，中國史學有如舊家遺產，珍寶滿室而灰封蠹蝕，洗刷清理頗不易爲功。近代西方史學方法日趨於嚴密，吾人若借以爲鑑而整理國史，則可開墾之沃壤尚多，而可希望之收穫亦必豐富，是則有待於史學系之英俊矣。

文學院公同必修科中已有中國通史與西洋通史，學者對於人類史全體應已有賅括之認識，故史學系不另設通史。史籍至浩繁，即西方專門學者窮畢生之力，亦往往僅精通某一斷代史，國別史或專門史。史學系特設此三科，用意亦僅在示學者以門徑與方法，以爲卒業後繼續研究之基礎。斷代史中之近世史，與吾人生活關係至接近，如現代文化

之形成，社會經濟政治之轉變，外交之糾紛，交通之發展等等均爲一般公民所必有之常識，治史學者絕不能置之不顧，故史學系特設中國近世史與西洋近世史兩科。史學與地理學關係至密切，治史學者不能不知地理，而沿革地理尤爲重要，浙江暨南諸大學史地合系，對於學者實較爲便利。現行史學系課程中僅設中國地理三學分，似嫌不足，世界地理之列入選修，蓋受學分之限制，實則研究西洋史者仍以先選世界地理爲妥。

五、總論

文學院各系之性質與目的略如上述。大學課程設置，各國微有不同。就大體而言，既設一系則基本學科必具備，至於較專門之學科，則英德諸國大學常視其設備與教授人才而決定其設否，如設備不充，教授人選不易物色，則雖重要學科亦常付缺如，蓋本寧缺勿濫之旨。吾國現行大學課程，必修科各校一律，所以救已往龐雜之弊。至於選修科則各校有斟酌損益之餘地，亦尚富於彈性。惟課程雖統一，各校辦理情形仍恐不能一致，有某校某系特強某系特弱者，斯亦情理之常。初升學者不惟宜知選系，尤宜知選校，而選校之準有三，一爲圖書設備，次爲教授人選，三爲校風。就目前言之，吾國大學以國立者較爲完善，而國立者之中以中央、西南聯大及武漢諸校爲較完善，以其歷史較久，設備較完，而教授人選亦較嚴格也。此外如川大之史學系，浙大之外文系亦尚有

可取。不過治學全恃自己努力，學校僅能予學者以方便與門徑，如學者不求自強不息，則學校雖善亦無補於事，所謂「大匠誨人以規矩不能使人巧」也。

升學選系者第一當視其智能與興趣之偏向。目前一般青年在入學之先即惟出路是慮。對文學院之門牆，觀者尤徘徊躊躇而不敢徑入，以爲文也哲也史也似皆迂闊而遠於事情，空洞而不能致用。其實治任何學問，只患其不能精，不患其不能致用，試問處今之世，果有眞正積學之士投閒置散地沒無聞者乎？吾國現方勵精圖治，百廢待興，每種事業皆患人才不足，法理工農諸科如是，即文科亦莫不然。學者當以遠大自期，津津於問舍求田，殊非大器也。

文學院各系課程大半皆著重奠定治學之基礎，若期對於所學有精詣深造，必以畢生之力赴之。各級學校中謂修業期滿爲「畢業」，實屬不妥。西文 Granduation 一字原謂「叙級」，小學中學大學每終一程，即進一級，所謂「業」固無「畢」時也。在大學修業期滿者尚宜求再進一級或留學，或入國內大學研究院。目前文學院各系均有研究所者惟西南聯合大學。其他如中山大學有中國文學及歷史學兩研究所，浙江大學有史地學研究所。此外研究機關之有關文史者尚有中央研究院與北平研究院。已往求較高深學術者多往外國留學，留學實非長策，而文學院學者尤無留學之必要。欲求吾國學術之獨立發展，一切學問應皆能在國內研究，各大學研究所之擴充實刻不容緩也。

原載黃覺民編《全國專科以上學校最近實況》附錄「升學指導專號」
商務印書館一九四一年版

朱光潛（一八九七～一九八六年），著名美學家、教育家。一九三三年任北京大學教授、《文學雜誌》主編、武漢大學教務長、北京大學西語系主任等。一九四九年後任北京大學哲學系教授。

論教育的更張

潘光旦

我在這裡所說的教育，指的大部分是大學教育。全部教育需要更張，並不限於大學，而且實地的更張工作，理應從小學以至於家庭教育做起，不過一則因為我和大學教育接觸得比較多，再則大學多少處一個「樹之風聲」的地位，大學而能主張更張，發動更張，中等與小學教育遲早會練力就列，會引起一些興革，以求配合。一二十年來，號稱較好的中學往往唯號稱較好的大學的馬首是瞻，以考進此種大學的新生的多寡來衡量它自己的成績，以此向社會號召，社會也多少以此相期待，足見大學是有一些倡導的力量的。下文的討論大致分為兩部分。一關於教育的目的與意義。二涉及方法與內容。前者想答覆的問題是：為何教育？後者的是：如何教育與以何教育。

說到教育的目的與意義，我們不妨提出一個先決的理論問題來。我們究竟要些怎樣

的人？要怎樣的一個社會？社會生活的一個基本條件是分工合作；我們更要問，人是完全爲了與別人分工合作而存在的呢？還是於分工合作之外，每一個人別有他獨特的意義呢？就是爲了分工合作的順利設想，是不是在每一個人的背景裡，我們也宜乎安排上一些共通的事物呢？我們對於這兩個問題的答覆是肯定的。否則，我認爲我們便和螞蟻沒有多大分別，我們的社會也就近乎螞蟻的「社會」。我只說近乎，而不說等於，因爲我們實際上還比不上螞蟻的羣居生活的完整與順利。螞蟻的分工合作是建立在一種自然的定向通常叫做本能上的，而人類則無此定向，至多只有一些傾向，而因分途發展的路線遠較螞蟻爲多，與每一條途徑發展的程度遠較螞蟻爲遠，其結果往往減殺以至於抵消了合作的傾向，而成爲衝突。要減少衝突，保證合作，一種後天的人事上的努力就萬不可少了。所謂共通背景或共通基礎的構成便是這種努力了。這努力我們也叫做教育，至少所謂基本教育或普通教育指的應該是此種努力。一九四五年哈佛大學一部分教授所擬具的《一個自由社會中的普通教育》那份報告所主張也就是這一種努力。

所謂普通的教育，名爲普通，名爲求得一個共通的基礎，一個公分母，我們卻不能從外緣的社會著手，以達於每一個人，而必須從每一個人身上著手，以周遍於全社會。教育樹人，不比工廠出貨，我們不能先有一個公式，一個模子，一套做法，然後教原料就範；這樣出來的東西，我們叫做貨品，同樣的貨品，同一標準的貨品。「同樣」不是「共通」。同樣的貨品和共通人品是絕對兩回事。要產生共通的人品，還得以每一個人

當目的，在每一個人身上用工夫，教的人須要如此，學的人尤其須要如此。

換言之，我們要承認每一個人是一個本體，是囫圇的，而不是零碎的；教育的對象是一個囫圇的人。所謂囫圇或整體指的當然是人的性格。人性究屬是什麼，有些什麼內容，多少方面，科學雖發達，至今還沒有能弄清楚。但生活的經驗，也還有過一些啓示。心理生活說到的志、情、意，道德生活說到的智、仁、勇，古代教育所稱的六藝（事實上也不外三方面，每方面兩藝），近代教育所稱的三育，指的或屬內容本身，或是內容發展的過程，或是內容發展的結果，近頃又有一個不同而並不衝突的看法，也是一個三分法的看法，就是人性包括共有的通性，互異的個性，和男女的性別。如果這看法可以當做經，則志、情、意一類的看法，不妨當做緯，就是，志、情、意三者又自有其人盡相通、與因人而殊、以及因男女屬性的不同而發生變異的地方。這人性的經緯諸端是人人具備的。人與人相較，在每一端上，可以有強弱豐嗇之分，卻不會有有無之別。

教育一個人就得把人性的經緯諸端都教育到了，否則，結果是一個畸形的人，零碎的人，不健全的人。古代的教育，無論中外，就經的一方面言，是忽略了個性，偏重了通性與性別；而就緯的一方面言，是發展大致平勻，至少就有資格受教育的少數人而論是如此。此其結果，對個人雖不甚健全，對社會則因分工不細，而合作轉見得無大困難。近代的教育，也無分中外，就經的一方面言，是忽略了通性與性別，而個性特別發

展，就緯的一方面言，則志與情均遭漠視，而意或智則幾乎成爲惟一的寵兒。結果是，個人全都成爲畸形之人，零星片段之人，而於社會，則分工愈細，合作愈見困難，甚或權益的衝突，愈見得無法調和，畛域、門戶、陣線、壁壘之見愈見得無法消除。科學的智識越來越細到，政治的主張越來越偏狹而不能融通，越固執而不能移動，專家與自信負有使命的人才，越來越多，而國家與國際的和諧康泰越不可問，也就是，人與人、羣與羣的合作越不可能。這便是當前的「大時代」了。

近來常有人想爲這四分五裂的局面尋一個解釋，說是社會科學發展得太慢，自然科學發展得太快，彼此不但脫了節，而且差了一大段，因此前者控制不了後者，而被物力所引逗以至於窮幽入勝的人們，社會科學家也只有眼看他們各奔前程，越走越遠，越走越不相謀，吆喝不住，叫喚不回。我認爲這解釋是似是而非的。社會科學表面上拿人作爲研究與控制的對象，作解釋的人認爲如果社會科學與自然科學同樣的發達，人們就一面可以控制自然，一面又可以控制自己。事實卻全不如此。社會科學並沒有拿人做對象，它的對象是半神秘的社會，儼然成爲一種新的本體的社會，以及人所自造與留存下來而侈稱爲制度文物的種種贅疣，社會科學的錯誤不在慢，而在認錯了對象，在隔靴搔癢。教育也有人認爲是社會科學的一種，一般社會科學的對象與下手處錯了，教育的對象與下手處也就不能無誤。「社會教育」，「教育的目的是社會的」，「教育必須配合社會的需要」，「社會團結是教育的基本功能」……一類的名詞說法我們眞是講慣聽

慣，平時已認爲毫無問題。其實問題的一部分就出在這些地方。這樣的教育就恰好違反了上文所提出的一個原則，就是，教育必須以每一個人爲目的，必須在每一個人身上著手。社會既自成本體而在許多人的心目中，還是一個有機體，便像眞有它的愛憎取捨，有它的各式主意，有它的一時興會，自然也有它的發言與傳令的能力與權柄，它會向從事於教育工作的人責成著說，我們現在要某種人才，某種專家，某方面該提倡，某方面該限制。擬人而半神秘的社會雖不會眞說，也自有代表它的祭師，有如一國政府裡的教育部長之類，會替它說，說了也會有人唯唯聽命。這樣的教育表面上算是肯定了社會的整體性、有機性與自動性，卻並不能保證所教育出來的人，各以其專門訓練之所得，來通力合作，而對社會生活有所裨益。它根本無法保證。它事實上把惟一可能的保證取消了。它否定了每一個人的人格的完整性，有機性，與自主性；否定了這個，就等於否定了惟一可能的保證，肯定了一個假東西，卻否定了一個眞東西，近代教育的心勞日絀，我認爲這便是癥結之所在了。

上文一度提到過哈佛大學的一個報告《一個自由社會中的普通教育》。自由社會必須由自由的人組合起來，而自由人格的產生端賴一番普通教育的努力，不通就無法自由，不普則自由人格的數量便無從增益，而自由社會也就組合不起來。普通教育的基本依據就是每一個人是整的，是有機而自動的。惟有完整，有機，而自動的一個本體才有自由的可能，而普通教育便是使可能者成爲事實的一種手段。近年來我們不時看到關於

自由一問題的討論，贊成反對的話都有。其實不贊成的人未必完全不自由，他們至少有接受不自由的自由，而贊成自由的人也未必眞獲取了多少自由。事實是人人企求充分的自由，而至今這企求是落了空的。若問落空的原因何在，最近情的答覆是，由於政治經濟的擾攘者一小半，而由於教育的未能納入正軌或普通教育之缺乏者一大半。我們有的是研究教育、專門教育、技術教育、職業教育、國民教育……而名爲教育，實則就理工醫農一方面言，我們的努力十九是訓練，就文法一方面言，我們的努力十九是宣傳；就接納的青年而言，他們的努力十九是模仿，是複習，而模仿與複習時所運用的精神智慧只是他人格的一個極小的角落，而他的前途，就不由得不受這一角的支配，再也無法超脫。受支配就是受奴役，不超脫就是不自由。然則自由的所以落空，說是近代教育自己造成的，也未爲不可。

做法是從看法產生的。看法如果改變，做法亦自不得不隨而更動。上文提到自動，提到訓練宣傳與教育不同，便已經關涉到做法。

關於做法，一些原則的話又不妨先說，然後再論到我所以爲實際上應有的一些安排，當然也只能以一些較大的節目爲限。原則有兩個，一就是自發、自動，與自求自得。青年在這方面的能力頗有不齊，是一個心理學的事實，但誰也多少有一些，多的所需要的激發少些，少的所需要的多些，但誰也需要一些激發，這就是教育的基本功能

了。好學的青年往往拿這一點來衡量他的教師。他認爲教師的好壞，不繫於口齒的利鈍，教材的多寡，而繫於此種能力的大小，激發能力小的教師最多只能教他學習，學習些現成的東西，大的卻更能教他思考，而比較推陳出新的發現，一些舊看法的新結合，舊概念的新意義，以至於不輕信和積極批評的一般的態度與能力都從思考的習慣產生。舊稱好學深思，好學的未有不深思，而多少總有一些自發與自動能力的青年也未有不好學的；而深思的結果，對事理能有些新意義的發現，新結合完成，便是他的「自得」了。這也是教育的最後收穫，而文化也者，論其精髓，也無非是這一類自得的累積罷了。

一味訓練，一味傳授些現成的東西，以至於宣傳些沒有經歷過事實與經驗的盤詰的東西，即貌若現成而實不現成的東西，是違反這原則的。技術學校，訓練的機關，宗教與政黨辦理的教育事業，也許有理由這樣做，在一般的大、中、小學校這樣做，就沒有理由了。馬戲班裡對各種動物，賣藝的乞丐對有幾種蟲子，包括虱子在內，要它們能作人行，能跪拜，能跳舞，和弄各式各樣的把戲，更不得不這樣做，但對人就不相宜了。大凡迷信訓練與宣傳即爲教育方法的人在見地上總有兩種錯誤。一就是上文所已討論過的只知爲外緣的需要設想，而自覺或不自覺的想把人當做滿足這需要的工具，而這外緣的需要也者，名義上儘管說得很像是社會的，實際上可能是他自己的，和馬戲班的老板的用心沒有多大分別。第二個錯誤是以爲訓練的效果沒有止境，以爲工夫下得越多，收

效必然越大；他只知道，路走得越多而越不間斷，則腳掌上皮繭便越厚，而不知道對於腳手掌以外的皮膚，即使你花上比走路多十倍的工夫，也磨不出老皮來；他只知道美國黑人歐文史，因訓練有素，而能於十秒・二之內完成百米的快跑，卻不知道他後來幾年的加工訓練並沒有能把十分之二秒的零頭磨去。約言之，他不了解訓練是因人而有限度的，宣傳也復如此，過此限度，所得只是疲乏，倦怠，和反感。這是生物學的一條公律，初不僅皮膚的厚薄與賽跑的快慢爲然。

第二個原則是我們必須給每個青年以一些「單獨作戰」的機會。說自發、自動、自求、自得，以至於自制、自治，我們必須承認他總得有些能盡量自營單獨生活的餘地與餘閒，否則便無從「自」起。目前推行的教育也違反了這個原則。動不動講社會化，講團體生活，眞像一離開所屬的羣，便絕對不能生活似的。其實健全的生活，一種得以充分運用一個人的才能智慧的生活是兩方面的，羣的方面與獨的方面。荀子「以羣則和，以獨則足」的生活理想，今日還站得很穩，還有待於教育的努力來促其廣泛的實現。一味社會化的要求，是片面而錯誤的。根據同樣的理由，學校環境過於所謂良好，設備過於充實，日常生活的條件過於現成，一個青年但須表示其有讀書的志力，便爾唾手可得，不勞而獲，也未始不是一個錯誤。在此種現成天下之內，他所運用的往往只是一小部分而又還不太深刻的學習能力，其他能力的泉源之門就根本沒有叩尋的必要；迨後習慣既成，年事漸長，一入社會以士大夫的姿態出現，艱苦齷齪之事，在在有人承

當，自更無須叩尋，亦更無從叩尋，馴至當事人自以為讀書論事的能力才是能力的上乘，其他能力原無足掛齒，一己具備與否，發展與否，都無關宏旨。換言之，他也就自甘於人格的片面與畸形發展了。我承認，抗戰軍興，大學播遷以還的情形是好了一些；大中學生在日常生活上自求多福的努力與收穫增加了不少。而這種收穫與設備的缺乏和生活條件的不現成有密切的關係，是再清楚沒有的。不幸的是，在這個時期內，我們又來了一套完全屬於施捨性質的公費一類的辦法，對青年的自尊心理，給了一個致命的打擊。自尊心既有了創傷，自動自求的努力，雖屬可貴，至少也不免打上一個對折。

近來很多中年人時常評論到青年人不負責任。這種評論一半表示中年人對青年的生活不甚了解。中年青年之間有一道鴻溝存在，是一個事實。鴻溝阻止了接觸，增加了誤會，也是勢所必至。但我認為其他一半卻未嘗沒有事實的根據。倒不是青年人執意要不負責任，而是一味講求團體生活以後，有羣無獨一成習慣以後，動不動不免把責任向團體身上推，向大多數推，馴至不問事理的是非，但問畫諾的多寡，美其名曰問題的解決，服從多數，而個人的不同的意見，初則不受人理會，終則根本不再有人提出——這一類的情形顯然是有的。無論從法律或道義的立場看，我總覺得責任是個人之事，惟有比較完整而獨立的人格才能有充分的責任感。如今許多青年人，至少就其同儕以外的行為來說，好像只承認有團體責任，而團體責任也者，事實上等於不負責任，團體越大，責任就越沒有著落。這又能怪誰呢？除了政治黨派的作風而外，我認為只有怪教

育：教育只教人如何羣，沒有教人如何獨，沒有教出多少獨立自尊的人格來，只製造了一大堆的團體分子。

把原則說明以後，關於實際的設施我只準備提出如下的幾個節目來。詳細的討論，如有必要，也只好留待別的機會。本文所占的篇幅已經是太多了。

一、中小學教育裡，訓練與宣傳的分量太多，應盡量的減削。省出來的時間，一半交還給學生，作爲身心自由發展之用，一半作爲酌量延展大學教育年限之用。

二、大學教育的年限應該延展，至少應有五年，前三年爲普通教育或通識教育，後兩年才分系而成專門教育。我認爲爲一般的大學生設想，爲其前途就業設想，兩年是夠了，如果他有志力再求精進，他可以進研究院。理工的各學系，因爲訓練的成分較多，發展器識的機會太少，更有延展到五年或者五年以上的必要。

三、無論普通教育或專門教育，學程的數目，至少上課鐘點的數目應力求省減，留出時間來作爲兩種用途，一供學生自修，一讓師生之間，多發生些課業以外而和一般生活有關的接觸和聯繫。學生個人生活上的困難，本系的任何教師應負起幫同解決的責任來。在上課鐘點以內，講解的工夫應酌量減少，而質疑問題的時間應加多。

四、關於學校的設備，校園環境的清幽寬敞是第一條件。校舍過於逼近大都市是一大缺憾。宿舍逼窄也是。迴旋的餘地都沒有，自談不上單獨沈吟與思考一路的生活了。圖書與實際的設備是第二個重要的條件。書庫應視學生自治能力的進展而盡量的開放。

更不妨特設一種閱覽室，專列有關人類與民族文化的典型作品，供學生自由取閱。此種閱讀之所得，在生活意義上，在人格的培養上，要比課堂講解的效用大得多。

五、所謂普通教育的學程與題材，適量的自然科學與社會科學而外，應特別注重人文學科，如文學、哲學、歷史，以及藝術、音樂。人性是什麼，比較完整與健全的人格是什麼，應如何發展，近代的學術還不能告訴我們，甚至於一向因爲外騖太多，根本上沒有作鄭重的探究；我們要在這方面有所了解，有所取法，勢不能不就見於蘊藉的人類經驗的累積，作一番搜檢的努力，這是相當吃力的，但捨此並無其他途徑。此外，一部分屬於比較文化性質的學程，如比較宗教，社會思想派別的介紹與研究等，是必須添闢的，爲的是可以破除成見，擴大胸襟，使「以獨則足」之足不成爲孤僻偏狹，而爲「以羣則和」之和更覓取一番理智的張本。

六、上文云云，用意所在十之七八是替好學深思的青年爭取一些得以自由支配的時間與空間。但無論爭得多少，分量上恐怕不夠。因此我還有一個完全破除慣例的建議。我認爲高中卒業以後與進入大學以前，或緊接著考取大學以後，一個青年應該有一兩年的時光，完全脫離學校，以至於離開日常的社會，而自己覓取一種不隨流俗的生活途徑與方式。向遠處旅行，走邊疆到田間，入山靜住，爲人雇傭，一人獨往可，兩三同志結伴爲之亦可，目的總使對一己蘊蓄著智慧與能耐，有一個充分探尋與試用的機會。我們明知生活不假人力是不行的，完全的離羣索居是不可能的，但我們必須設爲此種實驗，

才得以充分的測驗自己，了解自己，與管制自己。其實古今中外，作此種實驗而獲有效果的人並不算太少，獨惜近代的社會科學與教育，因爲太把社會當作目的，太想配合社會的需要，而到今日還沒有能認識此種實驗的價值，甚至認爲狂妄怪癖，從而加以制止。不過我們如果眞要改革教育，而上文的討論還有幾分參考的用途的話，我相信前途必大有人提倡而試行此種實驗的一日。

寫於一九四八年，原載《新路》第一卷第十期，一九四八年七月十七日

學生自治

學生自治

在北京高等師範演說

蔣夢麟

今日爲北京高等師範成立紀念日，並學生自治會成立的日子。我得這個好機會和北京高等師範的學生諸君談學生自治的問題，我心裡很快活。這個問題，杜威先生和蔡孑民先生，已經在我之先講過了，我不知道能否在兩先生講的以外，加添些新意思。我想我們講學生自治，要研究三個要點。

第一就是學生自治的精神——精神就是全體一致到處都是的公共意志。這個公共意志的勢力最大，凡團體有這東西在裡邊，一部分的分子，就會不知不覺的受他感化。自治的基礎就在這裡。這個精神就是自治的基礎。沒有這精神，團體的意志，就不能結合起來。裡邊的分子非但不能互相進行，而且要互相阻撓。團體解散，都是從這裡生出來的。諸君要知道團體是一個有機體，譬如一個人，手足耳目口鼻，要和意志一致行動。若意志要看書，這眼去看了桌旁的一盆花；意志要講英語，這口去操法語；意志要走，這脚偏不動；這豈不是變了一個瘋子麼？團體的精神，就是團體的意志。若分子不

照這意志行事，這個團體就瘋了。

所以團體結合的要素，不是在章程，是在養成一個公共的意志。換一句說，就是養成一個精神。在學校裡面，我們亦叫他做「學風」。我們舊時辦學校的，也時時講這「學風」兩個字。我國從前的太學生，在歷史上很占重要的位置；他們聚了幾萬人伏闕上書的時候，雖很有權勢的狠吏，也怕他們。因爲他們都從「富貴不能淫，威武不能屈」的「學風」中培養出來的。

學生自治，並不是一種「時髦」的運動，並不是反對教員的運動，也不是一種機械性的組織。學生自治，是愛國的運動，是「移風易俗」的運動，是養成活潑潑的一個精神的運動。學生自治，要有一個愛國的決心；「移風易俗」的決心；活潑潑的勇往直前的決心。沒有這種大決心，學生自治是空的，是慕虛名的，是要不得的。

第二是學生自治的責任——學生自治既不是一個空虛的美名，大家都要去幹這自治的事業，大家就負了重大的責任。諸君，學生沒有自治以前，學校學風不良，你們可以歸罪教職員。學風不良，大家罵辦學校的人。辦學校的人也不能逃罪。若學生自治以後，教育不良，大學就可以罵學生。到那時候，諸君豈不是變了中國教育不良的罪人麼？我們主張學生自治的人，也要受人唾罵，沒有面目見「江東父老」了。我想學生自治，有四個大責任。㈠是提高學術責任的責任。現在我們中國學術程度太低，教員說，學生太懶惰，不肯好好求學。學生說，教員不好，不能循循善誘我們。這兩邊的話，都

具一方面的眞理。今日講學生自治，我把教員一方的責任暫時擱起來不講。我想做教員的應該責備教員，做學生的應該責備學生，不要彼此互相責備。彼此互相責備，就是彼此逃責任，那就糟了。做學生的，先要從自己身上著想，自己問自己，自己的責任，是不是已經盡了，若還沒有盡，不要責人家，先責自己罷了。這就是眞正的自覺。學生對於學術方面，要有興會，要想得透，要懂得徹底。不要模模糊糊的過去。過一天算一天，上一課算一課。照這樣做去，哪裡能夠提高學術呢？㈡公共服務責任。自治是自動的服務，是對於團體服務。自動的服務，是自己願意服務，不是外面強迫的。本自己的意願，對於團體做公益的事。這是有兩方面：一方面是消極的，一方面是積極的。消極方面是個人不要對於團體做有害的事。積極方面是個人要做團體有益的事。消極方面就是自制，是削除亂源的辦法。積極方面就是互助，是增進公共利益的辦法。自治之中，自制和互助都不能少的。㈢產生文化的責任。學生自治團體，不是組織了以後，學校裡不鬧「亂子」就算滿足了。自治團體，要有生產力。農人自治，要多生農產；工人自治，要多出工作；學生自治，要多產文化。多產文化的方法，就是多設種種學術研究團體。如演說競爭會，學生演講會，戲劇會，音樂會等等，互相研究，倡作種種事業。㈣改良社會的責任。學生事業，不僅在校內；要與社會的生活相接觸。以學生所得的知識，傳布於社會，做社會的好榜樣。使社會的程度，漸漸提高。眞正的自治，就是要有這四種的責任。諸君！自治不是好玩的事呀。

第三點是學生自治的問題——學生團體，是全校團體的一部分。學生團體所做的事，是全校負責任的。所以學生團體與學校中他團體有密切關係。要聯絡進行，共謀全校幸福。這就生出幾種問題來。這幾種問題不解決，將來恐生出種種阻力。㈠學生個人和教職員個人或團體的問題。自治會成立後，學生個人行動，是否應受教職員的干涉？我說學生個人行動不當，不但教職員當干涉，學生團體亦當干涉，學生團體不干涉個人不當的行動，這自治就破壞了。所以學生團體不但要去干涉他，而且要教職員大家幫忙，共同維持全校的名譽。㈡學生團體和教職員個人的問題。學生團體，應該歡迎教職員的忠告。諸君！要知道教職員和學生，同是謀全校幸福的一分子。㈢學生自治團體和教職員團體的問題。這個問題比較以前兩個問題複雜不少。將來的問題，恐怕都從這裡生出來的。活潑有精神的自治會，必歡喜多幹事，範圍必漸漸兒擴大。那時因這個範圍問題，就會和教職員的團體發生衝突。有一件事發生，學生團體說，這是在學生團體的範圍內的，教職員團體說，這是在教職員團體的範圍內的。此時兩方面各要平心靜氣，推誠布公，把這個問題大家來討論，討論有了結果，然後來照行。不要因一時之憤激，生出許多無謂的誤會。兩個團體之間，凡有一個問題發生，終要照這個辦法來做，行了一二年，範圍就定了。學生自治的機關就穩固了。有了精神，知道了責任，又能平心靜氣來解決問題，學生自治會沒有不發達的道理。

原載《新教育》第二卷第二期，一九一九年十月

北京大學開學演說辭

蔣夢麟

今日趁開學的機會，我可以同我們全校的同學，晤聚一堂，實在非常的高興。我覺得這個機會是很可寶貴的，因爲我們平時雖也常同學生接觸，但總只是一小部分。近來學校中都有一種通病，就是教員和學生除了課堂見面之外，毫無個人的接觸，所以弄得好像不關痛癢的樣子。這不但中國如此，就在外國也免不了。現在同諸君雖然不是個人的接觸，卻也是一個大聚會的好機會。我前天曾同校長談過，打算下半年辦一個校長與學生間的星期茶話會。每星期在第一院對面新租房子的本校教職員公會內，預備一點茶點，約定二三十位同學，同校長隨便談談，可以彼此互通情愫。

還有關於社會方面的。我們現在不是天天講新文化運動嗎？那天在胡適之先生那兒談天，他說現在的青年連一本好好的書都沒有讀，就飛叫亂跳地自以爲做新文化運動，其實連文化都沒有，更何從言新。這話實在說得非常的沈痛。所以我們此後，總要立定

志向，切實讀書。還有一層，就是物理化學等等物質上的文化也應該同文字方面的文化並重。比方現在饑民這樣的多，因爲交通等等關係，賑濟就這樣的困難；有時傳染病發生，也往往弄得手忙腳亂，死喪無算。這都是物質文化不太發達的弊病。我們不可不注意。

最後對於同學自治問題，也有點意見。我近來學生認識得不少。據各方面的聞見，覺得最可惜的就是學生會總沒有好好的組織；開會時秩序亦不甚整齊。我們時常說國會省會如何搗亂，其實像這樣子，叫學生去辦國會省會，又何嘗不會搗亂呢！所以開會時必須注重議會法才好。學生會章程，上半年已經訂好，採取委員制，現在已經付印。希望新舊同學平心靜氣地討論。確定以後就大家遵守。本校的特色，即在人人都抱個性主義。我嘗說，東西文明的不同，即在個性主義。比如希臘的文化，即以個性爲基礎，再加以社會的發達，方能造成今日的西方文明。孔子雖然也講個人，但是相對的而非絕對的，講起個人總是聯說到家族和社會上去。所以眞正的個人主義，就是以個人爲中心，以謀社會的發達，並不是自私自利。西方近代文明之所以如此發達，就因個人與社會同時並重。譬如雙馬車，定要兩匹馬步驟和協，這車才能走得快利。我覺得北大這麼大的一個學校，研究學問，注重品行的件件都有，就是缺少團體的生活。所以我希望大家，一方各謀個人的發展，一方也須兼謀團體的發展。從前嚴厲辦學的時代，是「治而不自」，現在又成了杜威先生所說的「自而不治」，這都不好，我們要「治」同「自」雙

方並重才好。因爲辦學校用法律，決計不行的，只可以用感情化導，使得大家互以良好的情感相聯絡。這是我最後的希望。

原載《北京大學日刊》第六九四號，一九二〇年九月十六日

關於自治

林礪儒

今天是你們班自治會成立一周年紀念日。你們很高興地追懷已往期望將來，我趁這機會和你們談一談學生自治：

一五三一年，宗教革命領袖路得的好朋友Trazendorf在德國Golblerg中學校創行學生自治制，令學生們選出委員，擔任維持校規，砥礪品行及補助課業等事；又選出裁判員十數人處理同學間爭執事件。這是學生自治之始。十八世紀末葉，大教育家Salzmaun底泛愛學校，其訓練方法也採用自治主義。不過因爲時期過早，未得一般人贊同採用。至一八九七年，美國人W. Gill用學生自治制改良紐約一個校風極劣的學校，博得一般人驚嘆，此制便流行起來了。

學生自治有兩層價值，第一是共同維持學校秩序；第二是積極養成公民德性。舊式訓練只憑教師底權威領導學生，指揮學生，若有良師得學生心悅誠服，自然也很有效。

可是那樣的良師不易多得，而在學生方面，究竟是不免被動，教師也未免過勞。自治制利用學生們底團體意識，自尊自檢底心理，很可以收維持校風之效。道德生活，必以自由自動為前提，而自治是自由自動底態度，所以必要能自治才算是道德的行為。團體合作是現代生活底一個基調，不論什麼事業，若離羣孤立，斷不能有成。所以各人平等的對團體負責任，熱心為團體服勞，這是做現代公民必不可缺的品性。因此，學生自治是學校裡必不可少底訓練。更有層很值得我們注意的，我們中國人向來沒有自治底習慣，也可以說中國人舊習慣和團體自治正相反對。因此，學生自治在中國學校裡，更該負起改造國民性底重大使命！

中國各校學生自治開始於民國八年，即五四運動之年，是年我剛入北京教育界服務，便負責幫助北京高等師範學生做自治工作。自是年迄今，國內各校學生自治已經過十幾年，回顧起來，成績很少可觀。推其原因，是國內教育家還未認識這一點特質——中國固有國民性是極不宜於團體自治的，而團體自治是中國學生必須學習的。今年十月，廣東全省行政會議，有一位縣長提議設法懲誡各鄉區辦理自治不力底人員。他的提案理由說，各鄉辦理自治人員都是有勢鄉紳；他們把自治事務包攬起來，又不好好辦理；縣政府若把他們免職，結果也沒有人敢接辦，即令有別人接辦，也辦不動，因為他們暗中作梗。因此，只是免職，並不足以懲誡他們，也不足以促進各鄉自治。這位縣長所說大概總是實情，而按國家法律，辦理本鄉自治不得力，充其量也不過免職，不能再

加以什麼處分。此案在會場很經過一番討論，也想不出好方法。當時我說，如果是自治，便不要等行政機關以懲誡督促；若須要懲誡才辦自治，便不是自治了。由此我們可看出中國人公民生活底大病根。對於社會團體公事，若有心過問的，總是想攬權營私，若沒有此類野心，便不願過問，也不敢過問。這樣的劣根性若不能矯正，民族絕無復興之望。

十餘年來學生自治會也脫不了這個圈套。或者是大家都冷淡，誰也不愛過問，自治會毫無生氣。遇著有幾個機靈的，就想借自治會名義出風頭，圖一點不可告人的便宜。再遇著想出風頭的人多，同學間便爭打起來，變成自亂會。而大多數懶管事的，依然不聞不問，往往被十個八個人把學校弄到一團糟。這是因爲中國人本來就有這劣根性，而社會上天天給青年們以這類不良的暗示，所以青年蹈了長輩的覆轍而不自知。原來也不足深怪。最可怪的是教育家還未覺悟這是民族的生死關頭！因爲學生們自治而自亂，就連自治制度都看壞了，固然是因噎廢食；而聽學生們因自治會而暴露民族固有的劣根性，尤爲不可。所以我現在懇切地忠告你們：近日社會上那一類假借團體名義而營利搗亂底事，都是民族底催命符，我們切不可效尤，我們自治會所做的事，該以我們學生的生活範圍爲限，不可嫌它卑近，能夠在日用尋常底事，練習團體合作，大家奉公，守法，一面可有益於身心，一面便可矯正民族底弱點！本來社會上，成年人是學生們的長輩，應該給學生們好榜樣，可是現在中國卻不然，因爲他們惡習太深了。有的學生唱高

調，說要往社會去領導民衆，不必拘於學生本身底自治；誰知他們往社會一混，轉眼間染盡流氓惡習，好比一位醫生自告奮勇去疫區做防疫工作，結果防疫不成功，而自己卻染疫身亡，這是多麼可憐！我盼望你們認清楚這一層利害，努力改良自身習慣，勿受壞習氣傳染，這樣改良自己，才能改造民族，要民族有生路，我們個人才有出路！

文定邦、丁寶蘭記錄

原載《勷勤大學師範學院月刊》第五期，一九三四年一月二十五日

林礪儒（一八八九～一九七七年），教育家，一九三七年至一九三九年任廣東教育學院院長，一九三九年至一九四一年任廣東文理學院院長，一九五〇年至一九五二年任北京師範大學校長，一九五二年任教育部副部長。

寄語青年學生

我們對於學生的希望

胡適、蔣夢麟

今天是五月四日。我們回想去年今日，我們兩人都在上海歡迎杜威博士，直到五月六日方才知道北京五月四日的事。日子過的眞快，匆匆又是一年了！

當去年的今日，我們心裡只想留住杜威先生在中國講演教育哲學。在思想一方面提倡實驗的態度和科學的精神；在教育一方面輸入新鮮的教育學說，引起國人的覺悟，大家來做根本的教育改革。這是我們去年今日的希望。不料時勢的變化大出我們意料之外，這一年以來，教育界的風潮幾乎沒有一個月平靜的，整整的一年光陰就在這風潮擾攘裡過去了。

這一年的學生運動，從遠大的觀點看起來，自然是幾十年來的一件大事。從這裡面發生出來的好效果，自然也不少。引起學生的自動精神，是一件；引起學生對於社會國家的興趣，是二件；引出學生的作文演說的能力，組織的能力，辦事的能力，是三件；

使學生增加團體生活的經驗，是四件；引起許多學生求知識的欲望，是五件。這都是舊日的課堂生活所不能產生的，我們不能不認爲學生運動的重要貢獻。

社會若能保持一種水平線以上的清明，一切政治上的鼓吹和設施，制度上的評判和革新，都應該有成年的人去料理；未成年的一代人（學生時代之男女），應該有安心求學的權利，社會也用不著他們來做學校生活之外的活動。但是我們現在不幸生在這個變態的社會裡，沒有這種常態社會中人應該有的福氣；社會上許多事被一班成年的或老年的人弄壞了，別的階級又都不肯出來干涉糾正，於是這種干涉糾正的責任遂落在一般未成年的男女學生的肩膀上。這是變態的社會裡一種不可免的現象。現在有許多人說學生不應該干預政治，其實並不是學生自己要這樣幹，這都是社會和政府硬逼出來的。如果社會國家的行爲沒有受學生干涉糾正的必要，如果學生能享安心求學的幸福而不受外界的強烈刺激和良心上的督責，他們又何必甘心拋了寶貴的光陰，冒著生命的危險，來做這種學生運動呢？

簡單一句話：在變態的社會國家裡面，政府太卑劣腐敗了，國民又沒有正式的糾正機關（如代表民意的國會之類）。那時候，干預政治的運動，一定是從青年的學生界發生的。漢末的太學生，宋代太學生，明末的結社，戊戌政變以前的公車上書，辛亥以前的留學生革命黨，俄國從前的革命黨，德國革命前的學生運動，印度和朝鮮現在的運動，中國去年的五四運動與六三運動，都是同一個道理，都是有發生的理由的。

但是我們不要忘記：這種運動是非常的事，是變態的社會裡不得已的事，但是他又是很不經濟的不幸事。因爲是不得已，故他的發生是可以原諒的。因爲是很不經濟的不幸事，故這種運動是暫時不得已的救急的辦法，卻不可長期存在的。

荒唐的中年老年人鬧下了亂子，卻要未成年的學生拋棄學業，荒廢光陰，來干涉糾正，這是天下最不經濟的事。況且中國眼前的學生運動更是不經濟。何以故呢？試看自漢末以來的學生運動，試看俄國、德國、印度、朝鮮的學生運動，哪有一次用罷課作武器的？即如去年的五四與六三，這兩次的成績可是單靠罷課作武器的嗎？單靠用罷課作武器，是最不經濟的方法，是下下策，屢用不已，是學生運動破產的表現！

罷課於旁人無損，於自己卻有大損失，這是人人共知的。但我們看來，用罷課作武器，還有精神上的很大的損失：

㈠**養成倚賴羣眾的惡心理** 現在的學生很像忘了個人自己有許多事可做，他們很像以爲不全體罷課便無事可做。個人自己不肯犧牲，不敢做事，卻要全體罷了課來吶喊助威，自己卻躲在大衆羣裡跟著吶喊，這種倚賴羣衆的心理是懦夫的心理！

㈡**養成逃學的惡習慣** 現在罷課的學生，究竟有幾個人出來認眞做事？其餘無數的學生，既不辦事，又不自修，究竟爲了什麼事罷課？從前還可說是「激於義憤」的表示，大家都認作一種最重大的武器，不得已而用之。久而久之，學生竟把罷課的事看做很平常的事。我們要知道，多數學生把罷課看做很平常的事，這便是逃學習慣已養成的證

據。

㈢**養成無意識的行為的惡習慣**　無意識的行爲，就是自己說不出爲什麼要做的行爲。現在不但學生把罷課看做很平常的事，社會也把學生罷課看做很平常的事。一件很重大的事，變成了很平常的事，還有什麼功效靈驗？既然明知沒有靈驗功效，卻偏要去做；一處無意識的做了，別處也無意識的盲從。這種心理的養成，實在是眼前和將來最可悲觀的現象。

以上說的是我們對於現在學生運動的觀察。

我們對於學生的希望，簡單說來，只有一句話：「我們希望學生從今以後要注重課堂裡、操場上、課餘時間裡的學生活動：只有這種學生活動是能持久又最有功效的學生運動。」

這種學生活動有三個重要部分：

⑴學問的生活，

⑵團體的生活，

⑶社會服務的生活。

第一，學問的生活　這一年以來，最可使人樂觀的一種好現象，就是許多學生於知識學問的興趣漸漸增加了。新出的出版物的銷數增加，可以估量學生求知識的興趣增加。我們希望現在的學生充分發展這點新發生的興趣，注重學問的生活。要知道社會國

家的大問題絕不是沒有學問的人能解決的。我們說的「學問的生活」並不限於從前的背書、抄講義的生活。我們希望學生——無論中學大學——都能注重下列的幾項細目：

⑴注重外國文　現在中文的出版物實在不能夠滿足我們求知識的欲望。求新知識的門徑在於外國文。每個學生至少須要能用一種外國語看書。學外國語須要經過查生字、記生字的第一難關。千萬不要怕難。若是學堂裡的外國文教員確是不好，千萬不要讓他們敷衍你們，不妨趕跑他。

⑵注重觀察事實與調查事實　這是科學訓練的第一步。要求學校裡用實驗來教授科學。自己去採集標本，自己去觀察調查。觀察調查須要有個目的，——例如本地的人口、風俗、出產、植物、鴉片煙館等項的調查——還要注重團體的互助，分工合作，做成有系統的報告。現在的學生天天談《二十一條》，究竟《二十一條》是什麼東西，有幾個人說得出嗎？天天談《高徐濟順》，究竟有幾個指得出這條路在什麼地方嗎？這種不注意事實的習慣，是不可不打破的。打破這種習慣的惟一法子，就是養成觀察調查的習慣。

⑶建設的促進學校的改良　現在的學校課程和教員一定有許多不能滿足學生求學的欲望的。我們希望學生不要專做破壞的攻擊，須要用建設的精神，促進學校的改良。與其提倡考試的廢止，不如提倡考試的改良；與其攻擊校長不多買博物標本，不如提倡學生自己採集標本。這種建設的促進，比教育部和教育廳的命令的功效大得多咧。

(4)注重自修　灌進去的知識學問是沒有多大用處的。眞正可靠的學問都是從自修得來。自修的能力是求學問的惟一條件。不養成自修的能力，絕不能求學問。自修應注重的事是：①看書的能力，②要求學校購備參考書報，如大字典、詞典、重要的大部書之類，③結合同學多買書報，交換閱看，④要求教員指導自修的門徑和自修的方法。

第二，團體的生活　五四運動以來，總算增加了許多學生的團體生活的經驗。但是現在的學生團體有兩大缺點：(1)是內容太偏枯了，(2)是組織太不完備了。內容偏枯的補救，應注意各方面的「俱分並進」。

(1)學術的團體生活，如學術研究會或講演會之類，應該注重自動的調查、報告、試驗、講演。

(2)體育的團體生活，如足球、運動會、童子軍、野外幕居、假期遊行等等。

(3)游藝的團體生活，如音樂、圖畫、戲劇，等等。

(4)社交的團體生活，如同學茶話會、家人懇親會、師生懇親會、同鄉會，等等。

(5)組織的團體生活，如本校學生會、自治會、各校聯合會、學生聯合總會之類。

要補救組織的不完備，應注重世界通行的議會法規（Parliamentary Law）的重要條件。簡單說來，至少須有下列的幾個條件：

(1)法定開會人數。這是防弊的要件。

(2)動議的手續，與修正議案的手續。這是會議法規裡最繁難又最重要的一項。

⑶發言的順序。這是維持秩序的要件。

⑷表決的方法。①須規定某種議案必須全體幾分之幾的可決，某種必須到人數幾分之幾的可決，某種僅須過半數的可決；②須規定某種重要議案必須用無記名投票，某種必須用有記名投票，某種可用舉手的表決。

⑸凡是代表制的聯合會，——無論校內校外——皆須有複決制（referendum）。遇重大的案件，代表會議的議決案必須再經過會員的總投票；總會的議決案必須再經過各分會的複決。

⑹議案提出後，應有規定的討論時間，並須限制每人發言的時間與次數。現在許多學生會的章程只注重職員的分配，卻不注重這些最緊要的條件，這是學生團體失敗的一個大原因。

此外還須注意團體生活最不可少的兩種精神：

⑴容納反對黨的意見，現在學生會議的會場上，對於不肯迎合羣衆心理的言論，往往有許多威壓的表示，這是暴民專制，不是民治精神。民治主義的第一個條件就是要使各方面的意見都可自由發表。

⑵人人要負責任，天下有許多事都是不肯負責任的「好人」弄壞的。好人坐在家裡嘆氣，壞人在議場上做戲，天下事所以敗壞了。不肯出頭負責任的人，便是團體的罪人，便不配做民治國家的國民。民治主義的第二個條件是人人要負責任，要尊重自己的

主張，要用正當的方法來傳播自己的主張。

第三，社會服務的生活 學生運動是學生對於社會國家的利害發生興趣的表示，所以各處都有平民夜學、平民演講的發起。我們希望今後的學生繼續推廣這種社會服務的事業。這種事業，一來是救國的根本辦法，二來是學生的能力做得到的，三來可以發展學生自己的學問與才幹，四來可以訓練學生待人接物的經驗。我們希望學生注意以下各點：

(1)平民夜校。注重本地的需要，介紹衛生的常識、職業的常識和公民的常識。

(2)通俗講演。現在那些「同胞快醒，國要亡了」，「殺賣國賊」，「愛國是人生的義務」等等空話的演講，是不能持久的，說了兩三遍就沒有了。我們希望學生注重科學常識的演講，改良風俗的演講，破除迷信的演講。譬如你今天演說「下雨」，你不能不先研究雨是怎樣來的，何以從天上下來；聽的人也可以因此知道雨不是龍王菩薩灑下來的，也可以知道雨不是道士和尚求得下來的。又如你明天演說「種田何以須用石灰作肥料」，你就不能不研究石灰的化學，聽的人也可以因此知道肥料的道理。這種演講，不但於人有益，於自己也極有益。

(3)破除迷信的事業。我們希望學生不但用科學的道理來解釋本地的種種迷信，並且還要實行破除迷信的事業。如求神合婚，求仙方，放焰口，風水，等等迷信，都該破除。學生不來破除迷信，迷信是永遠不會破除的。

(4)改良風俗的事業。我們希望學生用力去做改良風俗的事業。譬如女子纏足的，現在各處多有。學生應該組織天足會，相戒不娶小腳的女子。不能解放你的姊妹的小腳，你就不配談「女子解放」。又如鴉片煙與嗎啡，現在各處仍舊很銷行。學生應該組織調查隊、偵探隊，或報告官府，或自動的搗毀煙間與嗎啡店。你不能干涉你村上的鴉片嗎啡，你也不配干預國家的大事。

以上說的是我們對於學生的希望。

學生運動已發生了，是青年一種活動力的表現，是一種好現象，絕不能壓下去的；也絕不可把他壓下去的。我們對於辦教育的人的忠告是：「不要夢想壓制學生運動；學潮的救濟只有一個法子，就是引導學生向有益有用的路上去活動。」

學生運動現在四面都受攻擊，五四的後援也沒有了，六三的後援也沒有了。我們對於學生的忠告是：「單靠用罷課作武器是下下策，可一而再再而三的麼？學生運動如果想要保存五四和六三的榮譽，只有一個法子，就是改變活動的方向，把五四和六三的精神用到學校內外有益有用的學生活動上去。」

我們講的話，是很直率，但這都是我們的老實話。

原載《新教育》第二卷第五期，一九二〇年五月

贈與今年的大學畢業生

胡適

兩年前的六月底，我在《獨立評論》（第七號）上發表了一篇「贈與今年的大學畢業生」，在那篇文字裡我曾說，我要根據我個人的經驗，贈送三個防身的藥方給那些大學畢業生：

第一個方子是：「總得時時尋一個兩個值得研究的問題。」一個青年人離開了做學問的環境，若沒有一個兩個值得解答的疑難問題在腦子裡打旋，就很難保持學生時代的追求知識的熱心。「可是，如果你有了一個眞有趣的問題天天逗你去想他，天天引誘你去解決他，天天對你挑釁笑，你無可奈何地，——這時候，你就會同戀愛一個女子發了瘋一樣，沒有書，你自會變賣家私去買書；沒有儀器，你自會典押衣服去置辦儀器；沒有師友，你自會不遠千里去尋師訪友。」沒有問題可以研究的人，關在圖書館裡也不會用書，鎖在試驗室裡也不會研究。

第二個方子是：「總得多發展一點業餘的興趣。」畢業生尋得的職業未必適合他所學的；或者是他所學的，而未必眞是他所心喜的。最好的救劑是多發展他的職業以外的正當興趣和活動。一個人的前程往往全看他怎樣用他的閒暇時間。他在業餘時間做的事業往往比他的職業還更重要。英國哲人彌兒（J. S. Mill）的職業是東印度公司的秘書，但他的業餘工作使他在哲學上，經濟學上，政治思想上都有很重要的貢獻。乾隆年間杭州魏之琇在一個當鋪裡做了二十年的伙計，「晝營所職，至夜篝燈讀書」，後來成爲一個有名的詩人與畫家（有柳州遺稿，嶺雲集）。

第三個方子是：「總得有一點信心。」我們應該信仰：今日國家民族的失敗都由於過去的不努力；我們今日的努力必定有將來的大收成。一粒一粒的種，必有滿倉滿屋的收。成功不必在我，而功力必然不會白費。

這是我對兩年前的大學畢業生說的話。今年又到各大學辦畢業的時候了。前兩天我在北平參加了兩個大學的畢業典禮，我心裡要說的話，想來想去，還只是這三句話：要尋問題，要培養業餘興趣，要有信心。

但是，我記得兩年前，我發表了那篇文字之後，就有一個大學畢業生寫信來說：「胡先生，你錯了。我們畢業之後，就失業了！吃飯的問題都不能解決，那能談到研究的問題？職業找不到，那能談到業餘？求了十幾年的學，到頭來不能餬自己一張嘴，如何能有信心？所以你的三個藥方都沒有用處！」

對於這樣失望的畢業生，我要貢獻**第四個方子：「你得先自己反省：不可專責備別人，更不必責備社會。」**你應該想想：爲什麼同樣一張文憑，別人拿了有效，你拿了就無效呢？還是僅僅因爲別人有門路有援助而你沒有呢？還是因爲別人學到了本事而你沒學到呢？爲什麼同叫做「大學」，他校的文憑有價値，而你的母校的文憑不値錢呢？還是僅僅因爲社會只問虛名而不問實際呢？還是因爲你的學校本來不夠格呢？還是因爲你的母校的名譽被你和你的同學鬧得毀壞了，所以社會厭惡輕視你的學堂呢？——我們平心觀察，不能不說今日中國的社會事業已有逐漸上軌道的趨勢，公私機關的用人已漸漸變嚴格了。凡功課太鬆，管理太寬，教員不高明，學風不良的學校，每年儘管送出整百的畢業生，他們在社會上休想得著很好的位置。偶然有了位置，他們也不會長久保持的。反過來看那些認眞辦理而確能給學生一種良好訓練的大學，——尤其是新興的淸華大學與南開大學——他們的畢業生很少尋不著好位置的。我知道一兩個月之前，幾家大銀行早就有人來北方物色經濟學系的畢業人才了。前天我在淸華大學，聽說淸華今年工科畢業的四十多人早已全被各種工業預聘去了。現在國內有許多機關的主辦人眞肯留心選用各大學的人才。兩三年前，社會調査所的陶孟和先生對我說：「近年北大的經濟系畢業生遠不如淸華畢業的，所以這兩年我們沒有用一個北大經濟系畢業生。」剛巧那時我在火車上借得兩本雜誌，讀了一篇研究，引起了我的注意；後來我偶然發現那篇文字的作者是一個北大未畢業的經濟系學生，我叫他把他做的幾篇研究送給陶孟和先

生看看。陶先生看了大高興，叫他去談，後來那個學生畢業後就在社會調查所工作到如今，總算替他的母校在陶孟和先生的心目中恢復了一點已失的信用。這一件事應該使我們明白社會上已漸漸有了嚴格的用人標準了：在一個北大老教員主持的學術機關裡，若沒有一點可靠的成績，北大的老招牌也不能幫誰尋著工作。在蔡元培先生主持的中央研究院裡，去年我看見傅斯年先生的暑假前幾個月就聘定了一個北大國文系將畢業的高材生，今年我又看見他在暑假前幾個月就要和清華大學搶一個清華史學系將畢業的高材生。這些事都應該使我們明白今日的中國社會已不是一張大學文憑就能騙得飯吃的了。拿了文憑而找不著工作的人們，應該要自己反省：社會需要的是人才，是本事，是學問，而我自己究竟是不是人才，有沒有本領？從前在學校挑容易的功課，擁護敷衍的教員，打倒嚴格的教員，曠課，鬧考，帶夾帶，種種躲懶取巧的手段到此全失了作用。躲懶取巧混來的文憑，在這新興嚴格用人的標準之下，原來只是一張廢紙。即使這張文憑能夠暫時混得一只飯碗，分得幾個鐘點，終久是靠不住保不牢的，終久要被後起的優秀人才擠掉的。打不破「鐵飯碗」不是父兄的勢力，不是闊校長的薦書，也不是同學黨派的援引，只是真實的學問與訓練。——能夠如此，才是反省。能夠如此反省，方才有後援自己的希望。

「畢了業就失業」的人們怎樣才可以後援自己呢？沒有別的法子，只有格外努力，自己多學一點可靠的本事。二十多歲的青年，若能自己勉力，沒有不能長進的。這個社

會是最缺乏人才又是需要人才的；一點點的努力往往就有十倍百倍的獎勵，一分的成績往往可以得著十分百分的虛聲。社會上的獎掖只有選超過我們所應得的，絕沒有眞正的努力而不能得著社會的承認的。沒有工作機會的人，只有格外努力訓練自己可以希望得著工作，有工作機會的人而嫌待遇太薄地位太低的人，也只有格外努力工作可以靠成績來抬高他的地位。只有責己是生路，因爲只有自己的努力最靠得住。

原載天津一九三四年六月二十四日《大公報》

煩悶與大學教育

在南開大學第十一次畢業式演說辭

任鴻雋

我常常聽見說，一個學年終了的時候，是學生們感覺煩悶的時候。煩悶的原因不只一個。大約說來，有屬於季候的，如春天到了，有所謂春病（Spring fever）。有關於學業的，如年終大考到了，有考試的麻煩。有關於出身的，如學校畢業以後升學或謀事的困難。有關於時局的，如五月間紀念的日子特別的多，可以看出這個時期在我們的心中是怎樣的難過！那末，煩悶是和大學教育分不開的嗎？大學教育可以有解決煩悶的可能嗎？照上面的說來，煩悶的原因可分爲兩類。一類是時季的，如所謂春病考試等是。一類是非時季的，如關於職業及時局等等是。在學校以內，未畢業的時候，感到時季的煩悶多些，既畢業的時候，感到非時季的煩悶多些。所以大概說來，解決第一類的煩悶，是學校以內的事體，而解決第二類的煩悶，卻是學校以外的責任，那便是說，每人都負有責任，連感覺煩悶的本人也包括在內。

解決煩悶有什麼方法，這大約是今天到會的人所急要知道的。我不敢說自己有什麼巧妙的方法可以解決煩悶，但我可以簡單地把我個人對於煩悶的見解說出來請大家指教。

我以爲煩悶是生物生長過程中必不能免的一個現象。一棵樹木，春夏發榮滋長，秋冬葉落枝枯，這秋冬的生氣悶藏，就是樹木的煩悶時期。不過樹木的生長，卻不因其葉落枝枯而有間斷。我們若把一棵大樹的切斷面拿來看，可以看出它的一年一年的生長輪。在它的生長期之中，我們可以看出某年因天氣的特變，它的生長受了妨礙，這也可以說是它生命中的煩悶。但只要生長力充足的話，它一定還可以繼續生長，絕不因爲一點煩悶損傷了它的未來的遠大。因爲樹木不會說話，我們不會聽見它們發出什麼嘆息，鬧些什麼解除壓迫的運動，可是我們相信生理的原則是一樣的。人與國家同是有機體的生物，在他的生長過程中，必定有一些煩悶的時期，這些，寧可說是當然的現象。不過人與國家與其他的動植物不同的所在，就是動植物的煩悶，完全聽命於天然，而人與國家的煩悶，卻有幾分是由自己的力量造成的。因此，解決煩悶的方法，也有幾分是自己的力量所能左右的。這可以說是人與國家超出一切動植物的地方，也可以說是人與國家不幸的地方。

拿這個眼光來看當前的國難，我們似乎用不著什麼特別的驚惶。因爲我們只要檢查一下六百年來的歷史，便曉得我們受過比眼前所受還要厲害的外患，已經不只一次了。

至於中國歷史的局面，可以拿孟子的兩句話來包括，說：「天下之生久矣，一治一亂。」最近北京大學地質學教授李四光先生發表了一篇文章，叫做「戰國後中國內戰的統計和治亂的周期」（見中央研究院歷史語言研究所慶祝蔡孑民先生六十五歲論文集上册）。在這篇文章中，他得到了一些很有趣味的事實與結論。他的方法，是把歷史的年代作橫軸，歷史上每五年內戰的次數作立軸，把兩軸中所得的各點連結成各種曲線。結果他找出每隔八九百年，歷史上便有一個治亂的循環。例如，由秦至隋共八百二十年爲第一個循環，由隋至明初共七百八十年爲第二個循環，由明至現今共約六百年爲正在進行的第三個循環。在這三個循環之中，凡內戰最少的時期，便是隆盛時期，如西漢，初唐，北宋，明清的初年是。反之，內戰最多的時期，便是衰敗的時期，如漢以後的東晉六朝，唐以後的五代，宋以後的元和明清末直到現在是。我們若承認這個歷史的循環實際的存在，並且還在進行，那末，我們可以看出眼前的歷史，正在衰敗的時期中；太平天國時代和近二三十年來繼續不斷的內亂，便是造成這個衰敗的大原因。同時我們也應該承認眼前的歷史和宋明兩朝的末年，有一個不同的所在，那便是現今世界大通，各種造成歷史的新勢力，在三百年以前或六百年以前所沒有的，現在都在那裡很有力的活動。我們處於這個時代，應當是一則以懼，一則以喜。懼的是「屋漏偏遭連夜雨」，我們正在自顧不暇的時候，偏遭了無理的鄰人來和我們大搗其亂。喜的是眼前有不少新勢力的發現，即使治亂的循環果然存在，我們此刻也有打破的可能。而這些新勢力之一，

就是現在的大學教育。

這一句看似重要說來仍甚平凡的話，我曉得諸位聽了必定不免失望，說區區大學教育，那裡能影響我們目前嚴重的時局或改變歷史的方向。我想這個看法，不免有自暴自棄的嫌疑。我們不見最近國聯教育調查團的報告，不是把近年中國的一切新局面都歸功於我們的大學教育嗎？（The Universities have Made What China is today）自然，這句話應當加以相當的修正，才能合乎實際。譬如說吧，我們的大學教育，並不含有軍事教育在內。如其現在的軍人都受有大學教育，我敢說，中國的局面大約不是目前的樣子！

大學教育何以能有打破歷史循環的力量？我們曾經說過，凡所有的煩悶，都是生長史中的一個過程，那末，只要能夠培養生長的力量，煩悶便可不解而自解。換一句話說，煩悶只好如樹木之於冬天，用生活的力量來把它長過，不能用他種方法來把它避免。要培養生活的力量，**第一要各個分子的健全**。若是大學教育還有它的目的與意義的話，培養社會上健全與有用的分子，就是它的最高的目的與意義。你在大學畢業之後，可以做一個醫生，一個律師，一個工程師，但你是不是一個社會的健全分子，還得待考。我曾經認識一個外國大學畢業的學生，他回國之後，便在北京（從前的）城南最熱鬧的地方僦屋居住。我問他何以如是，他回答說，因爲於應酬上便利些。這樣的心理是不是健全分子應該有的，希望大家評判一下。我又曉得一個留學生，在外國之時頗有一些電學上的發明，的確是一個有希望的人才。可是回國之後，稍稍任了一點有財錢關

係的職務，他便捲款而逃。這個人固然從此毀了，社會事業也不消說受了很大的損失。這可以證明一個人的人格不健全，就是有了學問，於社會也不見得有什麼益處。古人說：「士先器識而後文藝。」我們現在教育的口號，應該是：先人格而後技能。**第二，各個分子要能對於一個目的而合作。**一個生物的發展，健全的分子固然重要，各分子間的合作尤爲重要。設如一個人的身體，手不司動，腳不司步，胃不司消化，血脈不司營養，那末這些機官儘管良好，這個人的身體必定不能一天活著。人們與社會的關係也是一樣。我們常常聽見人說，我們的東鄰日本人，就個人說來，似乎都趕不上中國人的聰明伶俐。可是就團體說來，他們處處都比我們強得多了。這就是因爲他們的分子能合作而我們的分子不能合作的原故。這大約也就是我們偌大的中國要受我們小小的鄰人欺凌的一個最大原因吧！設如幾年的大學教育，不能養成一個合羣，克己，向一個較大的目的而通力合作的習慣，我們可以說他的大學教育是一個完全的失敗！

我們上面曾經說過，人與國家的煩悶有一部分是由自己力量造成的，因此，解決煩悶的方法，也有一部分是自己的力量所能左右的。我們希望社會上健全分子的增加，即是造成煩悶力量的減少。同時這些健全的分子能夠通力合作，向著完成一個較大的較高的組織進行，那便是生活力量的增進。有了強大的生活力量，我們還怕有什麼煩悶不能解除！

在此，我還要就便向今年畢業的同學說幾句話。大凡一個生物的生長是要繼續的。

不長則死，不能中立。這句話在身體方面是眞的，在智識方面也是眞的。諸位在校幾年，智識能力一天比一天不同，一年比一年長進，這是諸位的先生都知道的，也是諸位自己知道的。離開學校以後，諸位的身體當然還是一天一天的生長，這是無可置疑的。但諸位智識人格方面的生長如何，便大有問題了。職業的忙碌（如其你得到職業的話），娛樂的引誘與社會一般風氣的趨向，都可以使你漸漸離開學問的空氣而趨向於平常庸俗的道路去。換一句話說，就是你的智識有停止生長的可能。這在普通的人倒也罷了，若是大學畢業的朋友，而讓你的智識生命半途夭折，那就等於宣告你的平生事業停止上進。這不是一件最嚴重而值得我們的注意的事嗎？要免去這個危險，我奉勸諸位畢業同學，不要因爲離開了學校而離開你的兩個朋友：一個是你心愛的書籍，一個是你佩服的先生。你須知道書中的道理，等你到了社會上得到實際的證驗，方才覺得明瞭親切，而你的先生，在客廳中比在課堂中更能幫助你。最要緊的是怎樣利用你的閒暇時間。西方哲人說：「一個人的成功失敗，不在怎樣的利用他的正經時間，而在怎樣的利用他的閒暇時間。」這眞是一句至理名言，值得我們常常放在心上。

總結起來，我要再引一句古人的成語，說，「譬如行遠必自邇」，我們要救人必先自救。我現在很恭敬的祝畢業諸君今後事業智識繼續的長進，那也就是解除我們國家煩悶的一個方法。

原載《獨立評論》第五十七號，一九三三年七月二日

任鴻雋（一八八六～一九六一年），著名化學家、教育家，一九一五年在美留學時創立中國科學社，一九一八年回國後任北京大學教授、教育部司長、中央研究院總幹事等職。一九三五年至一九三七年任四川大學校長。一九四九年後任上海圖書館館長等職。

處羣的訓練

朱光潛

極淺顯而正當的道理常易被人忽略。一個民族的性格和一個社會的狀況大半是由教育和政治形成的。倘若一個民族的性格不健全，或是一個社會的狀況不穩定，那惟一的結論就是教育和政治有毛病。這本是老生常談，但是在現時中國，從事教育者未必肯承認國民風紀到了現有狀態是他們的罪過，從事政治者未必肯承認社會秩序到了現有的狀態是他們的罪過。大家都覺得事情弄得很糟，可是都把一切罪過推諉到旁人，不肯自省自疚。沒有徹底的覺悟，自然也沒有徹底的悛改。這是極危險的現象。諱疾忌醫，病就會無從挽救。我們需要一番嚴厲的自我檢討，然後才能有一番勇猛的振作。

先說教育。我們在過去雖然也曾特標羣育為教育主旨之一，試問一般學校裡羣育工作究竟做到如何程度？從前北京大學常有同班同齋舍同學們從入學到畢業，三四年之中朝夕相見而始終不曾交談過一句話。他們自己認為這是北京大學的校風，引為值得誇耀

的一件事。一直到現在，還有許多學校裡同學們相見，不但如路人，甚至如仇讎，偶遇些小齟齬，便摩拳擦掌，揮戈動武。受教育者所受的教育如此，何能望其善處羣？更何能望其爲社會組織的領導？我們的教育所產生的人材不能擔當未來的艱鉅責任，此其一端。

我們的根本錯誤在把教育狹義化到知識販賣。學校的全部工作幾限於上課應付考試。每期課程多至十數種，每周上課鐘點多至三四十小時。教員力疲於講，學生力疲於聽，於是做人的道理全不講求。就退一步談知識，也只是一味灌輸死板材料，把腦筋看成垃圾箱，盡量地裝，盡量地擠塞，全不管它能否消化啓發。從前人說讀書能變化氣質，於今人讀書得越多，氣質越硬頑不化。這種教育只能產出一些以些許知識技能博衣飯碗的人，絕不能培養領導社會的眞才。

近來頗有人感覺到這種毛病，提倡導師制，要導師於教書之外指導一點做人的道理，用意本來很善，但是實施起來也並未見功效。這也並不足怪。換湯必須換藥，教育止於傳授知識一個錯誤觀念不改正，導師仍然是教書匠。導師制起於英國牛津劍橋兩大學，這兩校的教育宗旨是彰明較著的不重讀書，而重養成「君子人」。在這兩校裡教員和學生上課鐘點都很少，社交活動卻很多，導師和學生有經常接觸的可能，導師對於學生在學業和行爲兩方面同時負有責任，每位導師所負責指導的學生也不過數人。現在我們的學校把學業和操行分作兩件事，學業仍取「集體生產」式整天上班，操行則由權限

不甚劃分，責任不甚專一，疊床架屋式的導師、訓導員、生活指導員和軍事教官去敷衍公事。這種辦法行不通，因爲導師制的眞精神不存在，導師制的必需條件不存在。

要改良現狀，我們必須把教育的著重點由上課讀書移到學習做人方面去，許多龐雜的課程須經快刀斬亂麻的手段裁去，學生至少有一半時間過眞正的團體生活，作團體的活動。教師也必須把過去的錯誤的觀念和習慣完全改過，認定自己是在「造人」，不只是在「教書」。每個教師對於所負責造的人須當作一件藝術品看待，須求他對自己可以慰懷，對旁人也可以看得過去。每個學生對於教師須當作自己的造化主，與父母生育有同樣的恩惠，知道心悅誠服。這樣一來，教師與學生就有家人父子的情感，而學校也就有家庭的和樂的空氣了。

這一層做到了，第二步便須盡量增加團體合作的活動。團體合作的活動種類甚多，有幾個最重要的值得特別提出。

第一是操業合作。現行教育有一個大毛病，就是許多課程的對象都是個人而不是團體。學生們儘管成羣結隊，實際上各人一心，每人獨自上課，獨自學習，獨自完成學業，無形中養成個人主義的心習。其實學問像其他事業一樣，需要分工合作的地方甚多。材料的收集和整理，問題的商討，實驗的配置，遺誤的檢舉，都必須羣策羣力。學校對於可分工合作的工作應盡量分配給學生們去合作，團體合作訓練的效益是無窮的。一個人如果常有團體合作的訓練，在學問上可以免偏陋，在性情上也可以免孤僻；他會

有很濃厚而愉快的羣的意識，他會深切地感覺到：能盡量發揮羣的力量，才能盡量發揮個人的力量。

有幾種課程特別宜於團體合作。最顯著的是音樂。在我們古代教育中，樂是一個極重要的節目。它的感動力最深，它的最大功用在和。在一個團體裡，無論份子在地位年齡教育上如何複雜，樂聲一作，男女尊卑長幼都一齊肅容靜聽，皆大歡喜，把一切界限分別都化除淨盡，彼此藹然一團和氣。愛好音樂的人很少是孤僻的人。所以音樂是羣育最好的工具。其次是運動。運動相當於中國古代教育中的射。它不但能強健身體，尤其能培養遵秩序紀律的精神。條頓民族如英美德諸國都特好運動，在運動場上他們培養戰鬥的技術和政治的風度。他們說一個公正的人有「運動家氣派」（Sportsmanship）。柏臘圖在「理想國」裡談教育，二十歲以前的人就只要音樂和運動兩種功課。這兩種課程應該在各級學校中普遍設立。近來音樂課程僅限於中小學，運動則各校雖有若無，它們的重要性似還沒有爲教育家們完全了解。音樂和運動是一個民族的生氣的表現，不單是教育的必由之徑。除非它們在課程中占重要位置，我們的教育不會有眞正的改良。

操業合作之外，**第二個重要的處羣訓練便是團體組織**。有健全的團體組織，學生們才有多參加團體活動的機會，才能養成熱心公益的習慣。一般學校當局常怕學生有團結，以致滋擾生事，所以對於團體組織與活動常設法阻止，以爲這就可以息事寧人。也有些學校在名義上各種團體具備，而實際上沒有一個團體是健全的組織。多數學生爲錯

誤的教育理想所誤，只管埋頭死讀書，認爲參加團體活動是浪費時光，甚至於多惹是非，對一切團體活動遂袖手坐觀。於是所謂團體便爲少數人所操縱，假借團體名義，作種種並非公意所贊同的活動。政治上許多強奸民意假公濟私的惡習慣就由此養成。學校裡學生自治會應該是一種雛形的民主政府，每個份子都應有參議表決的權利，同時也都應有不棄權的責任。凡關於學生全體利益的事應由學生們自己商討處理，如起居飲食清潔衛生公共秩序公衆娛樂諸項都無須教職員包辦。自治會須有它的法律，有它的風紀，有它的社會制裁力。比如說，有一位同學盜用公物，侮謾師友或是考試舞弊，通常的辦法是由學校記過懲處，但是理想的辦法是由自治會公審公判。學生團體中須有公是公非，而這種公是公非應有獎勵或裁制的力量。民主國家所託命的守法精神必須如此養成。

人羣接觸，意見難免有分歧，利害難免有衝突，如果各執己見，勢必至於無路可通。要分歧和衝突化除，必須彼此和平靜氣地討論，在種種可能的結論中尋一個最妥善的結論。民主政治可以說就是基於討論的政治。學問也貴討論，因爲學問的目的在辨別是非眞僞，而這種辨別的工夫在個人爲思想，在團體爲討論，討論可以說是集團的思想。一個理想的學校必須充滿著歡喜討論的空氣。每種課程都可以用討論方式去學習，每種實際問題都可以在辯論會中解決。在歐美各著名大學裡，師生們大部分工夫都費於學術討論會與辯論會，在這中間他們成就他們的學業，養成他們的政治習慣。在學校裡

是一個辯論家，出學校就是一個良好的議員或社會領袖。我們的一般學生以遇事沈默爲美德，遇公衆集會不肯表示意見，到公衆有決定時，又不肯服從。這是一個必須醫治的毛病，而醫治必從學校教育下手。

處羣訓練一半靠教育，一半也要靠政治。社會仍是一種學校，政治對於公民仍是一種教育。政治愈修明，公民的處羣訓練也就愈堅實。政治體制有多種，最合理想的是民主。民主政治實施於小國家，較易收實效，因爲全體人民可以直接參預會議表決，像瑞士的全體公決制。國大民衆，民主政治即不能不採取代議方式。代議制的弊病在代議人不一定能代表公衆意志，易流於寡頭政治的變相。要補救這種弊病，必須力求下層政治組織健全，因爲一般人民雖不必盡能直接參加國政，至少可以直接參加和他們最接近的下層行政區域的政治。我國最下層的行政區域是保甲，逐層遞升爲鄉爲縣爲區爲省。保甲在歷史上向來是自治的單位，它的組織向來帶有幾分民主精神。我們要奠定民主基礎，必須從保甲著手。保甲政治辦好，逐層遞升，鄉、縣、區、省以至於國的政治，自然會一步一步地跟著好。英國政治是一個很好的先例。英國民主政治的成功不僅在國會健全，尤在國會之下的區議會與市議會同樣健全。市議會已具國會的雛形，公民在市議會所得的政治訓練可逐漸推用於區議會和國會。一般人民因小見大，知道國會和市議會是一樣，市民與市政府的關係也和國民與國政府的關係一樣，知道國政與市政和己身同樣有切身的利害，不容漠視，更不容胡亂處理。

健全下層政治組織自然也不是一件容易事。我們一方面須推廣教育，提高人民知識和道德的水準，一方面也要徹底革除積弊，使人民逐漸養成良好的政治習慣。所謂良好的政治習慣是指一方面熱心參預政治活動，一方面不作腐敗的政治活動。我國一般人民正缺乏這兩種政治的習慣，他們不是不肯參加政治活動，就是作腐敗的政治活動。比如我們的政治近來何嘗不感覺到健全下層政治組織的重要？保甲制正在推行，縣政正在實驗，下級幹部人員川常在受訓練。但是積重難返，實施距理想仍甚遠。根本的毛病在沒有抓住民治精神。民治精神在公事公議公決，而現在保甲政治則由少數公務員包辦。一般保甲長和聯保主任仍是變相的土豪劣紳，敲詐鄉愚，比從前專制時代反更烈。一般人民沒有參預會議表決的機會，還是處在統治者的地位。下情無由上達，他們只在含冤叫苦。一件事須得做時，就須做得名符其實，否則滋擾生事，不如不做為妙。縣政實施本是為奠定民治基礎，如果仍採土豪劣紳包辦制，則結果適足破壞民治基礎。這件事關係我國民治前途極大，我們的政治家不能不有深切的警戒。

民主政治與包辦制如水火不相容。消極地說，廢除包辦制；積極地說，就是政治公開。這要從最下層做起，奠定穩固的基礎，然後逐漸推行到最上層。政治公開有兩個要義，一是政權委託於賢能，一是民意須能影響政治。先就第一點說，我國歷代掄才，不外由考試與選舉。考試是最合於民治精神的一種制度，是我國傳統政治的一特色。一個人只要有眞才實學，無論出身如何微賤，可以逐級升擢，以至於掌國家大政。因此政權

可由平民憑能力去自由競爭，不致爲某一特殊階級所把持亂用。中國過去政權向來在相而不在君，而相大半起家於考試，所以中國傳統政體表面上爲君主，而實爲民主。後來科舉專以時文詩賦取士，頗爲議者詬病。這只是辦法不良，並非考試在原則上有毛病。總理制定建國方略，考試特設專院，實有鑒於考試是中國傳統政治中值得發揮光大的一點，用意本至深。但是我們並未能秉承總理遺教，各級公務員大部分未經考試出身，考試中選者也未盡錄用，眞才埋沒，與不才而在高位的情形都不能說沒有。這種不公平的待遇不能獎勵貧士的努力而徒增長宵小夤緣倖進的惡習，政治上的腐濁多於此種因。要想政得其人，人盡其職，必須徹底革除這種種積弊而盡量推廣考試制。至於選舉是一般民主國家掄才的常徑。選舉能否成功，視人民有無政治知識與政治道德。過去我國選舉權操於各級官吏，名爲選舉，實爲推薦，不像在西方由人民普選。這種辦法能否成功，視主其事者能否公允；它的好處在提高選舉者的資格，即所以增重選舉的責任，提高被選舉者的材質。在一般人民未受健全的政治教育以前，我們可以略採從前推薦而加以變通，限制選舉者的資格而不必限於官吏。凡是教育健全而信用卓著者都可以聯名推選有用人才。選舉意在使賢任能，如不公允，由人民賄買或由政府包辦，則適足破壞選舉的信用與功能，我們必須嚴禁。民主政治能否成功，就要看選舉這個難關能否打破，我們必須有徹底的覺悟。

考試與選舉行之得法，一切行政權都由賢能行使，則政治公開的第一要義就算達

到。政治公開的第二要義是民意能影響政治。這有兩端：第一是議會，第二是輿論。先說議會，民主政治就是議會政治。在西方各國，人民信任議會，議會信任政府；政府對議會負責，議會對人民負責。政府措施不當，議會可以不信任，議會措施不當，人民可以另選。所以政府必須尊重民意，否則立即瓦解。我國從民主政體成立以來，因種種實際困難，正式民主機關至今還未成立。召集國民代表大會，總理遺敎本有明文規定，而政府也正在準備促其實現，這還需要全國人民公同努力。最要緊的是要使選舉名符其實，不要再有賄買包辦的弊病。

我國傳統政治本素重輿論。「天視自我民視，天聽自我民聽」兩句話在古代即懸爲政治格言。歷代言事有專官，平民上訴隱曲，也特有設備，在野淸議尤爲朝廷所重視。過去君主政體沒有很長期地陷於紊亂腐敗狀態，輿論是一個重要的力量。從前的暴君與現代的獨裁政府怕輿論的裁制，常設法加以壓迫或控制，結果總是失敗。「防民之口，甚於防川」是一點不錯的。思想與情感必須有正當的宣洩，愈受阻撓愈一緜不可收拾。近代報章流行，輿論更易傳播。言論出版自由問題頗引起種種爭論。從歷史、政治及群衆心理各方面看，言論出版必須有合理的自由。輿論與人民程度密切相關，自然也有不健全的時候。我們所應努力的不在箝制輿論，而在敎育輿論。是非自在人心，輿論的錯誤最好還是用輿論去糾正。

以上所述，陳義甚淺，我們的用意不在唱高調而望能實踐。如果政治方面沒有上述

的改革，羣的訓練就無從談起。人民必有羣的活動，羣的意識，必感覺到羣的力量，受羣的裁制，然後才能養成良好的處羣的道德。這是我們施行民治的大工作中一個基本問題，值得政治家與教育家們仔細思量。

原載朱光潛著《談修養》，洞庭圖書室一九四三年版

大師辦學

就任北京大學校長之演說

蔡元培

五年前，嚴幾道先生為本校校長時，余方服務教育部，開學日曾有所貢獻於同校。諸君多自預科畢業而來，想必聞知。士別三日，刮目相見。況時閱數載，諸君較昔當必為長足之進步矣。予今長斯校，請更以三事為諸君告。

一曰抱定宗旨。諸君來此求學，必有一定宗旨，欲求宗旨之正大與否，必先知大學之性質。今人肄業專門學校，學成任事，此固勢所必然。而在大學則不然，大學者，研究高深學問者也。外人每指摘本校之腐敗，以求學於此者，皆有做官發財思想，故畢業預科者，多入法科，入文科者甚少，入理科者尤少，蓋以法科為干祿之終南捷徑也。因做官心熱，對於教員，則不問其學問之淺深，惟問其官階之大小。官階大者，特別歡迎，蓋為將來畢業有人提攜也。現在我國精於政法者，多入政界，專任教授者甚少，故聘請教員，不得不聘請兼職之人，亦屬不得已之舉。究之外人指摘之當否，姑不具論，然弭謗莫如自修，人譏我腐敗，而我不腐敗，問心無愧，於我何損？果欲達其做官發財

之目的，則北京不少專門學校，入法科者盡可肄業法律學堂，入商科者亦可投考商業學校，又何必來此大學？所以諸君須抱定宗旨，爲求學而來。入法科者，非爲做官；入商科者，非爲致富。宗旨既定，自趨正軌，諸君肄業於此，或三年，或四年，時間不爲不多，苟能愛惜分陰，孜孜求學，則其造詣，容有底止。若徒志在做官發財，宗旨既乖，趨向自異。平時則放蕩冶遊，考試則熟讀講義，不問學問之有無，惟爭分數之多寡；試驗既終，書籍束之高閣，毫不過問，敷衍三四年，潦草塞責，文憑到手，即可藉此活動於社會，豈非與求學初衷大相背馳乎？光陰虛度，學問毫無，是自誤也。且辛亥之役，吾人之所以革命，因清廷官吏之腐敗。即在今日，吾人對於當軸多不滿意，亦以其道德淪喪。今諸君苟不於此時植其基，動其學，則將來萬一因生計所迫，出而任事，擔任講席，則必貽誤學生；置身政界，則必貽誤國家。是誤人也。誤己誤人，又豈本心所願乎？故宗旨不可以不正大。此余所希望於諸君者一也。

二曰砥礪德行。方今風俗日偷，道德淪喪，北京社會，尤爲惡劣：敗德毀行之事，觸目皆是，非根基深固，鮮不爲流俗所染。諸君肄業大學，當能束身自愛。然國家之興替，視風俗之厚薄。流俗如此，前途何堪設想。故必有卓絕之士，以身作則，力矯頹俗。諸君爲大學學生，地位甚高，肩此重任，責無旁貸，故諸君不惟思所以感己，更必有以勵人。苟德之不修，學之不講，同乎流俗，合乎污世，己且爲人輕侮，更何足以感人。然諸君終日伏首案前，芸芸攻苦，毫無娛樂之事，必感身體上之苦痛。爲諸君計，

莫如以正當之娛樂，易不正當之娛樂，庶於道德無虧，而於身體有益。諸君入分科時，曾塡寫願書，遵守本校規則，苟中道而違之，豈非與原始之意相反乎？故品行不可以不謹嚴。此余所希望於諸君者二也。

三曰敬愛師友。教員之教授，職員之任務，皆以圖諸君求學便利，諸君能無動於衷乎？自應以誠相待，敬禮有加。至於同學共處一堂，尤應互相親愛，庶可收切磋之效。不惟開誠布公，更宜道義相勖，蓋同處此校，毀譽共之。同學中苟道德有虧，行有不正，爲社會所訾詈，己雖規行距步，亦莫能辯，此所以必互相勸勉也。余在德國，每至店肆購買物品，店主殷勤款待，付價接物，互相稱謝。此雖小節，然亦交際所必需。常人如此，況堂堂大學生乎？對於師友之敬愛，此余所希望於諸君三也。

余到校視事僅數日，校事多未詳悉，茲所計劃者二事：**一曰改良講義**。諸君既研究高深學問，自與中學、高等不同，不惟恃教員講授，尤賴一己潛修。以後所印講義，只列綱要，細微末節，以及精旨奧義，或講師口授，或自行參考，以期學有心得，能裨實用。**二曰添購書籍**。本校圖書館書籍雖多，新出者甚少，苟不廣爲購辦，必不足供學生之參考。刻擬籌集款項，多購新書，將來典籍滿架，自可旁稽博采，無虞缺乏矣。今日所與諸君陳說者只此，以後會晤日長，隨時再爲商榷可也。

一九一七年一月九日

不肯再任北大校長的宣言

蔡元培

㈠**我絕對不能再作那政府任命的校長**：爲了北京大學校長是簡任職，是半官僚性質，便生出那許多官僚的關係，那裡用呈，那裡用咨，天天有一大堆無聊的照例的公牘。要是稍微破點例，就要呈請教育部，候他批准。什麼大學文、理科叫做本科的問題，文、理合辦的問題，選科制的問題，甚至小到法科暫省學長的問題，附設中學的問題，都要經那拘文牽義的部員來斟酌。甚而部裡還常常派了什麼一知半解的部員來視察，他報告了，還要發幾個訓令來訓飭幾句。我是個痛惡官僚的人，能甘心仰這些官僚的鼻息麼？我將進北京大學的時候，沒有想到這一層，所以兩年有半，天天受這個苦痛。現在苦痛受足了，好容易脫離了，難道還肯投入去麼？

㈡**我絕對不能再作不自由的大學校長**：思想自由，是世界大學的通例。德意志帝政時代，是世界著名開明專制的國，他的大學何等自由。那美、法等國，更不必說了。

北京大學，向來受舊思想的拘束，是很不自由的。我進去了，想稍稍開點風氣，請了幾個比較的有點新思想的人，提倡點新的學理，發布點新的印刷品，用世界的新思想來比較，用我的理想來批評，還算是半新的。在新的一方面偶有點兒沾沾自喜的，我還覺得好笑。哪知道舊的一方面，看了這點半新的，就算「洪水猛獸」一樣了。又不能用正當的辯論法來辯論，鬼鬼祟祟，想借著強權來干涉。於是教育部來干涉了，國務院來干涉了，甚而什麼參議院也來干涉了，世界有這種不自由的大學麼？還要我去充這種大學的校長麼？

㈢**我絕對不能再到北京的學校任校長**：北京是個臭蟲窠（這是民國元年袁項城所送的徽號，所以他那時候雖不肯到南京去，卻有移政府到南苑去的計劃）。無論何等高尚的人物，無論何等高尚的事業，一到北京，便都染了點臭蟲的氣味。我已經染了兩年有半了，好容易逃到故鄉的西湖、鑑湖，把那個臭氣味淘洗淨了。難道還要我再作逐臭之夫，再去嘗嘗這氣味麼？

「我想有人見了我這一段的話，一定要把『我不入地獄，誰入地獄』的話來勸勉我。但是我現在實在沒有到佛說這句話的時候的程度，所以只好敬謝不敏了。」

附：愛蔡孑民者啟

右宣言聞尚是蔡君初出京時所草，到上海後，本擬即行宣布，後因北京挽留之電，

有友人勸其婉覆，免致以個人去留問題與學生所爭政治問題，永結不解之緣，故有以有條件的允任維持之電，後來又有臥病不行之電，均未將眞意說出。聞其意，無論如何，絕不回校也。鄙人抄得此宣言書，覺與北京各報所載啓事，及津浦車站告友之言，均相符合，必是蔡君本意。個人意志自由，本不可以多數壓制之，且爲社會上留此一個乾淨人，使不與政治問題發生關係，亦是好事。故特爲宣布，以備挽留蔡君者之參考焉。愛蔡孑民者啓

寫於一九一九年六月十五日，轉自《蔡元培全集》第三卷，中華書局一九八四年版

因聽從其弟蔡元康的勸阻，此件未公開發表，係據蔡元培手稿編入《蔡元培全集》。

關於不合作的宣言

蔡元培

《彖傳》說：「小人知進而不知退」。我國近年來有許多糾紛的事情，都是由不知退的小人釀成的。而且退的舉動，並不但是消極的免些糾紛，間接的還有積極的努力。

當民國七年南北和議將開的時候，北京有一個平和期成會，我也充作會員。會員裡面有好幾位任北方代表的，中有一位某君在會中發言道：「諸君知道辛亥革命，清室何以倒的這樣快？惟一的原因，是清朝末年，大家知道北京政府絕無希望，激烈點的，固然到南方去做革命的運動；就是和平點的，也陸續離去北京。那時候的北京，幾乎沒有一個有知識有能力的人，所以革命軍一起，袁項城一進北京，清室就像『拉枯摧朽』的倒了。現在的政府也到末日了，且看他覺悟了沒有。若是這一次他還是不肯開誠布公的與南方協議，那就沒有希望了。我們至少應該相率離京，並家眷也同去。」我那時聽了這一番話，很爲感動。當局的壞人大抵一無所能的爲多，偶有所能，也是不適於時勢

的。他所以對付時局，全靠著一般胥吏式機械的學者替他在衙署裡面，辦財政辦外交等，替他在文化事業上作裝飾品。除了這幾項外，他還有什麼維持的能力呢？所以這班胥吏式機械式的學者只要有飯吃，有錢拿，無論什麼東西，都替他做工具，如俗語說的「有奶便是娘」的樣子，實在是「助紂為虐」。他們的罪，比當局的壞人還多一點兒。

八年的春季，華北歐美同學會在清華學校開會，有一部分會員提出對於政治問題的意見，在會場上通過。我那時候就問他們：「我們提出去了，萬一政府竟置之不理，我們怎麼樣，我個人的意思，要是我們僅為發表意見，同新聞記者的社論一樣，那就不必說了。若是求有點效果，至少要有不再替政府幫忙的決心。」我那時候就縷述平和期成會中某君話告大衆，並且申說：「現在政府哪一個機關，能離掉留學生？若學生相率辭職，政府當得起麼？」此是我第一次宣傳某君的名言。

去年春假，教職員聯席會議，因教育經費沒有著落，請八校校長出席發表意見。我因前一年從歐美歸來，不久進病院，這一回算是第一次出席聯席會議。我那時候聲明我的意見，以為教育費不發，教職員無論為教課上進行障礙，或為個人生計困難，止須向校長辭職。若教職員辭職的多了，校長當向政府辭職。我想這種辭職的效力，要比罷課與包圍教育當局還大得多，也縷述某君的一番話備他們參考。這是我第二次宣傳某君的名言。

但是我個人性情，是曾經吳君稚輝（暉）的品評過，叫做「律己不苟而對人則絕對

放任」。我自己反省過來，覺得他的品評是很不錯。我對於某君的名言，雖然極端佩服，但是除前說兩次宣傳外，偶然於談話時傳述過幾次，卻從沒有這種主張向何等人作積極的運動，不過為自己向這個方向準備。

我是一個比較的還可以研究學問的人，我的興趣也完全在這一方面。自從任了半官式的國立大學校長以後，不知道一天要見多少不願意見的人，說多少不願意說的話，看多少不願意看的信。想每天騰出一兩點鐘讀讀書，竟做不到，實在苦痛極了。而這個職務，又適在北京，是最高立法機關行政機關所在的地方。止見他們一天一天的墮落：議員的投票，看津貼有無；閣員的位置，稟軍閥意旨；法律是舞文的工具；選舉是金錢的決賽；不計是非，止計利害；不要人格，止要權利。這種惡濁的空氣，一天一天的濃厚起來，我實在不能再受了。我們的責任在指導青年，在這種惡濁氣裡面，要替這幾千青年保險，叫他們不致受外界的傳染，我自忖實在沒有這種能力。所以早早想脫離關係，讓別個能力較大的人來擔任這個保險的任務。

五四風潮以後，我鑒於為一個校長去留的問題，生了許多支節，我雖然抱了必退的決心，終不願為一人的緣故，牽動學校，所以近幾年來，在校中設立各種機關，完全倚幾位教授為中堅，絕不至因校長問題發生什麼危險了。

到現在布置的如此妥當，我本來隨時可以告退，不過為校中同人感情的牽扯，預備到學期假中設法脫離。不意有彭允彝提出羅案再議的事件，叫我忍無可忍，不得不立刻

告退了。

羅案初起，我深惡吳景濂、張伯烈的險惡，因爲他們爲倒閣起見，盡可用顧問彈劾的手續，何以定要用不法行爲，對於未曾證明有罪的人，剝奪他的自由？我且深怪黎總統的大事糊塗，受兩個人的脅迫，對於未曾證明有罪的人，草草的下令逮捕，與前年受張勳壓迫，下令解散國會，實在同一糊塗。我那時候覺得北京住不得了，我的要退的意思，已經很急迫了。但是那時候這個案已交法庭，只要法庭依法辦理，他們的倒閣目的已達，不再有干涉司法的舉動，或者於法律保險人權的主義，經一番頓挫，可以格外昭明一點，不妨看他一看。現在法庭果然依法辦理，宣告宣告不起訴理由了，而國務員匆匆的提出再議的請求，又立刻再剝奪未曾證明有罪的人的自由，重行逮捕。而提出者又並非司法當局，而爲我的職務上天天有關係的教育當局，我不管他們打官話打得怎麼圓滑，我總覺得提出者的人格，是我不能再與爲伍的。我所以不能再忍而立刻告退了。

一九二三年一月二十一日

我在北京大學的經歷

蔡元培

北京大學的名稱，是從民國元年起的。民元以前，名爲京師大學堂，包有師範館、仕學館等，而譯學館亦爲其一部。我在民元前六年，曾任譯學館教員，講授國文及西洋史，是爲我在北大服務之第一次。

民國元年，我長教育部，對於大學有特別注意的幾點：一、大學設法商等科的，必設文科；設醫農工等科的，必設理科。二、大學應設大學院（即今研究院）爲教授、留校的畢業生與高級學生研究的機關。三、暫定國立大學五所，於北京大學外，再籌辦大學各一所於南京、漢口、四川、廣州等處。（爾時想不到後來各省均有辦大學的能力。）四、因各省的高等學堂，本仿日本制，爲大學預備科，但程度不齊，於入大學時發生困難，乃廢止高等學堂，於大學中設預科。（此點後來爲胡適之先生等所非難，因各省既不設高等學堂，就沒有一個薈萃較高學者的機關，文化不免落後；但自各省競設大學後，就不必顧慮了。）

是年，政府任嚴幼陵君爲北京大學校長；兩年後，嚴君辭職，改任馬相伯君，不久，馬君又辭，改任何錫侯君，不久又辭，乃以工科學長胡次珊君代理。民國五年冬，我在法國，接教育部電，促回國，任北大校長。我回來，初到上海，友人中勸不必就職的頗多，說北大太腐敗，進去了，若不能整頓，反於自己的聲名有礙，這當然是出於愛我的意思。但也有少數的說，既然知道他腐敗，更應進去整頓，就是失敗，也算盡了心；這也是愛人以德的說法。我到底服從後說，進北京。

我到京後，先訪醫專校長湯爾和君，問北大情形。他說：「文科預科的情形，可問沈尹默君；理工科的情形，可問夏浮筠君。」湯君又說：「文科學長如未定，可請陳仲甫君。陳君現改名獨秀，主編《新青年》雜誌，確可爲青年的指導者。」因取《新青年》十餘本示我。我對於陳君，本來有一種不忘的印象，就是我與劉申叔君同在《警鐘日報》服務時，劉君語我：「有一種在蕪湖發行之白話報，發起的若干人，都因困苦及危險而散去了，陳仲甫一個人又支持了好幾個月。」現在聽湯君的話，又翻閱了《新青年》，決意聘他。從湯君處探知陳君寓在前門外一旅館，我即往訪，與之訂定；於是陳君來北大任文科學長，而夏君原任理科學長，沈君亦原任教授，一仍舊慣；乃相與商定整頓北大的辦法，次第執行。

我們第一要改革的，是學生的觀念。我在譯學館的時候，就知道北京學生的習慣。他們平日對於學問上並沒有什麼興會，只要年限滿後，可以得到一張畢業文憑。教員是

自己不用功的，把第一次的講義，照樣印出來，按期分散給學生，在講壇上讀一遍，學生覺得沒有趣味，或瞌睡，或看看雜誌，下課時，把講義帶回去，堆在書架上。等到學期、學年或畢業的考試，教員認眞的，學生就拼命的連夜閱讀講義，只要把考試對付過去，就永遠不再去翻一翻了。要是教員通融一點，學生就先期要求教員告知他要出的題目，至少要求表示一個出題目的範圍；教員爲避免學生的懷恨與顧全自身的體面起見，往往把題目或範圍告知他們了。於是他們不用功的習慣，得了一個保障了。尤其北京大學的學生，是從京師大學堂「老爺」式學生嬗繼下來（初辦時所收學生，都是京官，所以學生都被稱爲老爺，而監督及教員都被稱爲中堂或大人）。他們的目的，不但在畢業，而尤注重在畢業以後的出路。所以專門研究學術的教員，他們不見得歡迎；要是點名時認眞一點，考試時嚴格一點，他們就借個話頭反對他，雖罷課也在所不惜。若是一位在政府有地位的人來兼課，雖時時請假，他們還是歡迎得很；因爲畢業後可以有闊老師做靠山。這種科舉時代遺留下來劣根性，是於求學上很有妨礙的。所以我到校後第一次演說，就說明「大學學生，當以研究學術爲天職，不當以大學爲升官發財之階梯。」然而要打破這些習慣，止有從聘請積學而熱心的教員著手。

那時候因《新青年》上文學革命的鼓吹，而我們認識留美的胡適之君，他回國後，即請到北大任教授。胡君眞是「舊學邃密」而且「新知深沈」的一個人，所以一方面與沈尹默、兼士兄弟、錢玄同、馬幼漁、劉半農諸君以新方法整理國故，一方面整理英文

系；因胡君之介紹而請到的好教員，頗不少。

我素信學術上的派別，是相對的，不是絕對的；所以每一種學科的教員，即使主張不同，若都是「言之成理、持之有故」的，就讓他們並存，令學生有自由選擇的餘地。最明白的，是胡適之君與錢玄同君等絕對的提倡白話文學，而劉申叔、黃季剛諸君仍極端維護文言的文學；那時候就讓他們並存。我信為應用起見，白話文必要盛行，我也常常作白話文，也替白話文鼓吹；然而我也聲明：作美術文，用白話也好，用文言也好。例如我們寫字，為應用起見，自然要寫行楷，若如江艮庭君的用篆隸寫藥方，當然不可；若是為人寫斗方或屏聯，作裝飾品，即寫篆隸章草，有何不可？

那時候各科都有幾個外國教員，都是託中國駐外使館或外國駐華使館介紹的，學問未必都好，而來校既久，看了中國教員的闌珊，也跟了闌珊起來。我們斟酌了一番，辭退幾人，都按著合同上的條件辦的。有一法國教員要控告我；有一英國教習竟要求英國駐華公使朱爾典來同我談判，我不答應。朱爾典出去後，說：「蔡元培是不要再做校長的了。」我也一笑置之。

我從前在教育部時，為了各省高等學堂程度不齊，故改為各大學直接的預科。不意北大的預科，因歷年校長的放任與預科學長的誤會，竟演成獨立的狀態。那時候預科中受了教會學校的影響，完全偏重英語及體育兩方面；其他科學比較的落後；畢業後若直升本科，發生困難。預科中竟自設了一個預科大學的名義，信箋上亦寫此等字樣。於是

不能不加以改革，使預科直接受本科學長的管理，不再設預科學長。預科中主要的教課，均由本科教員兼任。

我沒有本校與他校的界限，常為之通盤打算，求其合理化。是時北大設文、理、工、法、商五科，而北洋大學亦有工、法兩科；北京又有一工業專門學校，都是國立的。我以為無此重複的必要，主張以北大的工科併入北洋，而北洋之法科，刻期停辦。得北洋大學校長同意及教育部核准，把土木工與礦冶工併到北洋去了。把工科省下來的經費，用在理科上。我本來想把法科與法專併成一科，專授法律，但是沒有成功。我覺得那時候的商科，毫無設備，僅有一種普通商業學教課，於是併入法科，使已有的學生畢業後停止。

我那時候有一個理想，以為文、理兩科，是農、工、醫、藥、法、商等應用科學的基礎，而這些應用科學的研究時期，仍然要歸到文理兩科來。所以文理兩科，必須設各種的研究所；而此兩科的教員與畢業生必有若干人是終身在研究所工作，兼任教員，而不願往別種機關去的。所以完全的大學，當然各科並設，有互相關聯的便利。若無此能力，則不妨有一大學專辦文理兩科，名為本科，而其他應用各科，可辦專科的高等學校，如德法等國的成例。以表示學與術的區別。因為北大的校舍與經費，絕沒有兼辦各種應用科學的可能，所以想把法律分出去，而編為本科大學；然沒有達到目的。

那時候我又有一個理想，以為文理是不能分科的。例如文科的哲學，必植基於自然

科學；而理科學者最後的假定，亦往往牽涉哲學。從前心理學附入哲學，而現在用實驗法，應列入理科；教育學與美學，也漸用實驗法，有同一趨勢。地理學的人文方面，應屬文科，而地質地文等方面屬理科。歷史學自有史以來，屬文科，而推原於地質學的冰期與宇宙生成論，則屬於理科。所以把北大的三科界限撤去而列爲十四系，廢學長，設系主任。

我素來不贊成董仲舒罷黜百家獨尊孔氏的主張。清代教育宗旨有「尊孔」一款，已於民元在教育部宣布教育方針時說他不合用了。到北大後，凡是主張文學革命的人，沒有不同時主張思想自由的；因而爲外間守舊者所反對。適有趙體孟君以編印明遺老劉應秋先生遺集，貽我一函，屬約梁任公、章太炎、林琴南諸君品題；我爲分別發函後，林君覆函，列舉彼對於北大懷疑諸點。我覆一函，與他辯。這兩函頗可窺見那時候兩種不同的見解，所以抄在下面：（略，見《蔡孑民先生言行錄》中〈致公言報函並附答林琴南君函〉）

這兩函雖僅爲文化一方面之攻擊與辯護，然北大已成爲衆矢之的，是無可疑了。越四十餘日，而有五四運動。我對於學生運動，素有一種成見，以爲學生在學校裡面，應以求學爲最大目的，不應有何等政治的組織。其有年在二十歲以上，對於政治有特殊興趣者，可以個人資格參加政治團體，不必牽涉學校。所以民國七年夏間，北京各校學生，曾爲外交問題，結隊遊行，向總統府請願；當北大學生出發時，我曾力阻他們，他

們一定要參與，我因此引咎辭職，經慰留而罷。到八年五月四日，學生又有不簽字於巴黎和約與罷免親日派曹、陸、章的主張，仍以結隊遊行爲表示，我也就不去阻止他們了。他們因憤激的緣故，遂有焚曹汝霖住宅及攢毆章宗祥的事，學生被警廳逮捕者數十人，各校皆有，而北大學生居多數。我與各專門學校的校長向警廳力保，始釋放。但被拘的雖已保釋，而學生尚抱再接再厲的決心，政府亦且持不做不休的態度。都中宣傳政府將明令免我職而以馬其昶君任北大校長，我恐若因此增加學生對於政府的糾紛，我個人且將有運動學生保持地位的嫌疑，不可以不速去。乃一面呈政府，引咎辭職，一面秘密出京。時爲五月九日。

那時候學生仍每日分隊出去演講，政府逐隊逮捕，因人數太多，就把學生都監禁在北大第三院。北京學生受了這樣大的壓迫，於是引起全國學生的罷課，而且引起各大都會工商界的同情與公憤，將以罷工罷市爲同樣之要求。政府知勢不可侮，乃釋放被逮諸生，決定不簽和約，罷免曹、陸、章，於是五四運動之目的完全達到了。

五四運動之目的既達，北京各校的秩序均恢復，獨北大因校長辭職問題，又起了多少糾紛。政府曾一度任命胡次珊君繼任，而爲學生所反對，不能到校；各方面都要我復職。我離校時本預定絕不回去；不但爲校務的困難，實因校務以外，常常有許多不相干的纏繞，度一種勞而無功的生活，所以啓事上有「殺君馬者道旁兒；民亦勞止，汔可小休；我欲小休矣」等語。但是隔了幾個月，校中的糾紛，仍在非我回校，不能解決的狀

態中，我不得已，乃允回校。回校以前，先發表一文，告北京大學學生及全國學生聯合會，告以學生救國，重在專研學術，不可常爲救國運動而犧牲（全文見《蔡孑民先生言行錄》下册三三七～三四一頁）。到校後，在全體學生歡迎會演說，說明德國大學學長、校長均每年一換，由教授會公舉；校長且由神學、醫學、法學、哲學四科之教授輪值；從未生過糾紛，完全是教授治校的成績。北大此後亦當組成健全的教授會，使學校絕不因校長一人的去留而起恐慌（全文見《言行錄》三四一～三四四頁）。

那時候蔣夢麟君已允來北大共事，請他通盤計劃，設立教務、總務兩處；及聘任財務等委員會，均以教授爲委員。請蔣君任總務長，而顧孟餘君任教務長。

北大關於文學哲學等學系，本來有若干基本教員，自從胡適之君到校後，聲應氣求，又引進了多數的同志，所以興會較高一點，預定的自然科學、社會科學、文學、國學四種研究所，止有國學研究所先辦起來了。在自然科學與社會科學方面，比較的困難一點。自民國九年起，自然科學諸系，請到了丁巽甫、顏任光、李潤章諸君主持物理系，李仲揆君主持地質系；在化學系本有王撫五、陳聘丞、丁庶爲諸君，而這時候又增聘程寰西、石蘅青諸君。在生物學系本已有鍾憲鬯君在東南西南各省搜羅動植物標本，有李石曾君講授學理，而這時候又增聘譚仲逵君。於是整理各系的實驗室與圖書室，使學生在教員指導之下，切實用功；改造第二院禮堂與庭園，使合於講演之用。在社會科學方面，請到王雪艇、周鯁生、皮皓白諸君；一面誠意指導提起學生好學的精神，一面

廣購圖書雜誌，給學生以自由考索的工具。丁巽甫君以物理學教授兼預科主任，提高預科程度。於是北大始達到各系平均發展的境界。

我素來主張男女平等的。九年，有女學生要求進校，以考期已過，姑錄爲旁聽生。及暑假招考，就正式招收女生。有人問我：「兼收女生是新法，爲什麼不先請教育部核准？」我說：「教育部的大學令，並沒有專收男生的規定；從前女生不來要求，所以沒有女生；現在女生來要求，而程度又夠得上，大學就沒有拒絕的理。」這是男女同校的開始，後來各大學都兼收女生了。

我是佩服章實齋先生的，那時候國史館附設在北大，我定了一個計劃，分徵集纂輯兩股；纂輯股又分通史、民國史兩類；均從長編入手。並編歷史辭典。聘屠敬山、張蔚西、薛閬仙、童亦韓、徐貽孫諸君分任徵集編纂等務。後來政府忽又有國史館獨立一案，別行組織。於是張君所編的民國史，薛、童、徐諸君所編的辭典，均因篇帙無多，視同廢紙；止有屠君在館中仍編他的《蒙兀兒史》，躬自保存，沒有散失。

我本來很注意於美育的，北大有美學及美術史教課，除中國美術史由葉浩吾君講授外，沒有人肯講美學。十年，我講了十餘次，因足疾進醫院停止。至於美育的設備，曾設書法研究會，請沈尹默、馬叔平諸君主持。設畫法研究會，請賀履之、湯定之諸君教授國畫；比國楷次君教授油畫。設音樂研究會，請蕭友梅君主持。均聽學生自由選習。

我在愛國學社時，曾斷髮而習兵操，對於北大學生之願受軍事訓練的，常特別助

成；曾集這些學生，編成學生軍，聘白雄遠君任教練之責，亦請蔣百里、黃膺白諸君到場演講。白君勤懇而有恆，歷十年如一日，實爲難得的軍人。

我在九年的冬季，曾往歐美考察高等教育狀況，歷一年回來。這期間的校長任務，是由總務長蔣君代表的。回國以後，看北京政府的情形，日壞一日，我處在與政府常有接觸的地位，日想脫離。十一年冬，財政總長羅鈞任君忽以金佛郎（編按：今譯法郎）問題被逮，釋放後，又因教育總長彭允彝君提議，重複收禁。我對於彭君此舉，在公議上，認爲是蹂躪人權獻媚軍閥的勾當；在私情上，羅君是我在北大的同事，而且於考察教育時爲最密切的同伴，他的操守，爲我所深信，我不免大抱不平。與湯爾和、邵飄萍、蔣夢麟諸君會商，均認有表示的必要。我於是一面遞辭呈，一面離京。隔了幾個月，賄選總統的布置，漸漸的實現，而要求我回校的代表，還是不絕，我遂於十二年七月間重往歐洲，表示決心；至十五年，始回國。那時候，京津間適有戰爭，不能回校一看。十六年，國民政府成立，我在大學院，試行大學區制，以北大劃入北平大學區範圍，於是我的北京大學校長的名義，始得取消。

綜計我居北京大學校長的名義，十年有半；而實際在校辦事，不過五年有半，一經回憶，不勝慚悚。

原載《東方雜誌》第三十一卷第一號，一九三四年一月一日出版

學術獨立與新清華

羅家倫

在中國近代史上，革命的潮流常是發源於珠江流域，再澎湃到長江流域。但是辛亥革命的時候，革命的力量到長江流域就停頓了，黃河以北不曾經他滌蕩過，以致北平仍爲舊日帝制官僚軍閥的力量所盤據，障礙了統一的局面十幾年。這回國民革命軍收復北平，是國民革命力量徹底達到黃河流域的第一次，這是中國歷史上一個新的紀元。國民政府於收復舊京以後，首先把清華學校改爲國立清華大學，正是要在北方爲國家添樹一個新的文化力量！

國民革命的目的是要爲中國在國際間求獨立自由平等。要國家在國際間有獨立自由平等的地位，必須中國的學術在國際間也有獨立自由平等的地位。把美國庚款興辦的清華學校正式改爲國立清華大學，正有這個深意。我今天在就職宣誓的誓詞中，特別提出學術獨立四個字，也正是認淸這個深意。

我今天在這莊嚴的禮堂裡，正式代表政府宣布國立清華大學在這明麗的清華園中成立。從今天起，清華已往留美預備學校的生命，轉變而爲國家完整大學的生命。

我們停止舊制全部畢業生派遣留美的辦法，而且要以純粹學術的標準，重行選聘外籍教授，這不是我們對於友邦的好意不重視，反過來說，我們倒是特別重視。我們既是國立大學，自然要研究發揚我國優美的文化，但是我們同時也以充分的熱忱，接受西洋的科學文化。不過我們接受的辦法不同。不是站在美國的方面，教中國的學生「來學」，雖然我還要以公開考試的辦法，選拔少數成績優良的學生到美國去深造；乃是站在中國的方面，請西方著名的，第一流的不是第四五流的學者「來教」。請一班眞正有造就的學者，尤其是科學家，來扶助我們科學教育的獨立，把科學的根苗移植在清華園裡。不，在整個的中國的土壤上，使他開花結果，枝幹扶疏。

我動身來以前，便和大學院院長蔡先生商量好如何調整和組織清華的院系。我們決定先成立文、理、法三個學院。文學院分中國文學、外國文學、哲學、歷史、社會人類五系。理學院分數學、物理、化學、生物、心理五系。我到北平以後，又深深地覺得以中國土地之廣，地理知識之缺乏，擬添設地理一系，爲科學的地理學樹一基礎。我們不要從文史上談論地理，我們要在科學上把握地理。至於工程方面，則以現在的人才設備論，先成立土木工程系，而注重在水利。因爲華北的水利問題太忽視了，在我們附近的永定河，還依然是無定河。等到將來人才設備夠了，再行擴充成院。法學院則僅設政治

經濟兩系，法律系不擬添設，因爲北平的法律學校太多了，我們不必疊床架屋。我們的發展，應先以文理爲中心，再把文理的成就，滋長其他的部門。文理兩學院本應當是大學的中心，文哲是人類心靈能發揮得最機動最瀰漫的部分。社會科學都受他們的影響。純粹科學是一切應用科學的基礎，也是源泉。斷沒有一個大學裡，理學院辦不好而工學院能單獨辦得好的道理。況且清華優美的環境，對於文哲的修養，純粹科學的研究，也最爲相宜。

要大學好，必先要師資好。爲青年擇師，必須破除一切情面，一切顧慮，以至公至正之心。憑著學術的標準去執行，經改組以後，留下的十八位教授，都是學問與教學經驗，很豐富而很有成績的。新聘的各位教授，也都是積學之士，科學是西洋的，科學是進步的，所以我希望能吸收大量青年而最有前途的學者，加入我們的教學集團來工作。只要各位能從盡心教學、努力研究八個字上做，一切設備，我當盡力添置。我想只要大家很盡心努力，又有設備，則在這比較生活安定的環境之中，經過相當年限，一定能爲中國學術界放一光彩。若是本國人材不夠，我們還當不分國籍的借材異地。一面請他們教學，一方面幫助我們研究。我認爲羅致良好教師，是大學校長第一責任！

至於學生，我們今年應當添招。我希望此後要做到沒有一個不經過嚴格考試而進清華的學生；也沒有一個不經過充分訓練，不經過嚴格考試，而在清華畢業的學生。各位現在做了大學生，便應當有大學生的風度。體魄康強，精神活潑，舉止端莊，人格健

全，便是大學生的風度。不倦的尋求眞理，熱烈的愛護國家，積極的造福人類，才是大學生的職志。有學問的人，要有「振衣千仞岡，濯足萬里流」的心胸，要有「珠藏川自媚，玉蘊山含輝」的儀容，處人接物，才能受人尊敬。

關於學生，我今天還有一句話要說，就是從今年起，我決定招收女生。男女教育是要平等的。我想不出理由，清華的師資設備，不能嘉惠於女生。我更不願意看見清華的大門，劈面對女生關了！

研究是大學的靈魂。專教書而不研究，那所教的必定毫無進步。不但沒進步，而且有退步。清華以前的國學研究院，經過幾位大師的啓迪，已經很有成績。但是我以爲單是國學還不夠，應該把它擴大起來，先後成立各科研究院，讓各系畢業生都有在國內深造的機會。尤其在科學研究方面，應當積極的提倡。這種研究院，是外國大學裡的畢業院的性質。我說先後成立，因爲我不敢好高騖遠，大事鋪張。這必須先視師資和設備而後定。二者不全，那研究院便是空話。我上面指出來要借材異地，主要的還是指著研究院方面。老實說，像我們在國外多讀過幾年書的人，回國以後，不見得都有單獨研究的能力。交一個研究實驗室給他，不見得主持得好；不見得他的學問，都能追踪本科在世界學術上最近的進步；不見得他的經驗和眼光，能把握得住本科的核心問題。所以借材異地是必要的。不過借材異地的方法，不能和前幾年請幾位外國最享盛名的學者，來講學一年或幾個月一樣。龔定庵說：「但開風氣不爲師」。這種辦法，只是請人家來

「開風氣」，而不是來「爲師」。現在風氣已開，這個時間已過。我心目中的辦法，不是請外國最享盛名的人來一短期，而是請幾位造詣已深，還在繼續工作，日進未已，而又有熱忱的學者，多來「爲師」幾年。在這期間，我們應予以充分設備和生活上的便利，使他安心留著，不但訓練我們的學生，而且輔導我們的教員。三五年後，再讓他們回國；他們經營的研究室和實驗室，我們便可順利地接收過來。我認爲這是把科學移植到中國來的最好的辦法。但是這需要不斷的接洽，適當的機會，不是一下可以成功的。假以時日，我一定在這方面努力進行。

一切近代的研究工作，需要設備。清華現在的弱點是房子太華麗，設備太稀少。設備最重要的是兩方面：一方面是儀器，一方面是圖書。我以後的政策是極力減少行政的費用，每年在大學總預算規定一個比例數，我想至少百分之二十，爲購置圖書儀器之用。呈准大學院，垂爲定法，做清華設備上永久的基礎。我想有若干年下去，清華的設備，一定頗有可觀。積極設備，是我的職責；但是我希望各院系動用設備費的時候，要格外小心。我們不能學美國大學闊綽的模樣。我們的設備當然不是買來擺架子的；我們也不能把什麼設備弄得「得心應手」以後，才來動手做研究。我們要看英國劍橋大學克文的煦物理實驗室的典型。這個實驗室在一八九六年方得到一次四千鎊的英金，擴充他狹小的房屋及設備；一九〇八年才另得一項較大的數目，七千一百三十五鎊英金，來做設備的用途，當一九一九年大物理家盧斯佛德教授（Rutheiford）主持該實驗室的時候，

每個部門的研究費每年不過五十鎊，而好幾位教授爭這一點小小的款子，來做研究，但是這個實驗室對於世界科學的貢獻太大了！

我站在這華麗的禮堂裡，覺得有點不安；但是我到美麗的圖書館裡，並不覺得不安。我只嫌他如此講究的地方，何以閱書的位置如此之少，所以非積極擴充不可。西文專門的書籍太少，中文書籍尤其少得可憐，這更非積極增加不可。我以為圖書館不厭舒適，不厭便利，不厭書籍豐富，才可以維繫讀者。我希望圖書館和實驗室成為教員學生的家庭。我希望學生不在運動場就在實驗室和圖書館，我只希望學生除晚上睡覺外不在宿舍！

至於行政方面人員的緊縮，費用的裁減，我已定有辦法。行政效率不一定是和人員之多寡成正比例的。我們要做到廉潔化的地步。我們要把奢侈浪費的習慣，趕出清華園去！

還有一件事我不能不稍提一下，就是清華基金問題。幾個月前我擔任戰地政務委員主管教育處來到北平的時候，知道一點內幕。我現在不便詳說。其中四百多萬元的存款，已化為二百多萬元。有第一天把基金存進銀行去，第二天銀行就倒閉的事實。這不是愛護清華的人所忍見的。我當沈著進行，務必使他達到安全的地步，這才使清華經濟基礎得到穩定。各位暫且不問，這是我的責任所在，我更希望清華改為國立大學以後，將來行政隸屬上，更能納入大學的正軌系統，使清華能有蒸蒸日上的機會。

總之，我既然來擔任清華大學的校長，我自當以充分的勇氣和熱忱，要來把清華辦好。我職權所在的地方，絕不推諉。我們既然從事國民革命，就不應該有所顧忌。我們要共同努力，爲國家民族，樹立一個學術獨立的基礎，在這優美的「水木清華」環境裡面。我們要造一個新學風以建設新清華！

民國十七年九月於國立清華大學校長就職典禮時演講。

原載羅家倫著《文化教育與青年》，商務印書館一九四五年版

羅家倫（一八九七～一九六九年），一九二〇年畢業於北京大學，一九二八年至一九三〇年任清華大學校長，一九三二年至一九四一年任中央大學校長。一九四八年後去台灣，任考試院院長、國史館館長等職。

就職演說

梅貽琦

本人離開清華，已有三年多的時期。今天在場的諸位，恐怕只有很少數的人認識我吧。我今天看出諸位裡面，有許多女同學，這是從前我在清華的時候所沒有的。我還記得我從前在清華負責的時候，就有許多同學向我請求，開放女禁，招收女生。我當時的回覆說，招收女生這件事，在原則上我是贊成的，不過在事實上，我認爲尙需有待。因爲男女的性別不同，有許多方面，必須有特別的準備，所以必須經過相當的籌備，方能舉辦。現在在我出國的三年內，當然準備齊全，所以今天有許多女同學在內，這是本人所深以爲慰的。

本人能夠回到清華，當然是極高興、極快慰的事。可是想到責任之重大，誠恐不能勝任，所以一再請辭，無奈政府方面，不能邀准，而且本人與清華已有十餘年的關係，又享受過清華留學的利益，則爲清華服務，乃是應盡的義務，所以只得勉力去做，但求

能夠盡自己的心力，爲清華謀相當的發展，將來可告無罪於清華足矣。

清華這些年來，在發展上可算已有了相當的規模。本人因爲出國已逾三年，最近的情形，不很熟悉，所以現在也沒有什麼具體的意見可說。現在姑且把我對於今後的清華，所抱的希望，略爲說一說。

一，**我先談一談清華的經濟問題**。清華的經濟，在國內總算是特別的好，特別的幸運。如果拿外國大學的情形比起來，當然相差甚遠，譬如哥倫比亞大學本年的預算，共有三千六百萬美金，較之清華，相差不知多少。但比較國內的其他大學，清華的經濟，總不能算少，而且比較穩定了。我們對於經濟問題，有兩個方針，就是基金的增加和保存。我們總希望清華的基金能夠日漸增多，並且十分安全，不至動搖清華的前途。然而我們對於目前的必需，也不能因爲求基金的增加而忽視，應當用的我們也還得要用，不能用的時候要力圖撙節與經濟罷了。

二，**我希望清華今後仍然保持它的特殊地位，不使墜落**。我所謂特殊地位，並不是說清華要享受什麼特殊的權利，我的意思是要清華在學術的研究上，應該有特殊的成就，我希望清華在學術方面應向高深專精的方面去做。辦學校，特別是辦大學，應有兩種目的：一是研究學術，二是造就人材。清華的經濟和環境，很可以實現這兩種目的，所以我們要向這方面努力。有人往往拿量的發展，來估定教育費的經濟與否，這是很有商量的餘地的。因爲學術的造詣，是不能以數量計較的。我們要向高深研究的方向去

做，必須有兩個必備的條件，其一是設備，其二是教授。設備這一層，比較容易辦到，我們只要有錢而且肯把錢用在這方面，就不難辦到。可是教授就難了。一個大學之所以為大學，全在於有沒有好教授。孟子說：「所謂故國者，非謂有喬木之謂也，有世臣之謂也。」我現在可以仿照說：「所謂大學者，非謂有大樓之謂也，有大師之謂也。」我們的智識，固有賴於教授的報導指點，就是我們的精神修養，亦全賴有教授的inspiration。但是這樣的好教授，絕不是一朝一夕所可羅致的。我們只有隨時隨地留意延攬而已。同時對於在校的教授，我們應該尊敬，這也是招致的一法。

三，我們固然要造就人材，但是我們同時也要注意到利用人材。就拿清華說吧，清華的舊同學，其中有很多人材，而且還有不少的傑出人材，但是回國之後，很少能夠適當利用的。多半是用非所學，甚且有學而不用的，這是多麼浪費——人材浪費——的一件事。我們今後對於本校的畢業生，應該在這方面多加注意。

四，清華向來有一種儉樸好學的風氣，這種良好的校風，我希望今後仍然保持著。清華從前在外間有一個貴族學校的名聲，但是這是外界不明眞相的結果，實際的清華，是非常儉樸的。從前清華的學生，只有少數的學生，是富家子弟，而大多數的學生，卻都是非常儉樸的。平日在校，多是布衣布服，棉布鞋，毫無紈袴習氣。我希望清華今後仍然保持這種良好的校風。

五，最後我不能不談一談國事。中國現在的確是到了緊急關頭，凡是國民一份子，

不能不關心的。不過我們要知道救國的方法極多，救國又不是一天的事。我們只要看日本對於圖謀中國的情形，就可以知道了。日本田中的奏策，諸位都看過了，你看他們那種處心積慮的處在，就該知道我們救國事業的困難了。我們現在，只要緊記住國家這種危急的情勢，刻刻不忘了救國的重責，各人在自己的地位上，盡自己的力，則若干時期之後，自能達到救國的目的了。我們做教師做學生的，最好最切實的救國方法，就是致力學術，造成有用人材，將來爲國家服務。

今天所說的，就只這幾點，將來對於學校進行事項日後再與諸君商榷。

原載《國立清華大學校刊》第三四一號，一九三一年十二月四日

梅貽琦（一八八九～一九六二年），著名教育家，一九一四年起歷任清華大學物理系首席教授、教務長等，一九三一年起任清華大學校長，至一九四八年。一九五五年在台灣創辦新竹清華大學並任校長。

四十年南開學校之回顧

張伯苓

緒言

本年十月十七日，爲南開學校四十周年紀念日。校友及同人僉以勝利在望，復校有期，值此負有悠久光榮歷史之紀念日，允宜特輯專刊，一以載過去艱難締造之經過，一以示擴大慶祝之熱忱，屬苓爲文紀念，爰撰斯篇，以寄所懷。

南開學校成立於遜清光緒三十年（公元一九〇四年），迄今已四十年矣！此四十年中，苓主持校務，擘劃經營，始終未懈。以故校舍日益擴展，設備日益充實，學生日益衆多，而畢業校友亦各能展其所長，爲國服務。凡我同人同學，值此校慶佳節，衷心定多快慰！而對於四十年來，爲學校服務之同人，愛護學校之校友，與夫贊助學校之政府

長官及社會各方人士，尤應致其莫大之謝忱！蓋私人經營之學校，其經濟毫無來源，其事業毫無憑藉，非得教育同志之負責合作，在校或出校校友之熱烈愛護，與夫政府及社會各方之贊助與扶持，絕不能奠定基礎而日漸滋長也！南開學校四十年之發展，豈偶然哉！

茲當南開四十周年校慶佳日，吾人回顧已往之奮鬥陳述，展望未來之復校工作，既感社會之厚我，倍覺職責之重大。爰將南開創校動機，辦學目的，及工作發展經過，作一總檢討，分述於下。

一、創校動機

南開學校之創辦人，爲嚴範孫先生。先生名修，字範孫，爲清名翰林。爲人持己清廉，守正不阿。戊戌政變前，任貴州學政，首以奏請廢科舉，開經濟特科，有聲於時。政變後，致仕家居。目擊當時國勢阽危，外侮日急，輒以爲中國欲圖自強，非變法維新不可；而變法維新，又非從創辦新教育不可。其憂時悲世之懷，完全出乎至誠。凡與之交者，莫不爲之感動。

光緒二十三年，英人繼德、俄之後，強租我威海衛，清廷力不能拒，允之。威海衛於甲午戰時，爲日人占據，至是交還。政府派通濟輪前往接收，移交英國。其時苓適畢

業於北洋水師學堂，在通濟輪上服務，親身參與其事。目睹國幟三易（按：接收時，先下日旗，後升國旗，隔一日，改懸英旗），悲憤塡胸，深受刺激！念國家積弱至此，苟不自強，奚以圖存，而自強之道，端在教育。創辦新教育，造就新人才，及苓將終身從事教育之救國志願，即肇始於此時。

翌年，苓離船，接嚴先生之聘，主持嚴氏家塾。嚴先生與苓同受困難嚴重之刺戟，共發教育救國之宏願。六年後（清光緒三十年十月），嚴氏家塾乃擴充爲中學，此南開學校創立之緣起也。

二、辦學目的

南開學校係因國難而產生，故其辦學目的旨在痛矯時弊，育才救國。竊以爲我中華民族之大病，約有五端：**首曰「愚」**。千餘年來，國人深中八股文之餘毒，民性保守，不求進步。又教育不普及，人民多愚昧無知，缺乏科學知識，充滿迷信觀念。**次曰「弱」**。重文輕武，鄙棄勞動。鴉片之毒流行，早婚之害未除。因之民族體魄衰弱，民族志氣消沈。**三曰「貧」**。科學不興，災荒疊見，生產力弱，生計艱難。加以政治腐敗，貪污流行，民生經濟，瀕於破產。**四曰「散」**。兩千年來，國人蟄伏於專制淫威之下，不善組織，不能團結。因此個人主義畸形發展，團體觀念極爲薄弱。整個中華民

族有如一盤散沙，而不悟「聚者力強，散者力弱」、「分則易折，合則難摧」之理。**五曰「私」**。此爲中華民族之最大病根。國人自私心太重，公德心太弱。所見所謀，短小淺近。只顧眼前，忽視將來，知有個人，不知團體。其流弊所及，遂至民族思想缺乏，國家觀念薄弱，良可慨也。右述五病，實爲我民族衰弱招侮之主因。苓有見及此，深感國家缺乏積極奮發、振作有爲之人才，故追隨嚴範孫先生，倡導教育救國，創辦南開學校。其消極目的，在矯正上述民族五病；其積極目的，爲培養救國建國人才，以雪國恥，以圖自強。

四、學校略史

南開學校成立於光緒三十年，但在學校成立之前，尚有六年之胚胎時期，即嚴、王兩館是也。此六年之胚胎時期若與南開四十年之歷史合併計算，則南開學校已有四十六年之歷史矣！此四十六年之歷史可以分爲四大時期：即㈠胚胎時期；㈡創業時期；㈢發展時期；㈣繼興時期。茲分述如次：

㈠胚胎時期（清光緒二十四年～三十年）

嚴、王二館之成立

光緒二十四年，嚴範孫先生設立家塾，聘苓主講，以英、算、理、化諸科，時號稱

「西學」，教其子侄。有學生五人。其後三年，邑紳王奎章亦聘苓教其子弟，有學生六人，取名「王館」，蓋所以別於「嚴館」也。苓每日上午課嚴館，下午課王館，如是六年，迄於南開學校之成立。本期由嚴館（光緒二十四年）而中學（光緒三十年），為期較短，發展亦少，是為南開之胚胎時期。

(二)創業時期

中學之成立及其發展

光緒三十年，苓與嚴範孫先生，東渡日本，考察教育，知彼邦富強，實由於教育之振興，益信欲救中國，須從教育著手。而中學居小學與大學之間，為培養救國幹部人才之重要階段，決定先行創辦中學，徐圖擴充。歸國後，即將嚴、王兩館合併，並招收新生，正式成立中學。校舍在嚴宅偏院，教室僅有小室數椽，學生七十餘人，教員三四人，實一規模狹小，設備未完之南開雛形也。當時校名，初稱「私立中學堂」，後易名「敬業中學堂」，旋復改稱私立「第一中學堂」，因私人設立之中學，尚有數處也。中學成立之四年，學生人數大增，以校舍偪仄，不能容納，得邑紳鄭菊如先生捐城西南名「南開」地十畝，為校址，遂籌募經費，起建校舍。是年秋，乃由嚴宅遷入新校舍，校名改稱「南開中學」，蓋以地名也。

宣統三年，天津客籍學堂與長蘆中學堂併入本校，學生人數增至五百人。

民國三年，直隸工業專門與法政學校兩附屬中學，亦歸併本校，於是學生益多。四

年，徇中學畢業生之請求，增設英語專門科。翌年，復設專門部及高等師範科各一班。卒因經費困難，人才缺乏，致先後停辦。六年，中學日形發達，學生滿千人。苓以辦理高等教育，兩次失敗，深感辦學困難，乃於是年秋，第二次渡美，入哥倫比亞大學師範學院研究教育，並考察其國內私立大學教育之組織及其發展，爲將來重辦大學之借鑑。七年冬，與嚴範孫、范靜生、孫子文諸先生偕同歸國，一方竭力充實中學，一方開始籌辦大學，南開歷史，從此乃進入於大學發展時期矣。

中學在此時期，年年有新發展。如購置新地，建築新舍，幾無年無之。雖經費時感拮据，多承徐前大總統菊人，陳前直隸總督小石，朱前巡按使經白，與劉前民政長仲魯諸先生，或則援助常年經費，或則補助建築費用，倡導教育，殊深感激！嚴範孫、王奎章二先生之捐助常年經費，鄭菊如先生之捐助南開地畝，以及袁慰亭、嚴子均二先生等捐資起建校舍，均於南開學校基礎之奠定，有莫大之助力也。

此期自中學創始（光緒三十年）至大學成立（民國八年），共十有五年。中心工作在發展中學，籌辦大學，中間雖歷經艱難挫折，仍能日日在發展長進之中，可稱爲南開發軔時期，亦可稱爲南開之創業時期。

㈢發展時期（民國八年～民國二十六年）

大學部之成立及其發展，中學部之繼續擴充，重慶南渝中學之創立

民國七年冬，苓自美歸國，壹志創辦大學，得前大總統徐公、黎公及李秀山先生之

贊助，遂於八年春，建大學講室於中學之南端隙地。是年秋，校舍落成，招生百餘人，設文理商三科，於是大學部正式成立。九年，李秀山先生捐助遺產五十萬爲大學基金。十年，李組紳先生捐助礦科經費，於是大學又增設礦科。十一年，在八里台得地七百餘畝，起建新校舍，翌年遷入。至是南開學校，分爲兩部——中學部、大學部。全校學生合計一千八百人。十二年秋，因天津各小學畢業生之請求，添設女中部。招收學生八十餘人，租用民房開學。於是南開學校擴充爲三部——中學部、大學部、女中部，學生又多增百餘人。

十六年，苓以日寇覬覦東北甚急，特赴東北四省視察。歸校後組織東北研究會，並派員前往實地調查，搜集資料，藉資研究。於是南開學校，深受日人之嫉視。

十七年，增設小學部，聘請美人阮芝儀博士爲實驗導師，從事設計教學法之實驗。大學成立既數年，基礎漸固，設備亦漸臻充實，爲提高學術研究，並造就人才計，二十年，添設經濟研究所，二十一年，設立化學研究所。二者除調查研究外，並著重於專門技術之訓練。至是南開學校擴充爲五部——中學部、女中部、小學部、大學部、研究所，學生總數乃達三千人矣。

二十四年冬，苓赴四川考察教育，深感津校事業，僅能維持現狀，而川地教育，尚可積極發展。且華北局勢，危急萬狀，一旦有變，學校必不保。爲謀南開事業推廣計，並爲謀教育工作不因時局變化而中斷計，決意在川設立分校，於二十五年秋，招生開

學，於是南開學校在重慶復增設一部。

此期學校各部頗多進展，經費之需要甚巨，各方面人士熱烈贊助，慷慨解囊者亦至多，在大學部，有李秀山、袁述之、盧木齋、陳芝琴、李組紳、傅宜生、李典臣、吳達詮諸先生，以及美國羅氏基金團等，或慨捐基金，或資助常費，或解囊充實圖書；尤以吳達詮先生所發起之「南大學生獎助金」運動，每生年得獎助金三百元，名額約三四十人，於清寒學生嘉惠尤多。在中學部，則有中華教育文化基金委員會之獎助經費，章瑞庭先生之獨捐巨款建築大禮堂，蔚爲中學部最莊嚴最宏麗之建築。而校友總會發起募捐運動，建築科學館，及獎助學生基金，成績尤爲圓滿。至捐助女中及小學建築經費者，此期有張仲平、王心容二先生；補助大學經濟研究所常年經費者，則有美國羅氏基金團，中華教育文化基金董事會。

重慶南渝中學捐助開辦費者，主席蔣公爲第一人，其後有劉甫澄、吳受彤、康心如、陳芝琴與范旭東諸先生，捐助建築費及儀器圖書等。凡上所舉，皆犖犖大者，其他熱心捐助者爲數尚多，不及備舉，皆於南開學校各部之發展，贊助至多，此期工作，實可謂盡力大，收效亦至宏也。

(四)繼興時期（民國二十五～民國三十三年）

津校之毀滅，渝校之繼興，復校之準備

本期自民國二十五年迄於今，凡八年。在此期中，津校慘遭暴日炸毀已不存在，重

慶南開逐年發展，繼續南開生命。繼舊興新，此期可稱爲南開之「繼」「興」時期，亦即南開再造之準備時期也。

民國二十六年，「七七」變作，平津淪陷，南開於七月二十九日及三十日，大部校舍慘被敵機輪番轟炸焚毀，是爲國內教育文化機關之首遭犧牲者。時苓因公在京，以數十年慘淡經營之學校，毀於一旦，聞耗大慟！（略）

當津校被毀之日，我重慶南渝中學，成立一周年矣！民國二十四年冬，苓遊川，既決定設一中學，乃於翌年春，派員來渝，選購校址，督造校舍，第一期校舍建築，乃按預定計劃完成。是年秋，招收新生二百餘人，正式開學，命名爲南渝中學，蓋取南開在渝設校之意。二十五年秋，苓第二次入川，爲學校籌募經費，組織董事會，聘請吳達詮、張岳軍、吳受彤、劉航琛、康心如、何北衡、胡仲實、胡子昂、盧作孚諸先生爲董事，又完成第二期校舍建築計劃。及後華北事變，津校被毀，而我南開學校，猶能屹立西南後方，弦誦弗輟，工作未斷者，皆當年準備較早之故。社會一部人士，輒以爲重慶南開大學，係於津變後而遷川者實誤矣！惟因有南渝，津校一部員生於平、津戰役序幕初展時，即相率南下，輾轉來川，得照常工作，繼續求學，而南開團體，得以維持不散，是則可謂不幸中之大幸也。

嗣後津、滬淪陷，各校倉猝遷川，痛苦萬狀。僉以南開學校於戰前早有準備，樹立基礎，深爲稱羨！一致譽苓眼光遠大，有先見之明。其實華北之岌岌可危，暴日之必然

蠢動。舉國皆知，不過苓認識日本較切，而南開校址又接近日本兵營。倘有變，津校之必不能保，自在意中，故乃早事準備，及時行動耳！（略）

南開大學被毀後，教育部命與北京大學及清華大學合併遷往長沙，稱臨時大學，後復遷至昆明，改稱西南聯合大學。苓與蔣夢麟及梅貽琦三校長共任常委，彼此通力合作，和衷共濟，今西南聯大已成爲國內最負盛譽之學府矣！

二十七年，校友總會建議南渝更名南開，以示南開學校之生命並未中斷，乃將南渝中學更名爲重慶南開中學。是年因戰區學生來川者紛請入校，學生人數增至一千五百餘人。

二十八年，南開大學經濟研究所在重慶復課，招收研究生十人，正式開始工作。

二十九年，重慶南開臨時小學成立，學生百餘人。

自二十八年至三十年，重慶受敵機威脅，慘遭轟炸，即教育機關亦難倖免。本校三次被敵機投彈，而以三十年八月爲最烈，敵機以南開爲目標，投落巨彈三十餘枚，一部校舍或直接中彈，或震動被毀，損失頗巨，但事後即行修復，敵機威脅雖重，學校工作終不因之停頓。

三十三年，校友總會發起募集「伯苓四七獎助基金」運動，成績美滿，募得六百餘萬元。是年特設清寒優秀學生免費學額多名，青年學子受惠至大。

現在國運好轉，勝利在望，建國治國，需才孔多。將來全國復員時，苓誓爲南開復

校，地點仍在天津，大學要設八里台，科系須增加；中學仍在舊址，力求設備充實；在北平及長春兩地，並擬各設中學一所；至重慶南開，則仍繼續辦理。將來各地中學學生，經過嚴格基本訓練後，再擇優選送大學再求深造，定可爲國家培養眞正有用之人才。至於復校詳細計劃，尚在縝密研討之中，惟念南開得有「元首」之奬掖，邦人之提攜，將來復校工作，前途絕對樂觀，可斷言也。

綜上所述，南開學校四十年來，由私塾而中學而大學；由全盛而毀滅，而繼興，中間經過多少挫折，但復校之志願未償，南開之前途飛遠，興念及此，不禁感慨繫之！

六、發展原因

南開學校係私人經營之事業，經過四十年之奮鬥，得有今日之發展，推厥原因，實有多端，例如吾人救國目標之正確，「公能」訓練之適當，與夫學生之來源優秀，校風之純良樸實，皆爲我校發展之重大因素，而尤覺重要者，約有三點：

1. **個人對教育之信心**。苓於教育事業，極感興趣，深具信心，故自誓終身爲教育而努力。今服務南開，忽忽已四十年矣！憶昔北洋政府時代，武人專權，內戰時起，學校遭遇之困難與挫折至多，深感政治不良，影響教育之苦。但苓艱苦奮鬥，從不氣餒。當十五六年之交，政府謬采虛聲，擬畀苓以教育總長，及天津市市長等職，因志在教育不

在政治，均力辭不就，仍一心辦理南開。因是個人事業賴此得以保全，而南開校務，亦因此而得發展，及今思之，猶有餘歡！迨後北伐告成，國內統一，全國國民，在「一個政府一個領袖」之下，振奮團結，同心力強，實爲我國五千年來未有之大團結，國運丕新，氣象煥發，益信國家教育必能配合政治之進步，再以教育之力量推動政治，改進政治；更信南開教育事業，適應國家之要求，必能人才輩出，扶助國家，建設國家。此苓對教育之信心，亦多數同人所同抱之觀念。是以數十年孜孜矻矻，鍥而不舍，卒有今日之小小成就，因個人對教育之信心，遂以促進南開教育事業之發展，此其一。

2. **同人之負責合作**。竊以籌辦學校，原定計劃，其事易；至計劃之如何求其全部實現，訓練之如何求其發生效力，其事難。要非賴全體同人之負責合作，努力推動不爲功。我南開同人，皆工作重，職務忙，待遇低薄，生活淸苦；但念青年爲民族之生命，教育爲立國之大計，率能熱心負責，通力合作。因此學校人事之更動少，計劃之推行易，青年學生日處於此安定秩序，優美環境中，自必潛心默修，敦品勵學，養成一種篤實好學之良好校風，因以增高學校教育之效果。此同人之負責合作，實有助於南開之發展者，此其二。

3. **社會之提攜與贊助**。私人經營之教育事業，要得社會人士之贊助與提攜，方能發育滋長，而南開學校自成立以至於今，得社會贊助之力尤獨多。回憶四十年來，我南開津渝兩校之發展，例如校地之捐助，校舍之建築，校費之補助，以及圖書儀器之擴充，

獎助學金之設置等，無一非社會人士之賜，社會實可謂為南開之保姆，而南開實乃社會之產兒。過去南開發展，全賴社會之力，今後復校工作，更非賴社會人士之熱烈贊助，加倍提攜，絕難望其順利進行，圓滿成功。一部南開發展史，實乃社會贊助之記錄册也。此社會之提攜贊助，有助於南開之發展者，此其三。

七、結論

南開學校四十年奮鬥之史跡，略具於斯。當年創立，係受困難之刺戟，而辦學目的，全在育才以救國。至於訓練方針，在實施「公」「能」二義，藉以治民族大病。回憶嚴館成立之初，學生僅五人，中學成立時，亦僅七十三人。經過四十年之慘淡經營，教職員同仁齊心協力，學生逐年增加，設備逐年擴充，至抗戰前，大學、中學、女中、小學、研究所學生，超過三千人，而規模之宏大，設備之充實，在國人自辦之私立學校中，尚不多覯。至重慶南開，創始於軍興之前，成長於抗戰之中，規模設備，在後方各中學中，亦屬僅見。蓋南開過去，無時不在奮鬥中，亦無時不在發展中，日新月異，自強不息，為我南開師生特有之精神。南開學校在過去，如可認為對於救國事業，稍著微積；則在將來，對於建國工作，定可多有貢獻也。

苓行年七十矣，但體力尚健，精神尚佳，不敢言老。今後為南開，為國家，當更盡

其餘年，致力於教育及建國工作，南開一日不復興，建國一日不完成，苓誓一日不退休，此可爲我全體校友明白昭告者也。

茲值南開四十周年慶之辰，回顧既往奮鬥之史跡，展望未來復校之大業，前途遠大，光明滿目。南開之事業無止境，南開之發展無窮期。所望我同人同學，今後更當精誠團結，淬厲奮發，抱百折不回之精神，懷勇往直前之氣概，齊心協力，攜手並進，務使我南開學校，能與英國之牛津、劍橋，美國之哈佛、雅禮並駕齊驅，東西稱盛。是豈我南開一校一人之榮幸，實亦我華夏國家無疆之光輝也。

復校大業，千頭萬緒，工作至繁，需款尤多，屆時苓擬另行發起募集「南開復校基金」運動，深望政府長官，社會人士，以及國際友人，仍本以往愛護之熱忱，多予積極之援助，斯則苓於回顧南開四十年發展史跡之餘，所馨香企禱，虔誠期待者也。

原載《南開四十年紀念校慶特刊》，一九四四年十月十七日

張伯苓（一八七六～一九五一年），著名教育家，一九〇四年起創辦南開學校，一九一九年至一九四八年任南開大學校長。

本文省略「三、訓練方針」、「五、檢討工作」二節。

北京大學五十周年

胡適

北京大學今年整五十歲了。在世界的大學之中，這個五十歲的大學只能算一個小孩子。歐洲最古的大學，如義大利薩勞諾（Salerno）大學是一千年前創立的；如義大利的波羅那（Bologna）大學是九百年前創立的；如法國的巴黎大學是八百多年前一兩位大師創始的；如英國的牛津大學也有八百年的歷史了，劍橋大學也有七百多年的歷史了。今年四月中，捷克都城的加羅林大學慶祝六百年紀念。再過十六年，波蘭的克拉可（Cracow）大學，奧國的維也納大學都要慶祝六百年紀念了。全歐洲大概至少有五十個大學是五百年前創立的。

在十二年前，我曾參加美國哈佛大學的三百年紀念；八年前，我曾參加美國彭州大學（University of pennsy lvania）的二百年紀念。去年到今年，普林斯敦（Princeton）大學補祝二百年紀念，清華北大都有代表參加。再過三年，耶爾（編按：今譯耶魯）大學要慶

祝二百五十年紀念了。美國獨立建國不過是一百六七十年前的事；可是這個新國家裡滿二百年的大學已有好幾個。

所以在世界大學的發達史上，剛滿五十歲的北京大學眞是一個小弟弟，怎麼配發帖子做生日，驚動朋友趕來道喜呢！

我曾說過，北京大學是歷代的「太學」的正式繼承者，如北大眞想用年歲來壓倒人，他可以追溯「太學」起於漢武帝元朔五年（西曆紀元前一二四年）公孫弘奏請爲博士設弟子員五十人。那是歷史上可信的「太學」的起源，到今年是兩千另七十二年了。這就比世界上任何大學都年高了！

但北京大學向來不願意承認是漢武帝以來的太學的繼承人，不願意賣弄那二千多年的高壽。自從我到了北大之後，我記得民國十二年（一九二三）北大紀念二十五周年，廿七年紀念四十周年，都是承認戊戌年是創立之年。（北大也可以追溯到同治初年同文館的設立，那也可以把校史拉長二十多年。但北大好像有個堅定的遺規，只承認戊戌年「大學堂」的設立是北大歷史的開始。）

這個小弟弟年紀雖不大，著實有點志氣！他在這區區五十年之中，已經過了許多次的大災難，吃過了不少的苦頭。他是「戊戌新政」的產兒，但他還沒生下地，那百日的新政早已短命死了，他就成了「新政」遺腹子。他還不滿兩周歲，就遇著義和拳的大亂，犧牲了兩年的生命。辛亥革命起來時，他還只是一個十三歲的小孩子。民國成立的

初期，他也受了政治波浪的影響，換了許多次校長。直到蔡元培、蔣夢麟兩位先生相繼主持北大的三十年之中，北大才開始養成一點持續性，才開始造成一個繼續發展的學術中心。可是在這三十年之中，北大也經過不少的災難。北大的三十周年（民國十七年，一九二八）紀念時，他也變成北平大學的一個學院了。他的四十周年（民國二十七年，一九三八）紀念是在昆明流離時期舉行的。

我今天要特別敘說北大遭遇的最大的一次危機，並且要敘述北大應付那危機的態度。

話說民國二十年一月，蔣夢麟先生受了政府的新任命，回到北大來做校長。他有中興北大的決心，又得到了中華教育文化基金董事會的研究合作費國幣壹百萬元的援助，所以他能放手做去，向全國去挑選教授與研究的人才。他是一個理想的校長，有魄力，有擔當，他對我們三個院長說：「辭退舊人，我去做；選聘新人，你們去做。」

蔣校長和他的同事們費了整整八個月的工夫籌備北大的革新。我們準備九月十七日開學，全國教育界也頗注意北大的中興，都預料九月十七日北大的新陣容確可以「旌旗變色」，建立一個「新北大」的底子。

民國二十年（一九三一）九月十七日，新北大開學了。蔣校長和全校師生都很高興。可憐第二天就是「九一八」！那晚上日本的軍人在瀋陽鬧出了一件震驚全世界的事件，造成了第二次世界大戰的序幕！

我們北大同人只享受了兩天的高興。九月十九日早晨我們知道了瀋陽的大禍，我們都知道空前的國難已到了我們的頭上，我們的敵人絕不容許我們從容努力建設一個新的國家。我們那八個月辛苦籌備的「新北大」，不久也就要被摧毀了！

但我們在那個時候，都感覺一種新的興奮，都打定主意，不顧一切，要努力把這個學校辦好，努力給北大打下一個堅實可靠的基礎。所以北大在那最初六年的國難之中，工作最勤，從沒有間斷。現在的地質館、圖書館、女生宿舍都是那個時期裡建築的。現在北大的許多白髮教授，都是那個時期埋頭苦幹的少壯教授。

我講這段故事，是要說明北大這個多災多難的孩子實在有點志氣，能夠在很危險、很艱苦的情形之下努力做工，努力奮鬥。我覺得這個「國難六年中繼續苦幹」的故事，在今日是值得我們北大全體師生記憶回念的，——也許比「五四」「六三」等等故事還更有意味。

現在我們又在很危險很艱苦的環境裡給北大做五十歲生日，我用很沈重的心情叙述他多災多難的歷史，祝福他長壽康強，祝他能安全的度過眼前的危難，正如同他度過五十年中許多次危難一樣！

胡適　卅七，十二，十三

原載《北大五十周年紀念刊》，一九四九年

三四十年代清華大學校務領導體制和前校長梅貽琦

陳岱孫

一

從二十年代末起，在清華大學，除了有一個分別以校長、各學院院長、各學系系主任爲首的校、院、系三級教學、事務、行政結構外，還逐漸形成了一個和這個結構並立的、不同於當時由校長獨攬一切權力的新領導體制。到四十年代，這個體制在清華大學已實行了近二十年。在這期間，還包括一段西南聯合大學的歷史。但西南聯合大學校內領導體制和清華大學有相似之處。清華大學的領導體制，在西南聯大期間，仍然發揮作用，制度的延續性並沒有中斷。

在三十年代中期，就有人稱清華的這個體制爲「教授治校」的典型。但是在清華大學內部，沒有明確地提出這個口號。這個體制與其說是在一個明確的口號下有意識地進行改革的產物，不如說是在二十年代末的歷史條件下，爲了應付環境而逐漸演化形成的產物。這環境有的是清華大學所特有的（下面將提到）；有的是當時各高等院校所共有的。因此，到了三十年代中期，這個潮流也有了一定的市場，並在一些院校中有同樣的表現，雖然由於各校的情況不同，其表現形式和發展程度也不盡相同。

清華體制是否可算「教授治校」的典型？「教授治校」本身的功罪如何？在此不作評論。但無論如何，清華體制是當時這個潮流中較早出現的，對於當時高等院校內一長專制的傳統起了一定的衝擊作用，在中國教育史上，應該說，占有值得敘述的一頁。

清華大學前校長梅貽琦先生，對於這個體制的形成和鞏固起過一定的作用。梅於一九三一年年底起任清華校長，直至一九四八年冬。清華的這個體制是在他的任期內得到完全的確認和鞏固的。必須指出，這個體制，在當時南京政府教育當局看來是「土制度」，在許多方面沒有法令、規章的依據，而且有些還和那時的法令、規章相牴觸。所以，如果當校長的不承認這個體制，他也是可以振振有詞而得到教育當局支持的。三十年代中期，蔣夢麟從教育部長下台來北京大學任校長時，就曾針對當時正在清華形成的體制宣稱他主張「校長治校，教授治學」。他這個主張其實也無可厚非。如果校長能眞正地把校治起來，廣大的教師是不願多管閒事的。但在動蕩的三十年代，至少在清華，

是不具備這條件的。梅貽琦先生對於這一體制在清華確立的作用，正在於他在整個十八年校長任內對於這一體制的贊同和扶植。

促使這個體制在清華大學形成的因素至少有兩個。其一是在二十年代末到三十年代初年間，清華沒有校長（或者名義上有校長，而校長不發生作用）。在這時期內，校務由一個以教務長、秘書長、各學院院長（除秘書長外，都由教授兼任）組成的校務會議維持。清華是一個年輕的大學；它在一九二五年剛從只具二年制初級大學程度的留美預備學校改爲四年制的正規大學。清華當時的教授大部分都是三四十歲，對事業有進取心，不滿足於僅僅是維持現狀的局面，他們要求有一個在可以撇開校長的情況下，自動推動學校工作的力量。其次，國民黨派系打入學校的陰謀引起了廣大教師的戒心和厭惡。他們希望以校內學術自主的口號，對抗來自校外的政治控制。

嚴格來說，清華校內這個領導體制的形成，始於一九二八年北伐軍到了北京之後。但在一九二八年以前，就存在著這一體制的胚芽了。

在一九二八年北伐軍推翻北洋軍閥統治之前，清華是一個外交部部屬學校。當時校內就有一個由全體教授參加的教授會，和一個由教授成員互選的擁有十多個成員的評議會，這大概是仿效美國大學的模式。但是當時這兩個機構權限很少，作用更小。兩會都由校長召集、主持，只不過是校長的諮詢機構。雖然在學年終畢業成績的審查和學位的授予上，教授會一直認爲它的意見是權威性的。

二

一九二八年八月，南京政府派羅家倫當校長，學校由董事會領導。翌年五月，董事會取消，學校改歸教育部直轄。羅家倫來校後，延聘了一些學者充實了教師隊伍。但由於羅資歷既淺又沒有學術地位，在他所延聘的學者和校內原有教師的心目中，羅的威望不高。爲了表示願意傾聽教師們的意見，羅在一定程度上利用了教授會。當時清華正處在如何迅速地向完全正規大學過渡的關鍵時刻，在學制、教學計劃、教師隊伍、圖書、設備、預算分配、大學基金等等問題上，教授會在開會時提出了許多意見，過問的事情多了些；在開始時，羅還表示接受和重視，但不久就表示厭煩進而發生了一些齟齬。

一九二九年，清華遵照當時頒布的大學組織法，改前此實行的校、系教學行政兩級制爲校、院、系三級制，成立了文、理、法三個學院。於是就出現了院長如何產生的問題。根據大學組織法，院長應由校長任命。但教授會認爲教務長、秘書長主要是學校行政人員，可以由校長直接任命；而院長，作爲各學院教學學術工作的領導人，應由教授會公開選舉，但爲了符合組織法的規定，可於選舉後再由校長任命。可能羅家倫在當時已經覺得教授會過問的事情太多了，甚至侵及於明文規定的校長的權限，故在這一問題上提出了異議。但教授會也固執己見。經過協商，雙方作了讓步。教授會對每一院長公

推出兩個候選人，校長在兩位候選人中擇一任命，但在擇任時，充分考慮會上票數的差別。從一九二九年以後，這種決定各學院院長人選的程序便成爲清華體制的一個傳統，這事情本身並不太大，但它反映出校內學術民主自由和官方政治控制的矛盾，意味著正在形成中的新體制和校長之間的可能的對立。

在行政方面，當各院成立和院長任命後，就正式成立了以校長爲首和由教務長、秘書長及文、理、法學院院長參加的校務會議。在這時，原有的評議會也經過改組，由以校長、教務長、秘書長和三院長爲當然成員與教授會互選的成員若干人組成。這兩個機構和教授會構成了清華體制的組織基礎。

一九三〇年春，羅家倫由於學生對他強烈不滿，同時教師們也不予支持，去了南京不再回來，終於在四五月間正式辭職。在羅走之後，就開始了基本上由「校務會議暫行維持校務」的局面。當時清華校務會議的成員中絕大多數和南京政治沒有瓜葛。校務會議如果不願僅僅作一個「看守機構」維持維持日常事務，而想有所更張建樹的話，就不能不謀求廣大教師的支持。這個情況也和當時清華教師不滿足於無所作爲的局面合拍。所以，在這期間，教授會的地位提高了，評議會的作用加強了，而校務會議則執行著虛設的、受了一定限制的校長的職能。

在校務會議暫行維持校務期間，發生了一些插曲。這些插曲使得清華校內體制的確立帶有反政治控制的色彩。

三

一九三〇年春夏之交，蔣介石和閻錫山的矛盾發展爲公開的政治和軍事對抗，北平一度成爲閻錫山的割據勢力範圍。閻錫山派喬萬選來當清華校長。五月間喬帶幾個人坐小汽車來清華接收，沒想到到了大門爲清華師生所拒，不得入校。他知難而退，從此就偃旗息鼓再無消息了。

蔣閻對抗的局面結束之後，南京的勢力又達到北平。一九三一年春，南京教育部正式派吳南軒爲清華大學校長。吳南軒於是年四月，帶了一個由若干人組成的親信班子走馬上任。吳南軒是國民黨內部以陳果夫、陳立夫爲首的所謂C.C.集團中的一個二流人物，他所帶來的班子當然是這個派系集團的麾下走卒。C.C.集團一向採取以抓住高等院校爲控制學術、思想陣地的策略，清華是他們極思染指的學校，吳來清華是負有這個使命的。當時清華師生對這一個企圖是十分清楚的。所以，在吳舉行的就職典禮會上，就有一位同學從會場中站了起來，對代表「國府」致辭的張繼遲到一個多鐘頭的官僚派頭和其致辭中種種荒謬言論，提出質問和批評，使台上諸公窘態百出，只得草草收場。

吳南軒來校沒幾天，就在院長的任命問題上和教授會發生了正面的衝突。他堅持院長必須由校長全權任命，說過去由教授會推薦再由校長任命的做法是不合法的，不能承

認的。實際上，院長任命的問題只是對抗的表面現象和衝突的導火線罷了。對抗的本質涉及更深的政治問題。C.C.集團對於清華校內自成一套體制是深惡痛絕的，因爲清華體制所帶來的思潮對國內高等院校有一定的影響，是C.C.集團企圖控制全國大學陣地的障礙物。吳南軒的任務就是扼殺這個體制，建立校長的全權統治，爲C.C.集團對教育、學術的絕對控制掃除障礙。院長任命問題只是打進這個體制的一個楔子，清華大學的學生了解吳南軒所代表的政治勢力的意圖，堅決站在教師一邊。學校罷課了，同學們派代表去見吳南軒，請其引咎辭職。吳和所帶來的幾個親信企圖掙扎，但又怕學生對他有「不禮」行動，於是倉皇躲進城內東交民巷外國使館區某大飯店，成立「國立清華大學辦事處」。吳託庇洋人，平津輿論嘩然。南京教育部也覺得吳的行爲實在有傷國家體面，趕緊讓他辭職，並於一九三一年七月派翁文灝來清華暫代校長的職務，以安撫所謂學潮。

翁文灝當時是地質研究所負責人，還沒有「下海」做官，和當時學界有許多聯繫。教育部是想借他的無政治色彩的聲譽來打圓場。而翁本人雖然並不想做清華校長，但未嘗沒有以自己作爲過渡，使清華順利擺脫動蕩局面的意思。在清華有不少教授是他的熟人和朋友，而他也是無所愛於C.C.集團的。所以，翁到校後，對校內事務一仍舊慣，不作更張，並立即建議南京教育部，把在羅家倫來校後被派去美國當留美學生監督的原本校物理教授兼教務長的梅貽琦調回，任清華大學校長。在梅於一九三一年十一月返校就任時，翁擺脫了代理職務。

上述幾個插曲，使教師們更加看清了在校外存在著企圖奪取教育學術機構控制權的政治勢力；使他們感覺到為了維護教育和學術的民主和自主，加強以某種形式組合起來的校內民主、自主領導體制是十分必要的。這就促進了清華校內領導體制在「校務會議暫行維持校務」期間的迅速發展和確立。

在一九三〇年至一九三一年間，這個體制迅速形成。它的組織基礎就是上面已經說過的教授會、評議會和校務會議。教授會由全體教授、副教授組成。在成文的規程上，教授會的權限很簡單，只包括：審議教學及研究事業改進和學風改進的方案；學生成績的審核及學位的授予；建議於評議會的事項及由校長或評議會交議的事項；互選評議員。教授會並不經常開會，但對校內發生的大事，教授會是主動過問的。教授會由校長（無校長時，由執行校長職務的校務會議）召集和主持。但教授會成員可以自行建議集會。

評議會是這個體制的核心，以校長、教務長、秘書長、各學院院長及教授互選之評議員若干人組成。互選之評議員人數比當然成員的人數規定要多一人。同時，各院院長都由教授會從教授中推薦，教務長習慣上也由教授中聘任。評議會實際上是教授會的常務機構。它的職權包括：議決大學的重要章制；審議預決算；議決基建及其他重要設備；議決學院、學系設立或廢止；議決選派留學生計劃和經費分配；議決校長和教授會交議事項。評議會是校內最高的決策、立法和審議機構。主要的法案、章制都由評議會

動議、制訂。在法定地位上，評議會還是校長的諮詢機構，但出於校長是評議會主席，其他校務會議成員都是評議會當然成員，評議會的決議對於校內各級行政領導是有一定的約束力的。如果說清華這個領導體制是當時所謂「教授治校」的典型，則「教授治校」的作用就是通過評議會職能而表現的。

由校長（在無校長時由會議另一成員代理）主持，並由教務長、各學院院長參加的校務會議是行政的審議機構。它的主要職能是議決一切通常校務行政事宜，協調各學院、學系間的問題等。

四

梅來任校長後，也有一個如何對待在他出國的幾年中，在沒有校長或校長不發生作用的情況下形成起來的新領導體制的問題。無疑地，對一個校長來說，這個體制削弱了他的獨斷的權力。但梅不但完全接受這個體制的精神，還協助把它鞏固下去。他眞正如何考慮的，我們不得而知。有些可能的原因是明顯的：在出國任留學生監督之前，梅一直是清華的教授，從感情上和對教育的基本觀點上說，他和廣大教師們是一致的。他平易近人，作風民主，學校大事率多徵詢教師意見，這也和他的謙虛平和的性格有關。他似和政治無緣，在他就任校長後頭幾年，連一個掛名的國民黨員也不是。在南京他沒有

政治資本，沒有人事淵源。他只有和全校教師們一起才能發揮他的作用。在清華教師中，許多人是他過去的學生或後輩。他們對於他是尊敬的。他也相信廣大教師是有辦好清華的共同事業心的。同時他也知道力圖控制高教陣地是C.C.集團既定的派系策略。吳南軒的拙劣表演雖告失敗，但他們是不會就此罷手的，一有機會，還會捲土重來。保留清華這一塊「淨土」，這是他和全體教師的共同願望。一個以教育學術民主自由為號召的校內管理體制，在抵抗和緩和外部政治派系勢力的侵入和控制上也許能起到作用。

無論如何，梅在受任校長後接受了這一體制，並加以扶植。在一九三一年到一九三七年中，這個以評議會為中心的體制得到進一步的發展和鞏固。在理論上，教授會、評議會、校務會議、校長四者之間，在權限和意見上是可以發生矛盾的；但在實際上卻沒有發生過任何裂痕。校長是教授會、評議會、校務會議的主席，在會上梅總是傾聽羣衆的意見，而與會的成員也十分尊重他的意見。當然各種會議上分歧意見是不可避免的，激烈辯論也是經常發生的，但梅先生的持重態度卻起到穩定的作用。

在此一體制經過六七年的發展中，值得一提的是專門問題委員會制度的廣泛應用。委員會並不是什麼新的東西，但其廣泛的應用卻是這一時期的特點。教授會、評議會、校務會議都可以建議決定成立某一專題的委員會，其組織成員由校長聘任。校長為了籌劃執行某項行政工作，也可以直接聘某專門委員會。委員會有常設的，也有臨時的，但大多數委員會的設立的建議來自評議會。委員會經常通過對某些事情的調查、討論，為

評議會在作出決策時，提供各項資料和可供選擇的不同方案等等。當然，對有些具體的事項，委員會也可以直接處理。由評議會建議設立的委員會，有的由評議會成員組成，但更多的是由評議會成員和會外的教職員混合組成，或者全部由會外教職員組成。委員會組織的廣泛應用，爲評議會分擔了一部分工作，減輕了評議會的負擔，在一定程度上也擴大了聽取羣衆對校務意見和參加校內管理的基礎。

這個體制到了一九三七年已經定型，一直到一九四八年，沒有什麼改變，這裡有必要叙述一下一九三七年到一九四六年西南聯合大學的情況。

五

抗戰初期，北大、清華、南開三校於一九三七年秋先在長沙聯合成立長沙臨時大學，嗣於一九三八年春再遷昆明改稱西南聯合大學。臨大和聯大都不設校長，而由三校校長——（南開）張伯苓、（北大）蔣夢麟、（清華）梅貽琦——組成的校務常委會領導。在三位校長中，梅的資歷較淺。在昆明聯大期間，張基本上留在重慶；蔣雖然大部分時間也在昆明，卻基本上不問校務，他們公推梅爲常務會主席。

不能說梅貽琦先生把清華體制引進了聯大。但在聯大，一個類似清華領導體制原則的確認和梅實際上主持聯大常委會不是沒有關係的。雖然聯大的體制，在名稱和職權的

規定上和清華時有所不同，但也不無類似之處。聯大也有一個教授會，由全體教授、副教授組成，以常委和秘書主任爲當然成員，但明確定爲諮詢性機構。相當於清華評議會者，有一個校務會議，由常委成員、教務長、總務長、訓導長、各院院長及教授代表十二人組成，具體討論處理校務。常務委員會由三校校長及秘書主任組成，執行校長職務，爲校內最高權力機構。要承認，聯大這個體制是清華體制精神的一步退卻，但這卻是不能歸尤於梅的。

當然，在當時戰火紛飛、空襲頻繁、經濟崩潰的情況下，談不上有多少教學、學術方面的積極建樹的意見需要討論決定，學校更多的工作是忙於應付眼前的師生生活、空防和解絕不可或少的教學設備等等具體問題。而這些具體問題也更多地由校行政部門負責解決。表面上，常委的獨立決定和梅的領導作用更多、更明顯了。但校內民主、自主的空氣卻起著潛在的作用，而在發生一些較大的事件時，這一潛在作用就會公開地表露出來。聯大教師，除極少數外，均來自三校。在抗戰前，校內民主、自主的要求在三校都有所反映。不滿於校長稟承當道、在校內獨攬大權實行家長式統治的思想，是三校所共同的。

當時的政治氣氛也是一個不可忽視的因素。處於當時所謂大後方的西南聯大是不受當道寵愛的。C.C.集團企圖控制全國高校的野心，在抗戰期間，更爲強烈。西南聯大是倖免於C.C.集團控制的少數高校之一，但虎視眈眈的C.C.集團的企圖是聯大師生都感覺

到的。梅此時雖已掛名國民黨籍，但沒有派系背景和支持。他能在聯大順利地主持工作，主要靠聯大師生的尊重和擁護。聯大教師們覺得梅不是一個政治的「太空來客」，而是自己團體中的一員，對於他的爲人極爲尊重。

同時，在抗戰期間，三校名義並沒有撤銷，而是和聯大並行存在。清華大學除了以它大部分的教學力量和設備參加聯大的工作外，還保留和創建了若干研究所，在清華名義下進行工作。抗戰前形成的領導體制從未因遷校聯合而中斷，仍然保持其傳統。

總之，在清華實行了十八九年的校內領導體制，在很大程度上，是當時環境下的產物。在校內，它有以民主的名義對抗校長獨斷專權的一面；在校外，它有以學術自主的名義對抗國民黨派系勢力對教育學術機構的侵入和控制的一面。這一體制的確立和鞏固，是和梅貽琦先生長校時的作風和支持分不開的。

《文史資料選編》第十八輯，北京出版社，一九八三年九月

陳岱孫（一九〇〇～一九九七年）著名經濟學家、教育家。一九二七年起任清華大學經濟系教授、主任、法學院院長、西南聯大法學院院長等。一九五三年起任北京大學教授。

經典文本

清華大學王觀堂先生紀念碑銘

陳寅恪

海寧王靜安先生自沈後二年，清華研究院同仁咸懷思不能自已。其弟子受先生之陶冶煦育者有年，尤思有以永其念。僉曰，宜銘之貞珉，以昭示於無竟。因以刻石之詞命寅恪，數辭不獲已，謹舉先生之志事，以普告天下後世。其詞曰：士之讀書治學，蓋將以脫心志於俗諦之桎梏，眞理因得以發揚。思想而不自由，毋寧死耳。斯古今仁聖同殉之精義，夫豈庸鄙之敢望。先生以一死見其獨立自由之意志，非所論於一人之恩怨，一姓之興亡。嗚呼！樹茲石於講舍，繫哀思而不忘。表哲人之奇節，訴眞宰之茫茫。來世不可知也，先生之著術，或有時而不彰。先生之學說，或有時而可商。惟此獨立之精神，自由之思想，歷千萬祀，與天壤而同久，共三光而永光。

寫於一九二九年，原載《金明館叢稿二編》

陳寅恪（一八九〇～一九六九年），著名歷史學家，一九二六年起任清華大學教授，一九四九年起任嶺南大學、中山大學教授。

西南聯大十教授為國、共商談致蔣、毛電文

重慶國民政府文官處分轉蔣介石先生毛澤東先生大鑒：

日本投降，先生等聚首重慶，國人方慶外患既除，內爭可泯，莫不引領企望協商早得結果，統一早成事實，新中國之建設早獲開始。顧談商逾月，外間第傳關於地區之分轄有異議，軍額之分配有爭執，而國人所最關切之民主政治之實施及代表此政治之議會之召集，轉未聞有何協議，誠所傳非虛，則談商縱有結果，亦只是國共兩黨一時均勢之獲得而已，既不能滿足全國人民殷殷望治之心，亦不足以克服國家目前所遭遇之困難。奚若等內審輿情，外察大勢，以為一黨專政固須終止，兩黨分割亦難為訓。敢請先生等立即同意召集包括各黨各派及無黨無派人士政治會議，共商如何成立容納全國各方開明意見之聯合政府，再由此聯合政府於最短期內舉行國民大會代表之選舉，定期召開國民大會，以制定根本大法，以產生立憲政府。必如此，一切政治糾紛乃可獲致圓滿之解決，而還政於民之口號乃不至徒托空言。在立憲政府成立以前，國共兩黨既為今日中國

力量最雄厚之兩大政黨，先生等又爲其領袖，故刷新政治、改正方向，先生等實責無旁貸。今當除舊布新之際，有數事應請特別注意，並立即施行者：

十餘年來，我國政權實際上操於介石先生一人之手。介石先生領導抗戰，矢志不渝，自爲國人所欽敬。惟十餘年來政治上之種種弱點，如用人之失當，人民利益之被漠視，以及賢者能者之莫能爲助，其造因爲何？誠宜及時反省。今後我國無論採用何種政制，此一人獨攬之風務須迅予糾正，此其一；

十餘年來，由於用人之專重服從，而不問其賢能與否，遂致政治、道德日趨敗壞，行政效率日趨低落，即自日本投降以來，收復區人事之布置，亦在在使人驚訝失望。今後用人應重德能，昏庸者、貪婪者、開倒車者均應摒棄，庶我國可不致自絕於近代國家之林，而建國工作乃能收效，此其二；

軍人干政，在任何國家，任何時代，皆爲禍亂之階。今後無論在中央或在地方，爲舊軍人或新軍人，隸國民黨之軍人或隸共產黨之軍人，皆不應再令主政，此其三；

奸逆判國，其罪莫逭，政府縱惻隱爲懷，不將大小僞官一一加以懲處，而元凶巨慝及直接通敵之輩，絕不可使逃法外。須知過於姑息便損紀綱，忠奸不分何以爲國！此其四。

以上四者皆屬今日當務之急，亦爲國家根本之圖，先生等領導國內兩大政黨，倘刷新政治改變作風之決心一經表明，目前政治上之紛亂局面可立歸於澄清，而來日憲政之

實施亦可大減其阻力。

抑更有進者，民主制度之所以能風靡全世而戰勝反動集團、消滅法西斯主義者，乃因其能以全國人民之意志為國家之意志，以全國人民之力量為國家之力量，故眞正民主國家，其政府對於個人之價値，與夫個人之人格與自由，莫不特別重視；對於全體人民之智慧，亦莫不衷心信賴。先生等領導大黨，責逾尋常，務望正心誠意，循憲政之常軌，以運用其黨力，誠能以實際之措施求人民之擁護，藉人心歸向作施政之指針，則一切糾紛自然消弭矣。夫導國家於富強康樂之域，其道自尊重人民始，而樹立憲政，軌範心理上之因素，尤為重要。奚若等向以教學為業，目擊政治紛亂所加於人民之損害，亦既有年，値此治亂間不容髮之際，觀感所及，不容緘默，率直陳詞，尚乞察納。

張奚若　周炳琳　朱自清　李繼侗　吳之椿
陳序經　陳岱孫　湯用彤　聞一多　錢端升

轉自《清華大學校史資料選編》第三冊（下）

一九四五年，西南聯大張奚若等十名教授上書蔣介石、毛澤東，就國共商談、民主建設事宜發表政見，體現了知識分子政治參與的傳統。此電文出自朱自清之手。

國立西南聯合大學紀念碑碑文

中華民國三十四年九月九日，我國家受日本之降於南京。上距二十六年七月七日盧溝橋之變，爲時八年；再上距二十年九月十八日瀋陽之變，爲時十四年；再上距清甲午之役，爲時五十一年。舉凡五十年間，日本所鯨呑蠶食於我國家者，至是悉備圖籍獻還。全勝之局，秦漢以來所未有也。國立北京大學、國立清華大學原設北平，私立南開大學原設天津。自瀋陽之變，我國家之威權逐漸南移，惟以文化力量與日本爭持於平津，此三校實爲其中堅。二十六年平津失守，三校奉命遷於湖南，合組爲國立長沙臨時大學。以三校校長蔣夢麟、梅貽琦、張伯苓爲常務委員，主持校務。設法、理、工學院於長沙，文學院於南嶽。於十一月一日開始上課。迨京滬失守，武漢震動，臨時大學又奉命遷雲南。師生徒步經貴州，於二十七年四月二十六日抵昆明。旋奉命改名爲國立西南聯合大學，設理、工學院於昆明，文、法學院於蒙自，於五月四日開始上課。一學期後，文、法學院亦遷昆明。二十七年增設師範學院。二十九年設分校於四川叙永，一學

年後併於本校。昆明本爲後方名城，自日軍入安南，陷緬甸，乃成後方重鎮。聯合大學支持期間，先後畢業學生二千餘人，從軍旅者八百餘人。河山既復，日月重光，聯合大學之戰時使命既成，奉命於三十五年五月四日結束。原有三校即將返故居，復舊業。緬懷八年支持之苦辛，與夫三校合作之協和，可紀念者蓋有四焉。我國家以世界之古國，居東亞之天府，本應紹漢唐之遺烈，作開世之先進。將來建國完成，必於世界歷史居獨特之地位。蓋開世列強，雖新而不古；希臘、羅馬，有古而無今。惟我國家，亙古亙今，亦新亦舊，斯所謂「周雖舊邦，其命維新」者也。曠代之偉業，八年之抗戰，已開其規模，立其基礎。今日之勝利，於我國家有旋轉乾坤之功，而聯合大學之使命與抗戰相終始。此其可紀念者一也。文人相輕，自古而然。昔人所言，今有同慨。三校有不同之歷史，各異之學風，八年之久，合作無間。同無妨異，異不害同，五色交輝，相得益彰；八音合奏，終和且平。此其可紀念者二也。萬物並育而不相害，道並行而不相悖，小德川流，大德敦化，此天地之所以爲大。斯雖先民之恆言，實爲民主之眞諦。聯合大學以其兼容並包之精神，轉移社會一時之風氣，內樹學術自由之規模，外來「民主堡壘」之稱號，違千夫之諾諾，作一士之諤諤。此其可紀念者三也。稽之往史，我民族若不能立足於中原，偏安江表，稱曰南渡。南渡之人，未有能北返者：晉人南渡，其例一也；宋人南渡，其例二也；明人南渡，其例三也。「風景不殊」，晉人之深悲；「還我河山」，宋人之虛願。吾人爲第四次之南渡，乃能於不十年間收恢復之全功，庾信不哀

江南，杜甫喜收薊北。此其可紀念者四也。聯合大學初定校歌，其辭始嘆南遷流離之苦辛，中頌師生不屈之壯志，終寄最後勝利之期望。校以今日之成功，歷歷不爽，若合符契。聯合大學之終始，豈非一代之盛事，曠百世而難遇者哉！爰就歌辭，勒爲碑銘。銘曰：

痛南渡，辭宮闕。駐衡湘，又離別。更長征，經嶢嵲。望中原，遍灑血。抵絕徼，繼講說。詩書喪，猶有舌。盡笳吹，情彌切。千秋恥，終已雪。見仇寇，如煙滅。起朔北，迄南越。視金甌，已無缺。大一統，無傾折，中興業，繼往烈。維三校，兄弟列。為一體，如膠結。同艱難，共歡悅。聯合竟，使命徹。神京復，還燕碣。以此石，象堅節，紀嘉慶，告來哲。

一九四六年

此碑文由馮友蘭撰寫。

對科學院的答覆

陳寅恪

我的思想，我的主張完全見於我所寫的王國維紀念碑中。王國維死後，學生劉節等請我撰文紀念。當時正值國民黨統一時，立碑時間有年月可查。在當時，清華校長是羅家倫，是二陳（C.C.）派去的，衆所周知。我當時是清華研究院導師，認爲王國維是近世學術界最主要的人物，故撰文來昭示天下後世研究學問的人。特別是研究史學的人。我認爲研究學術，最主要的是要具有自由的意志和獨立的精神。所以我說「士之讀書治學，蓋將以脫心志於俗諦之桎梏。」「俗諦」在當時即指三民主義而言。必須脫掉「俗諦之桎梏」，眞理才能發揮，受「俗諦之桎梏」，沒有自由思想，沒有獨立精神，即不能發揚眞理，即不能研究學術。學說有無錯誤，這是可以商量的，我對於王國維即是如此。王國維的學說中，也有錯的，如關於蒙古史上的一些問題，我認爲就可以商量。我的學說也有錯誤，也可以商量，個人之間的爭吵，不必芥蒂。我、你都應該如此。我寫

王國維詩，中間罵了梁任公，給梁任公看，梁任公只笑了笑，不以爲芥蒂。我對胡適也罵過。但對於獨立精神，自由思想，我認爲是最重要的，所以我說「惟此獨立之精神，自由之思想，歷千萬祀，與天壤而同久，共三光而永光」。我認爲王國維之死，不關與羅振玉之恩怨，不關滿清之滅亡，其一死乃以見其獨立自由之意志。獨立精神和自由意志是必須爭的，且須以生死力爭。正如詞文所示，「思想而不自由，毋寧死耳。斯古今仁聖同殉之精義，夫豈庸鄙之敢望。」一切都是小事，惟此是大事。碑文中所持之宗旨，至今並未改易。

我絕不反對現在政權，在宣統三年時就在瑞士讀過資本論原文。但我認爲不能先存馬列主義的見解，再研究學術。我要請的人，要帶的徒弟都要有自由思想，獨立精神。不是這樣，即不是我的學生。你以前的看法是否和我相同我不知道，但現在不同了，你已不是我的學生了，所以周一良也好，王永興也好，從我之說即是我的學生，否則即不是。將來我要帶徒弟也是如此。

因此，我提出第一條：「允許中古史研究所不宗奉馬列主義，並不學習政治。」其意就在不要有桎梏，不要先有馬列主義的見解，再研究學術，也不要學政治。不止我一人要如此，我要全部的人都如此。我從來不談政治，與政治絕無連涉，和任何黨派沒有關係。怎樣調查也只是這樣。

因此我又提出第二條：「請毛公或劉公給一允許證明書，以作擋箭牌。」其意是毛

公是政治上的最高當局，劉少奇是黨的最高負責人。我認爲最高當局也應和我有同樣的看法，應從我說。否則，就談不到學術研究。

至如實際情形，則一動不如一靜，我提出的條件，科學院接受也不好，不接受也不好。兩難。我在廣州很安靜，做我的研究工作，無此兩難。去北京則有此兩難。動也有困難。我自己身體不好，患高血壓，太太又病，心臟擴大，昨天還吐血。

你要把我的意見不多也不少地帶到科學院。碑文你帶去給郭沫若看。郭沫若在日本曾看到我的王國維詩。碑是否還在，我不知道。如果做得不好，可以打掉，請郭沫若做，也許更好。郭沫若是甲骨文專家，是「四堂」之一，也許更懂得王國維的學說。那麼我就做韓愈，郭沫若就做段文昌，如果有人再作詩，他就做李商隱也很好。我的碑文已流傳出去，不會湮沒。

寫於一九五三年冬，轉自《陳寅恪的最後二十年》，三聯書店一九九五年版

此文係一九五三年十二月汪籛南下廣州勸說陳寅恪進京時，由陳寅恪口述，汪籛記錄。

內容簡介：

當華人世界的第一所大學北京大學屆滿一百周年（一九九八年五月四日）：當台灣的大學院校在十年內從五十所暴增至一二七所，以「多元入學」取代「大學聯考」；當國際一流大學策略聯盟，搭起合作的橋樑，並將進入台灣競爭招生之際，「大學的理念」做爲高等教育理論的重要基點，以及在歷史和不同情境中流動、變化和發展的概念，提醒我們應謹愼思索「大學精神」爲何，時時不忘「大學教育的本質」。

中國近代的高等教育源自於晚淸洋務教育，是從發展軍事和工業的實際功利出發，具有由政府推動的濃厚技術主義、工具主義背景；五四運動前後，自由主義知識分子對創建現代教育發揮重要功用，現代大學的理念與制度逐漸定型；三〇年代又面臨抗戰救亡的緊迫壓力，大學精神漸爲國家主義、權威主義擠壓；四〇年代關於大學教育的通專之爭、文實之辯等則至今仍未過時；被視爲外來文明的「大學精神」，百年來已生根、茁壯，但也出現一些與社會相互適應的問題。世紀之交，大學教育的現代化不僅要前瞻，更需要回到大學教育「究竟是什麼」和「爲什麼這樣」的基礎上。

本書選編的文章主要發表於半個世紀前，共分「大學的精神」、「學術自由」、「通才教育」、「學生自治」、「寄語青年學生」、「大師辨學」、「經典本文」七輯，收錄蔡元培、胡適、蔣夢麟、梅貽琦、朱光潛、潘光旦、傅斯年等教育大家對「大學精神」的討論和辯證，是值得重溫與再思索的重要文本。

編者：

楊東平

一九四九年生，北京理工大學高等教育研究所研究員，民間環境保護組織「自然之友」副會長，北京中央電視台談話節目《實話實說》總策劃。著有《通才教育論》、《城市季風》、《未來生存空間》、《最後的城牆》、《傾斜的金字塔》、《學問中國》（教育部分）等，主編《教育：我們有話要說》。

校對：

周愛珠

輔仁大學中文系畢業，師範大學國文研究所結業。任教台北市立景美女中二十餘載，八十八年八月甫卸教職。

責任編輯：

馬興國

中興大學社會系畢業；資深編輯。

國家圖書館出版品預行編目資料

大學精神／蔡元培、胡適等著,楊東平編.
－初版.－臺北縣新店市：立緒文化，2001（民90）
面；　公分.
參考書目：面
ISBN 957-0411-33－3（平裝）
1.高等教育——論文,講詞等
525.07　　　　　　　　90016028

大學精神

出版——立緒文化事業有限公司
作者——蔡元培、胡適等
編者——楊東平

發行人——郝碧蓮
總經理兼總編輯——鍾惠民
副總經理——陳蕙慧
編輯——許純青
行政專員——林秀玲
行銷專員——林時源
地址——台北縣新店市中央六街 62 號 1 樓
電話——(02)22192173・22194998
傳真——(02)22194998
E-Mail Address: service@ncp. com. tw
劃撥帳號——1839142-0 號　立緒文化事業有限公司帳戶
行政院新聞局局版臺業字第 6426 號

行銷代理——紅螞蟻圖書有限公司
電話——(02)27999490　傳真——(02)27995284
地址——台北市內湖區文德路 210 巷 30 弄 25 號 1 樓
排版——伊甸社會福利基金會附設電腦排版
印刷——祥新印刷股份有限公司

法律顧問——敦旭法律事務所吳展旭律師
國際通商法律事務所黃台芬律師

分類號碼——525.00.001
ISBN 957-0411-33-3
出版日期——中華民國 90 年 10 月初版　一刷(1～2,500)

大陸版責任編輯：謝丹、徐桂秋、那榮利
大陸版責任校對：張燕、高小榮
本書由中國大陸遼海出版社（瀋陽）授權
立緒文化事業有限公司得以繁體字在全球出版發行

定價◎280 元